数字服务创新

黄斌 任国威 戚伟川 ◎ 著

企业管理出版社
ENTERPRISE MANAGEMENT PUBLISHING HOUSE

图书在版编目（CIP）数据

数字服务创新 / 黄斌，任国威，戚伟川著. —北京：企业管理出版社，2021.6

ISBN 978-7-5164-2379-0

Ⅰ.①数… Ⅱ.①黄… ②任… ③戚… Ⅲ.①数字化—服务业—研究 Ⅳ.①F719.9

中国版本图书馆CIP数据核字(2021)第073689号

书　　名：	数字服务创新
作　　者：	黄斌　任国威　戚伟川
责任编辑：	于湘怡
书　　号：	ISBN 978-7-5164-2379-0
出版发行：	企业管理出版社
地　　址：	北京市海淀区紫竹院南路 17 号　　邮编：100048
网　　址：	http://www.emph.cn
电　　话：	编辑部（010）68701661　发行部（010）68701816
电子信箱：	1502219688@qq.com
印　　刷：	北京环球画中画印刷有限公司
经　　销：	新华书店
规　　格：	700 毫米 × 1000 毫米　16 开本　19 印张　291 千字
版　　次：	2021 年 5 月第 1 版　2021 年 5 月第 1 次印刷
定　　价：	78.00 元

版权所有　翻印必究　·　印装有误　负责调换

范式一改变,这个世界本身也就随之而改变了。

——库恩《科技革命的结构》

前　言

数字化已经成为当今世界经济发展的潮流，人类社会正在进入以数字化为生产力的新阶段。世界各国纷纷提出要推进数字产业化、产业数字化，引导数字经济和实体经济深度融合，构建以数据为关键资源要素的数字经济。在我国，这种数字化时代潮流业已与整体经济的服务化发展趋势相结合，形成了数字服务经济快速发展的新动态。

数字服务经济来临，不仅是适应技术创新的时代要求，更带来人类社会创新模式的变革。过去，由于对服务及服务业的固有观念，人们对服务业创新的认识还是很不够的。一般的大企业很少会在服务领域像做产品一样重视研发和创新。如今，数字革命借助新一代信息技术强劲来袭，迅速而广泛地将全球范围内的个人、组织与各类智能设备连接起来，通过海量信息、知识的延展与无边界流动，极大地释放了创新的潜能，赋予了数字服务经济更多内涵，正在形成各种数字服务创新（Digital Service Innovation，DSI）模式。

数字服务创新模式的形成过程也是对传统服务业与非服务业格局的"破坏"过程，一些传统的商业模式，尤其是服务模式，将因此被重构或颠覆。数字化被普遍视为企业新的生存之道，数字服务创新被创业者看作走向成功的关键环节，许多公司的重组治理都以达到数字化为目标。但是，数字化服务尚在萌生阶段，我们还缺少相关的实践经验，在切入维度的选择上、敏捷实施的方式上、持续开展的规模上，以及对开放式创新的控制和新型数字人才招揽上，都还有许多工作要做。

本书作者基于多年的实践和理论研究，从宏观概论、理论建构、管理实施，以及政策促进等不同的视角，对数字服务创新进行了全面的分析与探讨，形成本书四篇共十四章内容。

第一篇是数字服务经济概论篇，主要从宏观方面对数字服务经济进行概述。数字服务创新是以数字化服务为基础的，因此任何针对数字服务创新的研究都必须首先理解数字服务和数字服务经济的发展状况，充分把握数字服务经济的特点，然后才有可能深入分析和理解数字服务创新。在本篇，作者首先从一系列当前的实践出发，总结数字服务的"无界服务"特点。"无界服务"特点，即"无传统服务的时空之界""无传统的产品与服务的区分之界""无一般的企业内外部、行业内外部甚至产业内外部之界"。这种"无界"是数字服务经济发展的基础。

"无界"体现数字技术的根本特征及其经济增长价值。数字服务经济有别于任何以前的服务经济，其增长要素与传统服务经济有所差别。过去，与服务业相比，制造业可以通过技术、劳动生产率的提高而较快增长，服务业因为其人对人、点对点的特性，故而非常难使用高效率的设备机器，劳动生产率偏低，增长更是缓慢。无论是传统的生活服务业还是生产性服务业的增长特性，都决定了服务经济发展主导阶段社会经济增长速度下降的必然规律。数字服务经济增长，已经从通过传统的服务者素质提高实现生产率提高，转移到通过数字技术的变革与提升实现生产率提高，从而一举突破了传统服务经济生产率增长缓慢的根本局限。

数字化技术在数字服务经济发展中具有举足轻重的作用与地位，但影响数字服务经济发展的其他非技术性因素也很重要。作者认为，影响数字服务经济的非技术性基础条件主要在于社会数字化基础设施与数据资源、公民的数字素养与政府及公共服务的数字化战略。公民的数字素养是一个国家或地区数字服务经济发展的非常重要的影响因素，有必要在数字经济发展总体战略中重点关注全民数字素养的提升。

基于第一篇对数字服务经济的总体阐述，特别是对数字服务的总体特点和要素的分析，本书在第二篇构建了数字服务创新的理论体系。该篇是本书的核心部分，较为全面地阐述了数字服务创新的基本概念、基本内容和重要模式等内容，可以作为数字服务创新设计与实施的理论指导。

第一，明确提出数字服务创新的基本概念与内涵，特别梳理了其概念来源。分析了数字化与信息化的共性与差异，着重指出数字化转型的概念的优缺点，提出单纯以"转型"作为注脚，不足以表明数字化对当前的经济发展的作用、价值与影响。应该要超越转型，将数字化创新作为数字经济的核心。数字化创新加上顺应服务化趋势，构成了数字服务创新的基本内涵。之所以抛弃"转型"而就"创新"，是因为：无论是以往成功的"转型"案例，还是作者多年的数字化经验实践，都证明数字化的成功正在于彻底地革新了原有的企业管理流程、产品与服务理念。这样的工作如果还不是"创新"，那就太高看"转型"的作用了。

第二，从哲学发展观的角度探讨数字服务创新的本质特征。创新的成功虽然难以把握，但完全可以科学地看待，有效地控制风险。用物理学中"再结晶"的概念来解释数字服务创新的基本模型，可以说是本书的一个理论创新。数字服务创新的"再结晶"模型，包括实现模式再结晶、制造及流程再结晶、产品再结晶，以及数据资源的再结晶。

第三，用"钻石模型"形象描述数字服务创新的基本架构。将数字服务创新的切入点系统地归纳为界面、流程、技术、模式、机制等五个基本维度；将近年来的热点"数字中台"作为数字服务创新的主要技术路线，阐述了该路线的概念、功能和分类等；指出数字中台的核心作用在于管理"三个数字化"，即人、物和事件的数字化。掌握这些数字化过程中的反馈数据，对这些数据资源用以AI（人工智能，实际上用"机器智能"更准确一些）为主导的大数据技术加以分析归纳，可得出新的创新战略，指导实现数据驱动创新。当然，数字服务创新并不只有数据创新这一个维度，制造品API、RPA流程机器人、订阅数字服务模式等当前最有影响的几大数字服务创新亮点，其实可以分别看作数字服务的界面创新、流程创新和模式创新等多个维度的发展。

第四，用"全程增值"这一新理念来分析数字服务创新的价值来源。创新不是做给别人看的花架子，创新要为企业、为团队创造更多的价值，使企业、团队获得更多的收益，哪怕这些收益并不都表现为直接的利润。开展数字服务创新要有符合这种创新特点的价值评估体系，才能说服企业家和股东为之付出成本。作者在深入研究数字服务创新的特色后，为企业开展数字服务创新提出了一个新的全程增值分析框架，指出数字服务创新的价值来源于整个数字服务生态体的共同价值创造，其内部动态价值的创造，将通过外部价值的变现而实现变现。该理论将为数字服务创新的持续开展提供有说服力的判断原则。

数字服务经济时代来临，每一家企业和每个人都置身其中。数字化创新对传统创新模式的破坏性不容置疑。数字化创新的企业之间的较量不再是快鱼和慢鱼之间的较量，而是内部转型和外部协作体系的创新发展。数字化创新是企业需要全面应对的新趋势。本书的第三篇为数字服务创新管理篇，主要分析企业开展数字服务创新的战略设计、建设安排、过程管理以及机制变革等内容。

从数字化成熟度分析入手，从企业走向数字服务创新之前开始，分析企业开展数字服务创新所应做的准备和安排，指出数字平台是企业数字化架构的前提要件。与许多大公司推出的以本公司的产品和服务为配套的数字化成熟度分析模型不同，本书提出了一套基于数字服务创新理论的通用型数字化成熟度分析模型，可为不同类型的企业，特别是中小企业的数字化创新提供基础支持。

第三篇的内容着重探讨企业走向数字服务经济的平台化战略。数字服务经济时代，每一家企业都面临着数字化变革。企业进行这种变革并不只有自组数字化团队一条路可走，收购、兼并，以及以我为主的外包，都是不错的选择；对风险控制要求较高的企业，还可以以内部风险投资，甚至数据大赛等形式开展数字化创新。没有最好，只有更优。构建和完善企业级数字平台技术体系以及优化企业级平台的中台化运营机制和流程的策略和方法，是企业数字化创新的重要内容。

千人千面，企业数字化创新，不能设置标杆、千篇一律，要以原生企业为对象，针对自己的核心竞争力设定自己的路径、方法和策略。作者根据多年的数字化实战经验，提出了数字服务创新过程中的五大戒条，可帮助企业在数字服务创新过程中少走弯路。企业要迎接数字化时代的挑战，必须以数字技术为支撑，构建企业数字架构，从服务创新的制度化、客户体验的个性化和服务方式的简单化等全方位入手，将企业的服务和产品高效地数字化、服务化，实现企业的数字化创新。

数字服务经济模式意味着传统产业分隔的时代终结。在数字服务经济时代，不再有清晰的金融、制造、商贸和物流等产业区隔，有的只是大型数字服务生态体、中型数字服务生态体和企业级数字服务生态体的区别。生态体是数字服务经济时代的主要行为单位，企业则可能只是传统意义上法人单位的延续。这种生态体有纵向的，也有横向的。企业将从传统的独立管理企业走向数字服务生态体。在这些生态体中，企业不只是生产与交易的行为主体，也不再是产品和服务的唯一提供者。正所谓，数字服务经济时代，企业不是在建设平台，就是在平台之中。

作者首次提出了"生态中台"的新概念。生态中台其实是企业数字中台在企业生态体系中的延伸与发展，区块链这一当前的热点技术将在生态中台的建设中体现其特殊价值。根据多年的研究，作者还提出了数字服务创新引擎3.0的新技术——物块链。物块链作为一个统一化支持物联网和社交网络的独创技术规范体系，既为构造新型的产业物链网提供了特殊的技术支撑，也为未来的数字服务创新核心技术发展指出了技术路径。衡量数字化转型与数字服务生态体的活力，有一套参考标准。未来，数字服务生态体的核心将逐渐从现有的资本控制向区块链共识通证发展，这是不可逆的潮流。

我们发展现代经济，既要促进消费，更要提升服务业的发展空间与潜力。

数字服务经济的新模式将为经济社会的服务化发展提供新的方向和范式。促进数字服务经济发展，是当今经济社会发展的重要研究内容，更是技术创新理论的新焦点。本书的第四篇为数字服务创新政策篇，在这一篇里，作者主要从宏观政策、区域创新发展等角度探讨了数字服务创新的管理与激励。

根据数字服务创新的理论，结合当前数字经济发展的实际，作者提出开放数据资源和数据服务产业化是区域促进数字服务经济发展的一个有效着力点的核心观点。数据服务业将是未来无可争议的"高端产业"。促进数字服务经济发展，一个关键要素是各地区要发展"高端产业"部门。要实现这一目标，首先要强化区域政府的数字化治理体系建设，一方面提升区域创新与治理能力，另一方面开拓数字服务的新需求，为本地数字服务创新提供先行示范。为此，要提高创新能力、加强人才培训、提高劳动者素质、重塑社会治理体系。

数字公共服务平台的建设与创新，是政府促进数字化发展前期的重要措施。数字服务经济的发展，为都市经济发展提供了全新的方向和空间，也为都市经济保持高速增长提供了机遇。其中，数字化社区和数字乡村，将是对我国近年来高速城市化的优化，将成为下一步的重点支持对象。数字化社区和数字乡村的建设让各个区域之间不再有先进与落后之分，代之的是各自的特色化发展。文旅产业有可能是下一个区域数字服务创新的爆发点。总结数字化创新前期的关于制造业的数字孪生理论，结合近年来作者服务于地方高新园区建设的实践，作者提出了数字化"孪生园区"的新型解决方案，可作为各类产业园区、高新科技园区、开发区的数字化生存之道。

数字服务经济的一个核心内容是制造业的数字化服务化的创新。工业4.0虽然给了世人一个理想的方向，但其违背网络时代的个性化与联网化的特性，走向了高度同质化和集中化模式。如何发掘工业4.0的合理内涵，进一步创新，正在成为学界和业界的新热点。我国海量级用户群的价值不可估量，海量用户基础及其异质性、多层化有望使我国企业在产业中建立主导优势过程中获得重要机遇。作者分析了中国数字服务经济发展的比较优势与突破点，指出了未来一段时间数字服务经济发展的重点方向和领域。对数字服务经济将为第四次工业革命奠定新基础这一历史趋势，做了一些预测，明确指出：产品数字服务化、基于区块链的M2M智能物联将为第四次工业革命拉开序幕。

在作者看来，蒸汽机与流水线工厂被视为第一次工业革命的标志；电力和大规模生产装配技术是第二次工业革命的标志；机器人和计算机进入工厂，实现了第三次工业革命；第四次工业革命的重点将是通过数字化将工业体系组合成一个有一定自组织、自学习、自纠正能力的数字系统。虽然人们对于第四次工业革命是否已到来还多有疑虑，但对数字服务经济的竞争关乎下一次工业革命的占位问题，当无太多分歧。

正如联合国发布的《2019年数字经济发展报告》中指出的那样，当今的数字经济，呈现出人类历史上最奇特的一个景象，那就是它是由两个完全相异的国家占据着主导地位——一个最大的发达国家和一个最大的发展中国家。在这里，作者认为，要把握历史机遇，成就民族复兴，中国的数字经济时代发展总策略应该是：把握传统优势——文化，强化现有优势——数字产品制造，发挥时代特色——互联网和网民规模，扩大资源基础——5G和数据资源，抓住技术更迭机遇——区块链和AI，打开新的局面——面向一带一路的广阔市场传播，实现新发展理念指导下的有质量的新发展。

数字化时代不仅给我们带来了新生活与新生产工具，也带来了全新的服务创新方式。撰写本书的目的就是为了能对国内数字服务创新的研究和数字服务经济的发展贡献自己的力量，并尝试形成有特色的数字服务创新理论、模式和方法，甚至是解决方案。数字服务创新是一个前沿的、实践性很强的领域，需要更多的企业家、学者以及从业人员的参与和创造。

本书可供从事数字服务创新活动的有关人员、企业高级管理人员、政府中的数字经济和数字服务业管理人员、政策研究人员、相关理论工作者，以及其他工商管理有关人士阅读。

本书在撰写过程中得到了所在智库相关老师和同事的支持，并获得了他们提出的宝贵意见和建议！

感谢挚友和家人给予作者无私的帮助与鼓励！

感谢同领域的许多专家给予作者的支持！

本书得到企业管理出版社的大力支持，合作非常愉快与高效，特别表示感谢！

本书在编写过程中参考了国内外有关文献和著作，谨在此对其作者表示感谢！

由于作者事务繁忙、时间仓促、水平和经验有限，加之研究还不充分，数字服务创新研究本身又具有实践特性，本书还存在不足之处，敬请读者批评指正！

作者

2021年2月4日于北京

目 录

第一篇　数字服务经济概论篇

第一章　无界服务——数字服务经济从概念到实践 /3
第一节　无界服务——数字服务经济经典画像 /3
第二节　一切皆服务 /7
第三节　产业互联网 /11

第二章　从人到技术——数字服务经济的增长要素转移 /15
第一节　传统服务经济增长的局限及其根源 /15
第二节　数字服务经济的概念与基本内容 /18
第三节　数字技术是数字服务经济增长的核心要素 /22
第四节　从感知到连接再到分析——数字服务经济的基础技术变革 /30
第五节　人工智能（AI）——数字服务经济的制高点 /33

第三章　组织、资源与思维——影响数字服务经济发展的非技术性因素 /36
第一节　数字服务经济的基础条件 /37
第二节　人们的数字素养 /42
第三节　政府及公共服务的数字化战略 /45

第二篇 数字服务创新理论篇

第四章　数字服务创新——数字服务经济发展动力之源 / 51
第一节　数字化——与信息化不同的发展状态 / 51
第二节　数字化转型——数字化初期的企业选择 / 55
第三节　超越转型——数字化创新是数字服务经济的核心 / 60
第四节　数字服务创新的定义与内涵 / 64
第五节　重点还是在于"数字化服务" / 71

第五章　再结晶——数字服务创新的发展观 / 76
第一节　模式再结晶——数字服务创新的变革观 / 76
第二节　制造再结晶——制造业生产与制造过程的数字孪生 / 83
第三节　产品再结晶——数字服务创新中的制造品服务化 / 89
第四节　数据再结晶——数字服务创新中的数据挖掘 / 95

第六章　钻石模型——数字服务创新的方法论 / 104
第一节　数字化创新的钻石模型 / 104
第二节　数字中台——数字服务创新的主要基础技术架构 / 111
第三节　制造品API——数字服务创新中的界面维度创新 / 122
第四节　RPA——数字服务流程创新的亮点 / 124
第五节　订阅——互联网数字服务模式的新变革 / 128

第七章　全程增值——数字服务创新的价值来源 / 131
第一节　不变的创新原则 / 131
第二节　数字服务创新为企业带来的价值增值 / 133

第三节　共创价值——数字服务创新的价值实现方式 / 138
第四节　全维度成本降低——数字服务创新对于产业发展的价值 / 144

第三篇　数字服务创新管理篇

第八章　深度变革——数字服务创新对企业能力与机制的要求 / 149
第一节　数字服务创新的一般实施过程 / 149
第二节　成熟度分析——企业走向数字服务创新之前 / 153
第三节　数字服务创新与企业架构 / 160
第四节　数字化创新中的企业文化变革 / 167

第九章　平台化——企业走向数字服务经济的当前战略 / 171
第一节　数字平台——企业走向数字服务经济的中枢 / 171
第二节　所有与所用——企业数字化创新方式的选择 / 179
第三节　企业数字平台技术体系的构建 / 186
第四节　企业数字中台的构建策略与趋势 / 189
第五节　规避陷阱——企业数字化创新实施的五大警示 / 202

第十章　数字服务生态体——数字服务经济的主体进化 / 204
第一节　创新生态系统 / 204
第二节　数字服务生态体 / 206
第三节　从供应链开始构建数字服务生态共同体 / 211
第四节　构建面向数字服务生态共同体的企业架构 / 216

第十一章　生态中台与物块链——数字服务创新引擎3.0 / 222

第一节　数字服务生态中台 / 223

第二节　区块链——数字服务生态体建设的新路线 / 225

第三节　物块链——统一协议实现数字化两大关键使能 / 233

第四节　产业物链网——基于生态的数字平台架构新趋势 / 239

第四篇　数字服务创新政策篇

第十二章　区域数字服务经济促进的着力点 / 247

第一节　数字化城市治理体系建设——区域数字服务创新促进的先行者 / 248

第二节　产业数字化公共服务平台——区域数字服务创新促进的升级范式 / 253

第三节　数字孪生园区——各类园区的数字化发展之道 / 257

第四节　建设区域开放数据创新服务新业态 / 260

第十三章　优势与方向——中国数字服务经济发展的比较优势与突破点 / 265

第一节　中国数字服务经济发展的比较优势 / 265

第二节　面向民生的深度数字服务创新重点领域 / 270

第三节　从数字服务创新激励看数字经济创新发展试验区建设 / 275

第十四章　终章与序幕——数字服务经济将为第四次工业革命奠定新基础 / 278

第一节　趋势是产品数字服务化而不是制造SaaS化 / 278

第二节　M2M——数字服务创新的未来趋势 / 280

第三节　拉开第四次工业革命序幕——数字服务经济新趋势 / 282

第四节　新冠肺炎疫情、数字服务创新与第四次工业革命 / 285

第一篇
数字服务经济概论篇

在人类经济发展史上,由制造业为主导的工业经济向以服务业为主导的服务经济演进,符合经济结构转型和变革的规律。当今世界,农业、工业和制造业的增加值在GDP中的占比下降,服务业增加值在GDP中的占比上升,正在成为一种不可逆转的潮流和趋势。中国已经开始进入服务经济时代,但是这并不意味着要一味提高服务业占比,追求服务业规模扩张。根据全国不同地区工业化进程差异较大的实际情况,我们需要在继续高水平推进整体工业化的同时,积极发展新型服务业。

近年来,随着信息技术革命的深化,人类社会正在逐步进入数字经济时代。由信息技术进化而成的数字化技术已经开始向社会经济生活全面渗透,并成为经济增长的新动能。世界各国为了抢占数字经济时代的制高点,纷纷制定战略推动经济社会向数字化发展。数字经济发展先进的中国、美国等国家和地区更是进入了全新层面。

著名调查机构高德纳(Gartner)对全球89个国家的3000多名首席信息官(CIO)进行了调研,形成了《2019高德纳首席信息官议程》(*2019 Gartner*

CIO Agenda）报告，该报告显示：2018年，17%的企业数字化业务达到了成熟阶段；2019年则会有33%的企业数字化成熟度达到成熟阶段。全球的企业数字化转型正进入爆发阶段。在亚太地区，2019年有31%的亚太区首席信息官已经将其数字化计划推进到了扩展阶段，高于2018年的19%；有47%的亚太地区首席信息官表示，其所在企业已经改变或者正在改变自己的商业模式。该报告认为亚太地区数字化转型正进入临界点，正在从初期实验的探索走向大规模广泛应用。[1]

这种数字技术的深化应用，形式上表现为将移动互联网、云计算、物联网等与传统产业深度融合，从而创造出新型的服务经济模式以及新的服务组织模式，因而被称为"数字服务经济"或"数字化服务经济"。

---

[1] 2019 Gartner CIO Agenda. [EB/OL]. https://www.gartner.com/smarterwithgartner/cio-agenda-2019-exploit-transformational-technologies/.

第一章

无界服务——数字服务经济从概念到实践

服务，斯坦通（Stanton）将之定义为一种特殊的无形活动，它向顾客和用户提供所需的满足感。对于服务，人们有以下一些共同理解。

（1）服务是一个过程或一项活动。

（2）服务是为目标顾客提供利益的保证和追加。

（3）服务的核心是让被服务者感到满足和愉悦

（4）服务领域需要不断开拓和创新。

传统服务经济的特点如下。

（1）不可分离性。服务活动的过程与被服务者的接受同时进行，二者无法分离。

（2）不可贮存性。服务不可能被贮存以便下次再使用。

然而，数字技术在服务业的应用所带来的各类新型的数字化服务，却将传统的服务概念和定义撕扯得支离破碎。

第一节 无界服务——数字服务经济经典画像

传统的服务理论中，服务过程既是生产过程，同时也是消费过程，服务和消费在时间上和空间上不可分割，也就是服务具有不可分离性。而且，在服务的过程中，消费者也必须直接参与到生产的过程中来，与服务提供者发生联系。比如：美容师提供美容服务，美容师（服务生产者）从接触顾客（服务消费者）脸的那一刻便开始服务生产，为顾客（服务消费者）提供美容服务，顾客也同时消费了他（她）的服务。虽然传统服务中也有一些服务的生产和消费在空间上可能是分离的，比如餐饮业的服务，饭菜在厨房烹制，顾客在店堂吃饭，但事实上，顾客从走进饭店并点菜开始，就在消费服务，可见这类服务的生产和消费依然是同时发生的。与传统服务的以上特征不同，在数字时代，数字技术对服务的深刻影响首先表现在对服务的最重要的特性——不可分离性，进行了解构。比如，网络外卖餐饮服务就将生产与服务在时间和空间上进行了分割。无界服务是数字服务经济新的特征。

消融空间距离的无界服务

让我们先来看一个比较新鲜的案例。

【案例】VIP陪练利用视频进行线上音乐陪练

"台上一分钟，台下十年功"，练习是音乐学习中不可或缺的环节。VIP陪练牢牢把握这一关键点，依托网络，实现音质高、参与性强、稳定可靠的线上一对一陪练，解决琴童主课后学完就忘，练习时出现错音、节奏不对、无人指导等一系列问题。

首先，VIP陪练汇集优质师资力量，陪练老师均有专业音乐学院教育经历和相关辅导经验，经过层层筛选和培训，擅长线上陪练，可及时纠正孩子的错音和错节奏问题。其次，VIP陪练采用真人老师实时在线的方式，以鼓励性陪练为准则，与孩子实时互动，让孩子不再觉得练琴枯燥。陪练结束后，老师会进行课后点评和效果跟进，以便清晰了解学生练习情况，并优化教学方案。

此外，VIP陪练支持手机和平板多终端，上课不受天气、时间和地点的限制，扫除了线下陪练的诸多不便。VIP陪练尤为关注因材施教，根据孩子的特点与进度，匹配不同程度的陪练老师，专业班主任老师一对一，为家长解答各种问题。

通过这个案例，可以清晰地感受到提供服务与接受服务在空间上出现了最大限度的分离。

【案例】康奈克斯信贷联盟推出的不下车新型银行服务流程

在银行业，数字化服务已成为必须中的必须。康奈克斯信贷联盟为抢占先机，2015年就从西科斯基飞机公司"挖"来了首席信息官丹尼斯·克莱门兹，让他负责公司基于数据的新发展策略，以更好地为公司客户服务，降低公司成本，提升收益。

来到康奈克斯信贷联盟后，克莱门兹把企业信息部门分成了三个关键部分，即作为银行大脑以促进金融交易的核心处理部分、基础设施部分（包括向使用Nutanix超融合基础设施的私有云的迁移），以及分析与创新部分。其中，分析与创新团队主要致力于更好地组织和利用银行的现有数据，已创建了一个类似Mint的财务预算工具，以帮助客户更好地保持"财富健康"。

克莱门兹的数字化不仅限于原有业务的数字化优化，还推出了一项极富创新色彩的新型服务——不下车就可以享受从取款到开户的全程银行服务。这个服务创新的灵感可能来自快餐业的服务创新。人们很多时候是开着车到银行来的。如果不需要将车停在远处的停车场并付停车费，将是很不错的感受。为此，克莱门兹在12家分行推出了新型的交互式柜员机（ITM），使开车的客户在不下车的情况下就可以通过触摸屏办完取款、开户等一系列业务。在克莱门兹看来，"虽然这种混合模式在银行业内并不常见，但我们认为这种同时设置了柜员和远程视频柜员的模式是技术和实际服务的最佳组合。这将是一个有趣的分行，我们对这种模式寄予了厚望。"

克莱门兹的服务创新把握住了全球银行业都在竞相实现顺畅交易这一核心点，从新型柜员机的设计入手，配合软件和数据处理方式的变革，将更有助于改善交易的处理方式。康奈克斯计划将ITM方案（以及研发的其他技术）以"解决方案"的方式对外销售以创收。克莱门兹表示，"无论我们赚多少钱，我都希望能够把它们重新投入IT，为技术发展创造良性循环环境。"

从上述两个服务变革的案例中，我们可以清晰地看到：数字化服务的时空与行业间的边界在消失，不可分离性已不再是服务的必然属性。新型服务创新的"无边界服务"，不仅没有空间距离，还消融了时间限制，成为能够持续成长变化发展的无时限服务。

持续成长的无时限服务

数字化技术在产品和服务中的嵌入，推动了更多的无边界创新产品与服务的出现。如智能手机的产品和服务，不仅实现了服务过程的分离，需要用户在购买后不断安装新的应用以扩展产品和服务的范围，同时还在消融提供者与使用者的界限。谷歌地图、百度地图等可以和多硬件平台兼容，提供地图以外的吃住行娱等服务，这些兼容服务不仅无空间之界，还有另外一个特点，就是无时间之限。

在这些产品最初的设计中并没有考虑未来会出现的大部分应用场景，新功能将根据用户不断增长的需求被不断"定制"出来。这种定制过程体现了创新主体主动适应数字化趋势创造性地使用数字技术创造新产品和服务的能力，这就是数字化服务创新的显著技术属性之一——自生长性，即新产品和服务的边界是不固定和可延展的，无边界的数字创新产品和服务在用户持续参与和反馈下不断扩展其范围[1]。

事实上，在用户持续参与和反馈下，这种无边界的数字创新产品和服务还在不断发展变化其盈利模式。譬如，现在的数字服务已经开展了订购模式、免费增值模式、免费模式、按需模式、使用而不占有等模式。许多服务会在提供给客户产品或传统服务的同时锁定用户，并实现对原服务方式的颠覆。更有一些服务提供者会充分利用数字化数据采样来实现新的客源锁定，即用户不是用金钱而是用其自身数据或关注来换取基本服务，然后在需要升级获取全部服务内容时再支付费用。这些不同的服务变革，都为服务创新提供了盈利的支持。

在可持续盈利的模式支持下，许多数字创新在设计初始阶段是无边界的，或者说，在设计之初并没有对整体架构进行全流程的设计，也就是并没有在初期就设定一种明确的商业模式。而是随着对用户相关需求的不断挖

---

[1] 余江，胡文澈，孟庆时，等.数字创新：中国式创新的新机遇［J］.清华管理评论，2017（1）增刊.

掘，不断通过产品和部件的组合以及数字技术的嵌入增加产品功能，从而提供新的产品和服务，最终从那些已经明确了的盈利模式中选择一项走向商业回报之路。

数字服务创新在突破传统服务创新模式的同时，也在颠覆性地快速改变人们的生活节奏、社会结构、产业技术演进路径和企业组织逻辑。服务数字化，可以实现对系统成本的最大幅度降低。由此带来的成本优势，又成为企业竞争的常规战略新资源，包括利用强大的市场力量和规模化扩张，通过数字渠道进行品牌轰炸，击败竞争对手；以低于成本的价格打造数字化市场，直接整合买卖双方，以便获取交易、配置费用或佣金；通过"零工经济"招纳一大批只接受佣金支付模式的经销商及联营公司；通过以病毒式营销的企业为愿意付费的人群提供极致体验，以各种手法销售互相关联的产品和服务，买得越多增值越多，等等。这一切都需要企业和学术界在服务的数字化创新过程中从新的机制、参与主体、组织模式等多个角度来认识和发现规律。

无界服务可被看作数字服务经济的典型特征。无论是跨越时空的服务，跨越产品与服务的区别，还是融合企业的边界，无界服务，或者更准确地讲，那些完全创新的数字服务，正在成为时代的新主角。

第二节　一切皆服务

与传统服务从时空局限中脱颖而出相类似，数字服务创新还体现出了突破产品与服务界限，即实现"一切皆服务"（XaaS）[1]的特点。

XaaS代表了不断发展的通过互联网传递服务的历程。从最初的"软件即服务"（SaaS），经历了"基础设施即服务"（IaaS）以及"平台即服务"（PaaS）等阶段的跃升，数字化服务与服务数字化已经深入人心，新的服务

---

[1] 徐磊. 金融科技微观察，产业互联网的核心模式：XaaS之内涵、估值与赛道［EB/OE］. https://cloud.tencent.com/developer/article/1641269.

方式和内容亦层出不穷。

最新的"容器即服务"（CaaS），就是从云服务商向客户提供高性能可伸缩的容器应用管理服务开始的，并在此基础上不断发展。服务内容包括：使用户获得简单友好的用户体验，让用户可以简便创建及管理容器；为用户提供调度容器负载的引擎，管理好容器的全生命周期，用户不必关心容器如何在云设施上部署和调度资源，等等。

"功能即服务"（FaaS）是基于"无服务器架构"产生的新概念。在FaaS模式下，应用企业的研发人员能够直接编写运行在云上的函数功能，无须考虑服务器、系统环境等资源问题，由云服务商提供操作系统、运行环境、网关等一系列的基础环境，并管理应用多个功能请求及资源配置，提供运维服务。更有许多基于云的新模型如"网络即服务"（NaaS）、"存储即服务"（SaaS 或 StaaS）、"监控即服务"（MaaS）以及"通信即服务"（CaaS）等新的概念不断产生，并迅速普及。

现在，一切即服务（XaaS）的思维方式也扩展到了实体经济领域，如"微系统即服务"（MSaaS）。事实上，当企业的产品不是数字化的产品时，通过类似的物联网将产品和服务、客户连接起来，可以说是非数字产品实现数字化的一个最佳思路。譬如，如今共享经济掀起了一轮新热潮，大有"Everything as a Service"之势。其中住房有Airbnb、出行有滴滴，烹饪、美妆等也都有了相应的产品和服务。在这些新服务模式中，供应商并不需要事事亲力亲为，更多是整合资源。对于服务的提供者而言，产品使用率的提高带来了新的持续收费模式。投资回报率相比此前单个产品或服务的"一锤子买卖"，可以说有了天壤之别。对服务的购买者而言，获益也是必然的，按需付费的模式，降低了单次使用的成本和风险，更别说相对于购买到家，省却了后续的维护费用，等等。

【案例】**帮用户叫外卖的亚马逊音箱**

2014年11月，亚马逊推出了一款全新概念的智能音箱——Echo，这款产品最大的亮点是将智能语音交互技术植入传统音箱中,从而赋予了音箱人工智能的属性。这个被称为Alexa的语音助手可以像朋友一样与用户交流,同时还能为用户提供音乐、新闻、网购、叫车、外卖等服务。亚马逊的智能音箱推出两年,销量超过了1500万部,成为爆品。但不是音箱本身是爆品,而是它整合进来的大量服务打造了这个爆品。受此影响,如今的市场上大量的智能音箱产品,本质上也不是销售音箱,而是销售和消费者连接的服务。很多企业都开始把卖产品、卖设备改为卖服务。比如德国凯撒公司,以前卖压缩机,后来有50%的收入都来自卖服务。

还有一个例子——帮助社交的烤箱。

今天有很多烘焙达人,他们希望把烤箱用到社交上。洛可可和海尔做了一款烤箱,烤箱里面加了一个能够耐高温的高清摄像头。这个摄像头可以将烘焙的整个过程记录下来。烘焙达人把这些素材发到自己的朋友圈,与以前只放静态图片效果完全不一样。这款烤箱变成了社交烤箱,是传统企业数字化智能化发展非常好的一个实践。

还有一个更极端一点例子——出售光明。

荷兰"照明专家"飞利浦公司是一家有相当传奇色彩的公司。在数字化时代,该公司不但销售其特色的节能灯泡,还新增了一项奇特的服务——出售定量的照明。飞利浦保留照明设备的所有权并提供照明服务,客户只需按所用照明量付费。

从上述的几个案例我们可以看到这样一个趋势:数字技术的应用在任何产业、行业都有极大的想象空间,都有进入、渗透乃至全面变革的可能。数字化变革最终会在何时以何种面目到来,就要看我们的想象力、技术的成熟度,以及我们采用的创新模式。

与此同时,数字化的发展也将成为传统产业升级的方向。从近期的新闻报道中我们可以看到,超过50%的制造业企业都有意愿把数字相关的产品、服务和资产连接到自己的数字系统中来。

5G网络、量子计算、4D打印、纳米技术，以及智能材料等一系列全新的颠覆性技术的大量应用，使几乎所有行业都面临着被全面变革的局面，甚至有一些应变快的企业早已经身处其中，赚得盆满钵满了。数字技术支撑下的服务变革，正在改变产品价值的主要构成，忽视这一趋势的企业无疑都将面临困难的局面。

就在数字服务取代硬件成为产品价值主要来源的变化过程中，另一个更有革命性影响的变化也发生了，那就是硬件产品研发、中试、上市，以及规模生产的传统产品创新流程也日渐被打破。企业必须面对数字化服务时代的新需求，寻求产品工程和设计的新方法。埃森哲的埃里克·谢弗尔在其作品《产品再造：数字时代的制造业转型与价值创造》中基于对这一新趋势的分析，全面评估了物联网、数据分析工具、区块链、云计算以及人工智能等数字技术对传统产品的设计和生产的变革。他在书中构建了一幅智能互联产品和生态系统平台的未来图景，深入描述了人们对个性化产品和更顺畅的服务体验的偏好，并指出正是这些偏好正在要求企业加速变革。在他看来，全面数字化的时代已经来临，"不论是消费领域还是工业领域，都已经在充分利用数字化技术推动前所未有的效率的提升，改善运营、提升效率和质量，也在用同样的技术将传统产品转型，把传统产品变成智能产品。从这个意义上来说，人们已经进入一个真正的数字化时代，新数字时代。"

一切变化首先是理念的变革。正如前述XaaS、IaaS、PaaS、SaaS，都是新的商业理念引导而生的不同层次的新型数字服务。在这些新理念中，人们将复杂难懂的下层系统抽象为简单易懂的上层界面，依次不断简化使用者的认知负担。用技术术语表述就是封装，使用户更便捷地、更经济地使用服务。那么，在同样的理念下，形形色色的XaaS，便是将容器、网络、区块链、微系统等抽象为使用设备的服务。其中，最重要的一个思想就是：将固定的"硬件"或"人造品"（如基础设施、平台、软件、微系统）抽象为流动的"服务"过程，从而让这些固化的名词变成活动的动词，简化了使用者的使用过程，降低了使用者的知识门槛，节省了使用者的时间和金钱成本。

也就是说，在数字技术时代，产品和服务之间的概念界限也将不再存在。人们不再区分企业提供的是产品还是服务，或者说人们可以将所有的内容、产品都称为服务，实物形态的产品只是用于创建或提供服务的工具、器件或设备。例如，有形的汽车是用于提供移动服务的基础设施。

同样，从另一面来说，数字技术时代，服务不再是传统理念中的服务。数字化与服务的结合，使"一切皆服务"成为现实。在这个现实中，消费者和企业不再对实物形态的产品本身感兴趣，也不只对产品相关的后续保修服务感兴趣，他们更关心的是接受服务过程的体验以及这个体验过程带来的相关价值。这反过来促进更多硬件产品公司投入到产品再造、业务模式革新、流程和文化"长青"的创新实践中，让自己更敏捷地适应时代的变化。

第三节　产业互联网

近段时期，互联网圈流行一个说法：互联网的上半场，即消费互联网红利已尽，当前已进入下半场，即产业互联网时期。这个产业互联网并不是用于消除企业与用户之间的服务鸿沟，而是把目标放在消除企业与企业间的隔离。这种说法，放到数字服务经济的整体框架中来看，实际上就是供应链服务的重构。

回顾数字经济的起源，可以追溯到互联网发展的早期。彼时彼刻，数字世界只是单方向上满足人们获取信息的需求，门户网站和搜索引擎是人们接收信息的主要窗口；21世纪初开启Web 2.0时代，网民开始参与进来，虚拟社区的概念开始出现，人们在虚拟社区分享信息，网络社交的需求促进了各类社交软件的崛起；当前，虚拟的线上信息逐渐延伸至真实的线下生活，且不说早已普及的网购，社区团购之类的新实体社区与虚拟社区混合的电商平台也开始大行其道。与此同时，随着各种线上交易平台的出现，交易内容从商品（硬件产品）的所有权交易开始切入服务交易与商品使用权交易，

数字服务创新

数字贸易和数字服务贸易也成了电商平台的主要内容。大量的共享经济平台通过整合线下的零散资源（有人称为"闲散资源"其实是不准确的），通过数字平台进行规模化的需求与供给的匹配，实现更大规模的经济价值，"滴滴""饿了吗"等成为这些模式的代表。

从对互联网基本发展历程的回顾中，我们可以发现，网络的发展大多是由消费端发起和推动的，服务的对象是终端消费者，因而可称之为消费互联网。这样的消费互联网发展，经历了"单向信息资讯—交互信息—电子商务—共享平台—生态平台（规则化、赋能化）"多个阶段，正逐步进入发展的平稳期，也可以称为成熟期[1]。当然，这并不意味着创新结束了，而是创新的主要领域在转移。这种转移，主要表现在变革的火焰正沿着产业链条不断往上游供给侧延展，消费正在倒逼生产领域的变革，产业互联网也由此获得发展。

这种互联网发展的主场转移，既受资本获利的动力驱使，也是国家政策的指引结果，更是各传统产业发展受困而必须转型的现实迫切需求。正是地方政府、实体企业及各类专业服务机构对互联网持续发展的积极探索，将创新的主战场从消费互联网转向产业互联网，将产业、科技与金融的融合从消费领域发展到产业领域，才使得产业和产品的创新进入了一个新的阶段，推动了产业互联网进入加速发展期。

对于什么是产业互联网，不同的人从不同的视角有不同的理解，但产业互联网的趋势是无可否认的。人们比较认同的是，正是从消费端转移来的创新压力，使产业互联网更突出了在数字时代所要求的各类垂直产业生态体系的特征。这种生态体系，不同于传统的垄断托拉斯，而是大多由产业中的骨干企业牵头建设，以共享经济的方式提供给产业生态体系中广大的从业者使用。生态体系的主导者们通过对整个产业链的资源整合和价值链优化，来降低整个产业的运营成本，提高整个产业的运营质量与效率，并通过创建新的产业生态为客户创造更好的体验和社会价值。当然，我们也不能完全忽视这

---

[1] 2019年中国产业互联网白皮书［EB/OL］. https://www.vzkoo.com/news/1972.html.

样的生态体可能形成的负面影响，只是在这里，我们更多从正面的构建和政府的引导来思考。

产业互联网的出现和发展，是数字服务经济发展的一个重要内容。正是由于产业互联网的建设，通过搭建"产业的数字化基础设施"，实现了产业领域相关企业的连接和赋能。与消费互联网及通信基础设施等不同的是，产业互联网通过深入研究产业的数字化时代运行场景，为垂直领域的产业内企业提供数字化的集成性应用云服务。这些应用云服务，通常都聚焦于垂直产业链的特点，解决垂直产业链运行中的痛点和障碍。

产业互联网的建设过程中，开发集成性应用云服务是数字化业务的核心工作内容。如在物流行业中，更快的传输速度、超低时延功耗及海量连接开启了万物互联，形成了数字时代的物流过程中关键的人与物、物与物的连接网络，减少了物品转接过程中的交易成本，具有极大的价值。在数据存储与管理领域，云计算服务的模式，可以通过按需取用、按需付费、集中管理等方式，使数字系统对业务的支撑更具灵活性，降低技术门槛和运行成本，实现更低成本的各类产业互联网的构建。当然，在产业领域构建产业互联网，更有价值的一个目的，就是在产业互联网运行过程中形成的海量数据的采集和分析处理，为整个体系中的参与者提供更智能化的分析预警和决策支持，促进产业链的供需更高效匹配和更优运营。由此可见，产业互联网正在成为数字服务经济时代的产业级数字化的基础设施。

产业互联网的成长与发展以超乎想象的速度在实现。在产业互联网的不断发展成熟过程中，一些新的现象也在不断涌现，数字服务创新也不断在该领域发生。譬如，在我们通常所说的产业整合层面，在企业的信息流、资金流和物流的各个层面和维度，都有可能出现平台级的服务商为企业，尤其是为小微企业提供共享服务。虽然这种服务模式早就存在，但产业互联网的发展将使这些早就存在的服务模式获得更广泛高效的应用和变革。在产业的各个层面和维度会出现一些中间层的基础设施，成为垂直产业平台内部可供重复使用的模块组件、可共享的服务和资源。包括其他不同的垂直领域，也在通过这种中间基础设施实现产业平台之间的整合。

产业互联网跨越企业间的界线，从可控可影响的垂直领域入手，消除服务链（供应链）建设中的不利因素，消除企业间的鸿沟，甚至是产业间的鸿沟。这种企业界限、行业界限甚至是产业界限的打破，将是数字服务经济时代的重要内容。[1]

---

[1] 葛新红，王玉荣. 一文读懂产业互联网［EB/OL］. https://www.douban.com/group/topic/130601758/.

第二章
从人到技术——数字服务经济的增长要素转移

虽然人们认同社会工业化后，会进入服务经济时代，但并不是所有人都喜欢服务经济。因为，服务经济在提供较高的社会就业率的同时，却不能带动社会劳动生产率的提高。这主要是因为服务经济传统上是依赖于人的素质来提升服务的质量与效率的，而这一提升受到时间与空间限制。数字服务经济最大的一个改变，就是将其增长的核心要素转移到了技术与数据资源的增长上来，从而提供了一个服务经济社会仍然保持较高速度增长的新可能。

第一节 传统服务经济增长的局限及其根源

在现有经济理论看来，人类社会经济的发展，是以第三产业的比重上升为指标的。工业制造经济必然走向服务经济。服务经济指以服务活动为主导经济活动类型的经济形态。还有研究者从一个国家的经济产出来描述服务经济，即随着经济社会的发展，一个国家的经济产出必然要从以农业产品和工业产品的生产为主转向以服务产品的生产为主。当然，这种服务经济社会的出现，是相对于人类社会发展历史上的另两个早期阶段即农业社会和工业社会而言的。故而服务经济社会也被称为后工业经济社会。这一理论由美国哈佛大学教授贝尔1959年在奥地利萨尔茨堡第一次提出，并在1973年出版的《后工业社会》一书中被专门阐述。

按照主流后工业社会理论，前工业社会生产率低下，剩余劳动力多且素质差，因此，服务业主要为个人和家庭服务，并不能成为经济社会的主导。工业社会则以与商品有关的服务业和商业为主，生产性服务业得到发展。到了后工业社会，知识型服务和公共服务成为经济社会的主导，人们依赖于信息，致力于发展服务业。并且，在后工业社会时代，经济社会的发展将呈现一些主要特征，即：后工业社会是服务型社会，知识科技和技术在社会生活中占据主要地位；专业人员和技术人员具有突出重要性；价值体系和社会控制方式发生了很大变化，可以将服务业的发展总结为个人服务和家庭服务、通信以及公共设施、商业金融和保险业、休闲性服务业和集体服务业等。

大多数理论者认为，服务社会经济阶段是在一些国家的工业化全面完成以后，服务产品的生产成为经济活动的主体，服务业成为经济中的主要产业部门，才开始出现的经济社会发展现象。之所以认为社会经济必然要发展到服务经济阶段，是因为服务业具有一些制造业不可比拟的优势。这些优势的首要内容就是服务业有着旺盛的稳定的内部需求。在整个经济循环体系中，服务业相对保持稳定且利于分配。另外，服务业不像制造业那样存在存货过多或过少的问题，天然是供给与需求保持平衡的。[1] 并且许多服务业的需求在经济衰退时仍能保持基础需求程度上的相对稳定。因此，经济服务化可以帮助一国经济在很大程度上免受国际竞争和经济周期律的打击。

服务经济发展理论作为现代化理论的重要内容，为人类社会经济增长提供了基本合理的解释。但是，这一理论却没能很好解释当前后工业社会转型中面临的一个重大的时代困局，那就是从国际发展经验看，在服务业成为本国第一大产业之后，随着服务业在GDP中比重的持续上升，经济增长的速度也在逐渐放缓，形成"喇叭口"的经济增长趋势。服务业发展的速度受限使一国经济社会发展增长速度受限，彼此纠结成一个死结，这个困局令许多专家学者头疼。

那么，这种对立的死结是什么原因造成的呢？为什么一国经济中服务业比重持续上升，经济增长速度就会逐渐放缓呢？

第一，一般的理论认为，传统服务业是劳动密集型的产业，就业者不需要很高技术或很多知识，传统服务业提供的服务主要满足消费者的基本生活需求，具体包括提供仓储、批发、零售、餐饮、旅游、家政、邮电服务等。这样的产业本身不具备快速发展的基础。虽然有一些服务业，即所谓生产性

---

[1] 蔺雷，吴贵生. 服务创新[M]. 北京：清华大学出版社，2003，1.

服务业，是逐渐从制造业和农业中分离出来的具有较高知识和技能要求的服务业，但是由于这些服务业总体的分工并不精细，"大而全、小而全"是行业中的普遍现象。社会专业化分工不高，使一些与生产密切相关的生产性服务业的发展持续受到制约，不仅总体规模偏小，而且服务的水平和质量也难以得到迅速提高。

第二，虽然许多生产性服务业，如金融、中介、教育、医疗等也是知识密集的，但因为这些服务都要求企业或机构为服务获得者提供个性化服务，很多服务往往必须是面对面的，企业运营成本很高，交易成本也很高。这些个性服务业，其从业者基本以人为主，无法使用批量高效设备，较难形成规模经济，同样不能带来更高速度的经济增长。

第三，传统服务经济中，服务创新的实现更多依赖于服务过程中服务人员素质的提升与商业模式的变革。如服务者审美要素的引入，使得服务的质量和客户体验得到提升。连锁经营等商业模式的变化，也能提高服务经济的生产率。但是，总体来看，传统的服务经济中的创新手段有限，"老字号"是优势，但也难以掩盖其保守与守旧的局限。

第四，由于服务高度依靠人，即服务者的素质，因此服务业在管理与创新上，始终难以与工业领域相媲美，在引导传统服务业升级上缺少有效的办法和措施，使传统服务业长期处于低水平发展的状态，这也直接影响了传统服务业服务效率和管理方式的变革和创新。

由此，一些学者甚至认为，服务业生产率增长缓慢已经成为社会整体生产率提高的一个阻碍。美国经济学家威廉·鲍莫尔甚至提出了"成本病"理论进行描述。"成本病"指服务业中的很多部门，如图书馆、教育、医疗和艺术等部门生产率几乎不增长，而社会对它们的需求又比较稳定，因此维持这些服务的供给成本将会越来越大。譬如医疗服务依旧是以人为基础，生产率较低，所以医疗健康服务变得愈加昂贵。这些成本的问题，使得整个社会为此投入的资源，主要指劳动力，也会越来越多。为了避免成本病的出现，服务业的工业化就成为新的资本投入方向，以为发展新型服务生产提供支持。

鲍莫尔还为这种服务业的工业化提出了一个"非均衡增长模型"。他的这一经济模型，有助于我们理解为什么与其他产业，特别是与制造业相比，服务业劳动生产率的增长相对滞后，但是服务的就业增长却又相对较快。这一模型中的一个重要结论是，正是服务业劳动生产率增长相对滞后，造成了服务业的就业增长。鲍莫尔预判，如果越来越多的劳动力进入劳动生产率相对较低的部门，经济增长最终将趋于停滞，因此服务产业必须提高劳动生产率，否则将阻碍整个经济的持续增长。这样一来，服务业引进各种先进的新技术，按照工业产业化的方式运营，就会成为一条提高劳动增长率的必行之路。在当今这个数字技术全面渗透经济社会发展的时代，通过数字化技术的改造，开展数字服务创新，发展数字服务经济，也就成了现代经济或者说是发达后工业经济持续发展的必然选择了。

第二节　数字服务经济的概念与基本内容

如前所述，服务业的"成本病"使开展数字服务创新、发展数字服务经济成了现代经济或者说是发达工业后经济持续发展的必然选择。数字服务经济以服务作为主要产业形态，与之相对应的数字实体经济则以实体产品为主要产品形态。发展数字服务经济是推动高端消费发展的供给侧与需求侧双重改革切入点。新一代数字化技术已成为经济社会中最活跃的创新力量之一，数字化技术的应用最重要的作用是推动单点技术和单一产品的创新加速向多技术融合互动的系统化、集成化的创新转变。正是新生的数字化技术使得大规模个性化定制、网络化协同制造、共享经济等新模式快速涌现，并快速成长。这是一个前所未有的巨大变化：凡是能借助数字技术、网络空间"东风"的服务业，其生产效率展现出比制造业还要高很多的发展潜能。社会的经济运行结构也因此朝着最有利于提高生产效率的方向发展变化。

数字服务经济的特点与价值

一般而言，数字服务经济主要由三个部分组成，即：数字数据、数字技术和数字基础设施。在这三者中，数字技术比较好理解，新型数字技术（信息和通信技术）的出现推动了新产品和服务的发展，比如智能机器（物联网）等数字增强设备、数字平台（电子商务、社交网络）以及全新技术（区块链）推动了人类生产与生活方式的变革。

数字数据和数字基础设施却不为人们所熟悉。事实上，在数字服务经济中，数字数据已成为许多传统行业新商业模式的基础，并促进了新业态、新产业的诞生。由社交网络或算法产生的"大数据"在许多领域已经成为企业的新型战略资产，成为企业未来持续发展的根本所在。

数字数据和数字技术驱动的服务经济发展，需要相应的社会经济运行基础设施，这就是安全且高速的数字基础设施。数字基础设施由不同实体提供的众多本地、国家和全球性的互联网络构成。这些数字基础设施为数字服务、应用和商业模式奠定了基础，比如比较常见的大数据存储中心。正是这些存储中心的发展，数字数据和数字技术的快速发展以及云计算等的出现，使数据存储已成为许多公司的重要基础设施部件。

另外，数字服务经济时代，其主导的产品和服务不同于传统服务经济的产品和服务。这些产品和服务都一定要有特殊的数字商品形态。传统的服务经济提供的服务，产品属性不强，因此很难规模化发展，很难大空间、远距离、跨时限提供。数字服务经济的一个最大特点是数字服务产品属性。数字服务经济的发展首先是更进一步凸显其产品属性，再结合一些技术和知识，让产品具有一种商品交易的属性。

数字服务经济与传统服务经济形式有交叉，但这是两个完全不同的事物，它们面对的市场和消费对象完全不一样。数字服务经济中的数字服务，不再是传统的服务。比如，把影视戏曲这些文艺作品数字化后，对其进行经营与管理，就已经进入一种新的业态。这些业态创新是将数字化技术融入传统的文化，是从传统服务中生长出来的新晶核，是完全基于最新数字技术构造的新服务，是数字服务经济的极致形态。还没有完全实现的完全沉浸式VR

游戏是其典型代表之一。

数字服务经济是服务业信息化的高级阶段。数字服务经济发展经历了从数字化到数字化转型再到数字化重塑的三大阶段。初期的数字化即信息化，主要包括传统设备、人员、资源、流程等信息的在线化；其后的数字化转型则是企业生产运营管理的在线化，ERP、CRM、MES等是这一阶段的典型代表。随着云计算、大数据的发展，超越了企业组织范围的第三方互联网与电子商务平台进一步把企业与消费者和用户紧密连接起来，再倒逼服务企业和机构内部实现经济形态转型，以适应消费者和用户的个性化需求、创造个性化体验，这是服务业数字化的高级阶段，这一阶段最初被称为"传统服务经济+互联网"，而现在，可能更多是"数字服务+物联网+数字化企业生态"[1]。当然，正是服务企业和机构自身的变革所呈现的数字化产业再造，重构了以服务业为核心的都市的核心竞争力。

数字服务经济包含的主要行业领域

数字服务经济的对象的去区域化、数字服务技术的高增长效率、数字服务基础设施的实体经济特性、数字内容的文化与实体承载要求等，使得数字服务经济既能开拓新的增长空间，又能与实体经济的实体服务紧密结合，这是经济增长的下一个爆发点。发展数字服务经济，真正体现了开放、共享、创新和协调的发展理念。

在数字服务经济中，我们仍然可以按传统的业务领域进行分类，如面向生活的是数字生活服务，面向生产的是数字生产服务，面向教育的是数字教育服务业，还有面向社会管理的是数字政务服务。这些服务业的发展呈现出不同的特点，如数字服务经济中，生活性服务业和生产性服务业呈现高度融合发展的趋势；数字服务经济中，主导产业发展的是数字技术，如大数据、云计算和人工智能等信息技术日益渗透进生活服务领域，不断增加生活服务业的技术含量，大幅改变服务业技术薄弱、"小散乱"的传统形象。

---

[1]　宁川.云科技时代2018：数字化转型进入新阶段［EB/OL］.https://m.sohu.com/a/223451985_122592.

从服务的角度来看，数字服务经济包含的行业领域有：数字内容、数字科技、数字教育、数字金融、数字医疗、数字贸易、数字体验、数字制造服务、数字生产性服务等九大类重点。其中数字内容产业、数字科技产业、数字贸易产业是体量和作用最大的三个产业[1]。

1. 数字内容产业

数字内容产业指生产、传输和销售数字内容产品和服务的企业群形成的产业。数字内容创意、策划、生产、包装、广告、营销、推广，数字内容产业中投资、研发、生产、销售、衍生产品开发，以及配套服务，都是数字内容产业链的基本环节和要素。

2. 数字科技产业

数字科技不仅指数字技术，而且指应用科技，数字科技遵循产业既有生产规律，同时又推动旨在为产业降本增效的多种核心科技手段的交叉融合。数字科技具备交叉引领、融合应用、快速复制、规模增效的特征，能够推动经济增长和经济结构优化，驱动产业降本增效和转型升级，提升数字化服务模式变革和消费体验。数字科技由核心科技层和应用科技层构成，在核心科技层，数字科技集成化、跨领域创新步伐加速；在应用科技层，数字科技模块化、通用化发展趋势明显。

3. 数字贸易产业

数字贸易产业指以数字形式或以数字技术为基础工具实现的有形的产品、货物和无形的服务的交付。包括数字化的贸易、数字支持的贸易和数字驱动的贸易三个核心部分。

当然，数字服务经济还可以根据数字化服务的规模和数字化深度来分类。因为许多数字服务经济的典型企业已经难以确定它所在的具体业务领域了，如京东，电子商务平台是其核心，但物流是它的根本，金融是它的盈利来源，快递服务是它的差异核心竞争力，甚至它还是许多产品的制造商、设计服务商，等等。这样的企业是不能按传统的业务领域来划分其所在行业的。所以，我们也可以根据数字化服务的规模和数字化深度来分类。数字化

---

[1] 韩洁平.数字内容产业成长机理及发展策略研究［M］.长春：吉林大学出版社，2011，5.

服务企业可以根据其所提供的服务平台所处的发展阶段来分类,如分类为:小平台、中平台、大平台和生态级平台。其中,小平台是企业级平台,主要是利用数字化技术整合企业自身的资源和能力,以为企业和企业体系自身服务为主要目标,目的是降低成本、提高效益、盘活本企业资源存量。这种平台经常属于一些具有一定规模的企业集团。中平台主要为产业级平台,本质上整合了垂直产业的资源和能力,以为产业服务为主要目标,建设目的是开拓新的服务领域,达到赋能创收、发展增量的效果。大平台是跨产业、跨领域的平台,多为综合性平台。平台发展的终极阶段,即孵化变量、共创共赢的阶段,就是生态级的体系平台,目标是整合社会化的资源和能力为全社会提供服务,同时获得超额收益。

当然,分类是服务于目的的。不同的目的,有不同的标准和规则。当前,数字服务经济的分类方法和类别设定,都尚处在讨论之中,有些讨论,更多是在切分讨论的范围,而不是设置一些限制性的框架。

第三节 数字技术是数字服务经济增长的核心要素

20世纪70年代以来,信息化一直是提升服务经济生产率与增长率主要的技术手段。信息化是以信息技术、通信技术和网络技术为动力,以信息资源开发利用为核心的改造提升过程。服务业信息化能够大大提高服务业的经济效益和竞争力,也实现了促进现代服务业发展的基本目标。但是,真正推动深刻变革的却是近十年来的深度信息化技术,也称为数字化技术——以云计算、大数据、物联网、人工智能以及新一代移动物联网为代表。与传统服务经济发展不同的是,数字化技术是数字服务经济增长的核心要素。

数字技术发展进入加速轨道

如前所述,数字化技术是深度信息化技术,因此数字化技术发展的历程不同于一般的信息化历程。第一波数字化技术的浪潮起始于云计算的发展。

云计算基于互联网相关服务的增加、使用和交付模式，通常涉及通过互联网来提供动态易扩展且经常虚拟化的资源。现阶段广为接受的云计算概念一般采用美国国家标准与技术研究院（NIST）的定义：云计算是一种按使用量付费的模式，这种模式提供可用的、便捷的、按需的网络访问，进入可配置的计算资源共享池，这些资源能够被快速提供，只需投入很少的管理工作，或与服务供应商进行很少的交互。[1]

云计算产生后并不是一帆风顺地前进，其首先要破除的是来自各方的怀疑。真正成就云计算的是随着移动互联网的发展而产生的需求变革。原因很简单，移动互联网的用户端——手机的计算与存储能力都受到极大的限制。不管是什么品牌，发展到什么状态，手机的计算能力都是相对有限的。譬如，256G的存储空间，是当今高端手机的配置，但对于台式机来讲，这是21世纪初的要求。

当云计算还未成为IT企业运行的标配之时，快速发展的物联网，使得整个信息技术领域和信息服务模式发生重大变化。当然，物联网设备又提出了更大的数据和更多的大数据分析需求。

美国国家工程院院士、Lotus Notes创造者、微软第二任首席架构师Ray Ozzie于2010年10月28日发表了一篇题为《新的时代来临》（*The Dawn of a New Day*）的文章。在这篇文章中，他十分惊叹于技术的飞速变化：通过有线网络、无线Wi-Fi网络和3G/4G网络连接起来的无处不在的互联网接入环境；LTE和白色带宽即将普及；主板上的系统（System Boards）很快将要变身为芯片里的系统（Systems on a Chip）；CRT显示器即将被可触摸显示屏所取代；业务流程和企业即将被零损耗的互联网所颠覆；厂商和客户之间的墙壁即将消失；传统商业生态即将被摧毁（因为传统的资源聚集和分发的方式已经不复存在）等。

技术发展的事实经常超过学者的描述，哪怕是业内的优秀学者。在这一时期，除了物联网技术之外，大数据技术也获得了大量的人力和物力投入，

---

[1] 王惠莅，杨晨，杨建军. 美国国家标准和技术研究院信息安全标准化系列研究（二）FIPS信息安全标准研究，信息技术与标准化［EB/OL］. DOI：0.3969/j.issn.1671-539X.2012.06.013.

获得了远超预期的大规模发展。数据，特别是大数据，正在成为当今数字经济最宝贵的基础资源。对于这些海量数据，许多企业正在应用相应的"大数据分析技术"加以利用，以期获得新的洞察力，识别趋势和变革，帮助企业监控并简化其运营，为客户提供更好的服务和体验，甚至远程进行一些机械和基础设施的预防性维护，等等。而这些，又随着深度学习、自组织学习等人工智能技术（AI）的发展得到提升，整个数字化技术的发展与应用又因此进入加速的轨道。

当今，发展中国家也已展开4G甚至5G网络部署，建设国家高速信息公路；云计算已经在许多国家上升为国家战略，并在全球范围内被作为先进的城市基础设施全面展开建设；以物联网、大数据、人工智能和智能制造等为主题的工业4.0在欧洲兴起，并形成全球范围的影响力……这些数字技术的发展，推动互联网走进下半场时间，走向5G低延迟的高速宽带移动物联网支撑下的深度数字化技术新时代。

数字技术的发展使数字基础设施的内涵拓容

如前所述，数字服务经济包含数字技术、数字数据和数字基础设施三个部分。数字技术与数字基础设施是两个高度耦合的部分。近十年的信息化进程中，在令人眼花缭乱的技术进步背后，数字基础设施的内涵在不断地变迁。"数字基础设施"概念起源于2013年，英特尔提出"数字服务经济"概念，同时还特别提出了"软件定义基础设施"[1]概念，把"软件定义"扩展到服务器，进而扩展到数据中心。当时，一般用户，甚至是业内人士对"数字服务经济"是认可的，但对"软件定义基础设施"这一具有重大创新色彩的理念还很陌生，当然也就没有意识到这一变革对数字化的价值与作用。事实上，这一思想进步对于数字化变革具有非常重要的推动作用。

其实，率先打破了软件与硬件的壁垒的是云计算。让我们来回顾一下数字化初级阶段的云计算。第一代的云计算是由亚马逊推出的AWS云服务。

---

[1] 多易. 软件定义是数字服务经济崛起的基石［EB/OL］. https://www.doit.com.cn/p/228497.html.

这一服务的设计就是为了使亚马逊在不断尝试新的业务及相应的互联网服务的同时，保持网站主体业务与服务的正常运营。由于之前亚马逊的数据中心采用是整体的基础设施架构，很难为开发团队提供这种方便。于是，亚马逊的IT团队着手研究一种弹性的可配置管理资源的基础设施架构，以便于开发团队能够随时灵活地申请计算资源、进行实验、退回计算资源。这一创新，最后诞生了最早的被称为弹性计算（Elastic Compute Cloud）或者EC2的云计算。其重要思想就是把整体的基础设施架构分解为相互独立的计算模块，例如服务器、网络和存储，每个计算模块可以无限制地扩展与收缩，同时还可以彼此协同工作，共同完成更大范围的计算任务。由此，传统的软件与硬件的壁垒被打破了，一个新的计算模块的概念得到了全面的传播。这种计算模块，如果对应到数字化概念中，完全可以称为"数字器件"。

正是这种新的模块思想，使亚马逊的云计算服务模式诞生后很快被许多大型互联网公司接受，带动了云计算的第一波浪潮发展。而且这种思维上的壁垒一旦被打破，新的创想就会出现井喷的状态。

如果说云计算率先打破了软件与硬件的壁垒的话，那么"软件定义基础设施"，则进一步重新定义了基础设施，这种将自动化、动态和可扩展的服务交付，通过软件定义的方式，随时按需调配计算资源，实际上就成了数字服务的一个新基础。云计算时代的新型数据中心，也因为被软件重新定义，而成为整个数字服务经济的基础设施。

数据技术成为数字服务经济的关键要素

数字服务经济因云计算而获得了新的服务基础设施，这种新的服务基础设施处理的资源对象就是数字服务经济时代的最主要资源——数据，处理这种最主要资源的技术，即数据技术，也就成了完成数字服务、实现数字服务经济的最关键技术。随着数字化在各个领域的深入实践，这一根本性的变革更加明确。

1. 数据技术开始成为科技研发的"种子"技术

产业升级依赖于新的科技研发，而科技研发萌芽于科学发现，脱胎于科技研究。自近代科学独立发展以来，科学发现主要基于观察法、实验法和推演法。通过对自然界的体验与观察，设计一个实验，进行深入观察和理性思考，加之逻辑缜密的推演计算，开辟了当今的科学大发展的时代。在这个过程中，对新现象做深入人工观察，通过实验对各种假设进行求证检验，是整个科学研究的核心部分。

而在当下，这种科学研究的方式正在被大数据技术改变。科学研究中的人工观察被各种直接产生数字数据的仪器或传感器代替，数字数据从各种各样的传感器、工具和模拟实验那里源源不断地涌来，科学研究的重点转向对数字数据的分析和再建模。图灵奖得主科学家吉姆·格雷针对这种情况提出了科学研究的"第四范式"理论。在他消失在大海之前17天，在加州山景城召开的NRC-CSTB（National Research Council - Computer Science and Telecommunications Board）大会上，他发表了留给世人的最后一次演讲《科学方法的革命》，提出将科学研究分为四类范式（Paradigm，某种必须遵循的规范或大家都在用的套路），即实验归纳、模型推演、仿真模拟和数据密集型科学发现（Data-Intensive Scientific Discovery）。其中，数据密集型科学发现就是通过数据分析获得新的科学发现。

数据密集型科学发现与仿真模拟最大的不同在于，仿真模拟主要还是根据已知的规则编写程序，对现实的实验进行数字化模拟，通过采集结果数据进行结果验证；数据密集型科学发现则是从各种各样的数据入手，用程序对海量的"粗糙"的数据进行挖掘，寻找其中隐藏的关联和规律。微软研究院2009年以来对一家医院自20世纪80年代收集的有关充血性心力衰竭的数据进行分析，并开发出了一套分析方法，可以相当准确地预测一名充血性心力衰竭病人在出院后的30天内会不会再次入院。[1] 这套方法不是简单地编一套程序对某个医生的提问进行分析，也不是对多个病人的情况做总体的归纳性估计，而是来自一种"机器学习"的方法——利用程序对沉淀下来的大数据进

---

[1] 曹磊，陈薇娜，缪其浩，等. 科技创新的"种子"［EB/OL］. http://www.pinlue.com/article/2019/04/0903/238587384802.html.

行再分析、再挖掘。这个大数据包包括约30万名患者的数万个数据点。通过分析不同病例的结果差异,计算机能够"得知"最有可能再次住院的病人的特征。医生在收治一名新病人时,把其数据特征输入这个程序就可以判断这名病人"返修"的可能性。

尽管利用大数据的科学发现工作目前还只是一种初步探索,但是人类智力结合大数据形成的智慧力量是超越前代任何工具的,它赋予了科技发展以一种全新的生命力,犹如深埋在创新土壤里的种子,等待未来某一天结出丰硕的果实。

2. 数据技术成为当代产品制造的核心技术

数据技术的核心作用不仅体现在科技研发之中,还直接体现在生产制造过程之中。当今,制造业已经大幅度地向信息化和自动化的方向发展。在产品的设计和生产中,越来越多的企业使用计算机辅助设计(CAD)、计算机辅助制造(CAM)等软件,数控机床、传感器等数字化制造设备,物料需求计划(MRP)、企业资源计划(ERP)等生产管理系统。这些信息技术的应用在很大程度上提高了生产制造的效率和产品质量,为人们带来了更丰富的物质享受。

然而,人的需求是无限和潜在的。制造业目前面临的挑战就是在整个产业信息化之后,如何提升获取和开拓需求的能力,从而创造具有更好的体验感和价值的商品。事实上,在如今的许多企业,管理信息系统(MIS)中存储的信息,各种工业传感器和数控设备中产生的数据,正在汇集到一起,形成了生产制造大数据。企业也力图对这些数据的价值加以挖掘,用以提高生产效率。制造业以掌握用户需求、实现创新为目标进行数字化、智慧化。例如,三一重工的挖掘机等大型机械装备基本都安装了GPS定位系统和远程维护系统,在实时监控车辆运行状态之时,还可以根据每台挖掘机(或其他机械设备)每天的工作时间和工作量,统计全年的工作情况,由此判断设备的老化程度和更新要求,从而判断下一年度的市场需求。还可以从制造链的各个环节汲取大数据用之不尽的动力:从产品开发和生产的过往大数据中寻找创新的源泉;从客户和消费者对大数据的使用中发现新的销售对象;从售后运营维护反馈大数据中发现额外的增值服务机会。大数据为制造业的创新转型——无论是精益化生产提升还是服务化创新转型——提供了更多的新路径和方式，并正在成为每个行业和领域的核心技术之一。可以预见的是，未来，专业的制造技术，尤其是专业的数字化制造技术，将成为制造业的核心竞争力所在。

【案例】把成本"黑洞"透明化和为一块天花板创建5000个数据点

当首席信息官Dawn Kirchner-King在2015年加入阿姆斯壮世界工业公司时，IT部门只是这家拥有150年历史的天花板制造商的一个订单部门。Kirchner-King称，IT可以说是成本"黑洞"的中心，业务主管根本不知道钱花出去之后干了些什么。

把成本"黑洞"透明化。Kirchner-King很快接受了阿姆斯壮制造团队信奉的精益和敏捷原则，并坚持每天与IT员工及业务流程主管一起开短会。Kirchner-King说："这些会议为我们带来了以前从未有过的紧迫感和业务透明度，大家可以知道钱是如何花出去的。反过来，这又使企业内部更加顺畅地交流各自的关键需求。"

Kirchner-King表示："这种透明度让我们的工作赢得了大家的信任。"在技术项目方面，Kirchner-King将ERP财务应用升级到了SAP的最新版本，对Salesforce.com的CRM套件进行了改良并将其扩展到亚洲和欧洲的分支机构，将差旅管理迁移到Concur上。客户还注意到这家公司上线了一个新网站。Kirchner-King说："敏捷性确实给这些项目带来了速度和紧迫性。"

为一块天花板构建5000个数据点。透明成本是第一步，用IT技术产生新的收益才是未来的主攻方向。Kirchner-King对在网络安全和其他关键项目中引入精益和敏捷原则节省下来的资金进行了重新分配，并将其投入能用IT技术产生新的收益的地方。IT部门尝试一些分析方法，通过在天花板吊顶的质量和厚度等细节方面生成5000个数据点，帮助公司预测制造流程可能产生的质量问题。

3. 数据技术成为传统服务优化的关键技术

传统的服务业有着悠久的历史。服务的创新许多时候主要表现为零散的、个体化的、依赖于人的持续优化。信息时代来临之际，服务业的创新获得了新的突破性发展。首先，服务业与信息技术相结合，发展出了全新形态的信息服务业；其次，应用信息技术改造其他传统的服务业，获得了新的数字化服务业。前者包括计算机软件服务、通信服务、信息咨询服务等，后者包括信息化改造后的各类服务业，如电子商务业、互联网金融业，以及旅游业等。

数字数据，作为新的资源要素，在这两者之间起到牵线搭桥的作用。一方面，数字数据的作用在于，它能使信息服务业从提供软硬件技术服务，升级到提供智慧解决方案、知识服务甚至决策分析服务；另一方面，数字数据有助于改变现有的服务业业态模式，将服务业发展的关注点转向数据资源的挖掘，以期获得新的增长点。

在信息服务业，最典型的例子要数网站联盟和门户网站的推送广告服务了。这些高流量的网站通过收集用户的浏览网页行为来分析其偏好，并提供有针对性的推送广告服务。目前，对于这种方式，人们诟病较多，但依赖广告获得收益的互联网信息服务业，并没有很好的办法调整。在政府的个人隐私保护法律约束下，企业并不能随便使用自己收集到的数据，更不能直接贩卖这些数据获利。所以，互联网推送广告服务业就要研究如何在保护用户隐私的同时，充分利用大数据来挖掘其中巨大的价值。

在零售业，各类大型超市很早就开始利用日常交易数据的关联分析来赢得竞争优势。例如著名的啤酒与纸尿裤的案例，零售商从啤酒和纸尿裤的销售数据中分析出二者具有相关性，而将两者摆放在一起，方便用户同时购买。

信息技术运用到金融业，大数据分析可以帮助证券公司发现更有价值的股票和保险产品，还可以为保费的设定提供更精准的数据依据。从事更传统的旅游等生活性服务业的企业，可致力于分析旅游预订数据，根据其掌握的机票和车票历史数据，向游客提供最佳的时间段和最优惠的服务。

上述的例子或许有的还算不上是最有代表性的数据应用，但大数据利用的价值与契机已可见一斑。可以预见，以大数据为新的原动力，传统的服务业将获得更多的发展机会。

第四节　从感知到连接再到分析——数字服务经济的基础技术变革

不同于传统服务经济，数字服务经济产生与发展的基础是数字化技术，数字化技术是影响数字服务经济发展速度与效率的最关键因素。近年来数字化技术爆炸式发展，从最初的"云计算+大数据"，发展到"ABC"（人工智能、大数据、云计算），再到"ABCDE"（人工智能、区块链、云计算、数据科技、边缘计算），及至后来的"ABCDEHI5G"（人工智能、区块链、云计算、大数据、智慧家庭、边缘计算、物联网、5G），各种新技术层出不穷。那么这些数字化技术到底与数字服务经济发展存在一种怎样的关联呢？

数字化技术的变革，起源于数字服务经济发展的创新要求，以最大限度解决数字服务经济发展中遇到的难题为己任。这些难题的解决结果是数字服务经济得到了持续发展。数字化，其最初的一个技术范式转变，是从PC端互联网向移动互联网演进。移动互联网终端算力的不足，推动了本来是为PC端互联网准备的弹性计算发展为通用的云计算，云计算技术成为数字基础资源基础管理技术。云计算的发展又提升了大数据的处理能力，进而形成将移动终端作为数据采集端的各类应用的大数据分析服务能力，推动大数据技术的全面发展。

实践中，数字服务经济的基础技术是不断发展变化的，而且这种变化更加非连续、不可期，一方面使服务业的行业边界更加模糊、跨界约束弱化；另一方面使服务创新的价值来源也发生了变化，服务的收益从交易价值发展出使用价值。数据不再是服务的载体，更是服务本身，数据分析成为核心任务。产品不再是服务的对象，更是一种新的服务的工具。

因此，在数字服务经济发展中，推动各种数字服务变革的基础技术是一个内涵不断变革的概念，在不同时期，其包含的具体内容是不同的。而在当今这个数字化加速、数字服务经济快速发展的新时期，我们有必要结合实例对数字服务经济发展加以分析。

【案例】办公上云和生产物联的面料生产商高士集团

自2017年1月担任英国面料生产商高士集团首席技术官和首席数据官以来，Hizmy Hassen一直积极推行转型战略。他的目标是让公司6500名为牛仔裤和茶包等产品生产面料的员工能够更高效地工作。

充分的统一的数字化协同办公。高士集团的IT员工采用微软Office 365套件（包括Skype、SharePoint、OneDrive、Yammer和其他工具）替代了原来的IBM Lotus Notes和混乱的文件服务器，以促进分布在全球55个国家和地区的135个工厂、办公室和仓库之间的协作。

ERP和办公上云。Hassen还与微软展开密切合作，将高士集团的SAP HANA ERP迁移到微软Azure云系统上，并从Salesforce.com迁移到微软Dynamics 365。

Hassen认为，"把计算、数据和文件迁移到云端的做法可使我们消除对硬件的依赖。随着将更多的东西迁移至云上，我们不再需要担心安全性，不再需要预测服务器容量，也不再需要与硬件供应商的最新进展保持同步。"

核心生产设备的数字化物联化。这是一个从"工业时代到云数字时代"的至关重要的转变，高士因此可以为越来越多的绕线机配备传感器，物联网的使用可以让高士的数据量从现有的最高90TB增加4倍。高士现在拥有灵活的存储容量，因为它可以在云中随着数据的增长而增长。

数据湖分析预测库存成本和用户需求。为了从物联网数据中获得洞察力，高士还在构建一个包含多个微软应用的数据湖。微软的Cortana智能套件可以根据生产历史、天气和其他因素，预测库存成本、对各类面料的需求、生产量和其他信息。

从上述案例中，我们可以看到数字服务经济发展、数字服务创新实施所依赖的基础技术主要包含三个方面内容，即数据资源协同管理技术（云计算）、数字连接技术（协同办公、设备数字物联）和数据分析技术（数据湖分析预测）。其中，数据资源协同管理技术用于基于服务化对业务流程进行重新编排，从功能化、标准化、服务化，向自动化和智能化迈进；数字连接技术，主要是实现大平台范围内的有效连接；数据分析技术则主要是对业务流的结果和行为进行分析，实现端到端数据共享和打破数据壁垒，改进业务创造价值的过程，提升端到端的效率和客户满意度，推动商业模式和业务创新。具体而言，各部分的价值与作用体现如下。

1. 数据资源协同管理技术——目标是全覆盖

基础不牢，地动山摇。数字服务经济发展，首先是数据资源基础的牢固。对于服务企业或组织而言，数字化的第一步必须是做好数据基础，包括数据治理、大数据治理、数据架构（包括数据资产、数据模型、数据标准、数据分布）、数据质量、数据获取/采集及数据价值分析和应用等。只有尽可能全面地把数据纳入管理体系之中，才能更有效地推动数字化发展，驱动企业数字化管理创新、业务创新、产品创新和技术创新，进而推动企业全面走向数字服务经济。

2. 数字连接技术——人和物都要连接

建立了数据基础，要实现数据的及时甚至是实时反馈，就用到了数字连接技术。连接技术让人、事、物等实现互联，使互联网、移动互联网、物联网、人联网等最终走向智能互联网。通常用的网络连接技术体系中，可以将软件分为六个层，即嵌入层、边缘计算层、业务服务层、分析服务层、平台服务层、资源层等。

3. 数据分析技术——大数据技术

通常，人们将没有经过处理的外部信息称作数据，而将处理后有价值的信息称为信息资源。数字化时代，不仅人群产生数据、机器产生数据，数据自身也产生数据，所有事物在任何时间都在产生数据。数据急剧增长，其数量和复杂程度都达到人类难以用大脑直接处理的地步，传统的计算机程序因为数据数量巨大和类型复杂，也难以在短时间里做出有效分析与判断。这就需要我们利用新的技术——大数据技术来进行处理。

大数据由英语Big Data翻译而来，对它的解释很丰富，但有一条已成共识，"大数据指无法在一定时间内用常规软件工具对其内容进行抓取、管理和处理的数据集合。"对此，IBM将大数据概括成三个V，即大量化（Volume）、多样化（Variety）和快速化（Velocity）。

大数据首先是数据的总量大，其次是大多为非结构化的数据（即不是

EXCEL表那样的规范化、结构化关系数据），更重要的是，这些数据经常需要的是实时处理。实际上，我们现在应用大数据技术的地方太多了。比如，每天出门上班前，无论是坐公交还是开车，我们都会查一下手机给出的路线图，因为说不定此时偶然的交通事故已让那条你多年摸索出来的最佳路线堵得水泄不通。甚至你需要了解今天空气悬浮颗粒中花粉比例会不会突然增高使你的过敏体质强烈反应。在这个过程中，为你提供支持的，就是智慧交通大数据。这些数据是设置在道路上的传感器、监控视频和交通工具中的GPS等设备生产的海量数据。这些数据要形成我们真正需要的信息，需要经过大规模的数据处理分析，还要与包括气象监测设备产生的天气状况数据、工商管理部门采集的大型场地活动数据等结合。这些智能信息并不是简单地告诉用户到达目的地有几条路径或是显示路况信息，而是对多条路径各种情况进行计算，依据用户设定的偏好，提供最佳出行方式和路线。这些信息为用户的出行提供了决策的依据。

这一切都是发生在我们身边的事实，都是大数据技术为我们提供的帮助。这些数据经过实时处理后，转化为有价值的信息、知识和决策选项，以即时可视的方式提供给用户，让用户的生产与生活更加便利和智慧。

第五节 人工智能（AI）——数字服务经济的制高点

人工智能（AI）是最有力的新生产工具

在数字服务经济时代，数据是新的生产资料，算力是新生产力，云计算是这种生产力的最主要载体，人工智能（AI）是最有力的新生产工具。

事实上，人工智能（Artificial Intelligence，AI）更准确的名称是机器智能。它是通过数字计算机，研究开发用于模拟、延伸和扩展人的智能的理论、方法、技术及应用系统的一门新兴的技术科学。这个词最初是在1956年达特茅斯（Dartmouth）学会上被提出的。从那以后，研究者们发展了许多相关的理论和原理，人工智能（AI）的概念也随之扩展。目前，人工智能（AI）的主要研究领域包括机器人、语言识别、图像识别、自然语言处理和专家系统等，计算机视觉、机器学习、自然语言处理、机器人和语音识别是人工智能（AI）的五大核心技术。

曾经，人工智能（AI）的发展并不如想象中的那样备受关注，相反，它一度被认为是"伪科学"。近期的人工智能（AI）发展新浪潮的核心成就是在深度学习领域取得的重大突破。深度学习几乎是凭一己之力将人工智能（AI）第三次大规模地推入了公众视野。在21世纪初，当大部分企业和学者已经放弃人工智能（AI）时，2006年，著名学者Hinton等人发现了训练深度神经网络的有效方法，并将之命名为深度学习。2011年和2012年，深度学习在大数据技术的支持下，在语音识别和图像识别方面取得了巨大突破。2016年，以深度学习技术为核心的围棋软件"阿尔法狗"（AlphaGo）打败了人类世界冠军。深度学习方法与大数据相结合的结果，使计算机在图像识别、语音识别、自然语言处理等方面，快速达到或超过人类的普通水平。与此同时，构建在这些基础能力之上的复杂智能系统也获得了多元化发展和应用，如：自动驾驶汽车的智能已经达到16岁青少年的智能所能达到的水平；借助多种新型仪器设备的数据，智慧医疗系统在癌症、皮肤病等疾病的诊断方面，已经超过专业医生。

如今，人工智能（AI）已有许多成功的日常应用。如Adobe公司的Sensei人工智能技术让人们在PS图片时，再也不用为毛发的处理伤神了；一些媒体推出的"数字人"播音员，可以借助自然语言理解、知识图谱、深度学习等技术，用最低的成本提供高水平的传播服务；一些证券服务平台，也在利用人工智能技术不断自我更新金融知识，深刻理解客户需求，为普通用户提供VIP式的一对一服务。这些，才真正构成了人工智能（AI）在数字服务经济中最有代表性的创新。

总体说来，人工智能（AI）研究的一个主要目标是使机器能够胜任一些通常需要人类智能才能完成的复杂工作，也就是利用机器智能代替部分低水平的人类智能。但不同的时代、不同的人对"复杂工作"的理解是不同的。在当今这个数字时代，人工智能的最典型的价值就是用以前人类无法实现的方式来处理大数据集，从中发现新的有价值的信息或知识。

人工智能（AI）的应用越来越真实广泛

如果说在科学研究中应用人工智能（AI）还距离一般民众较远的话，那么在各种交易APP上，人工智能已开始大行其道了。这些应用程序每秒钟的数据流达到百万级，我们希望它们在异常活动发生时发出警报（欺诈或者盗窃等行为），在某个行情态势出现时提供提醒等。以前遇到这种情况，人们也许不太可能有时间去完整地分析和处理相关的数据，而是选择一个小片段处理。即使有数以百计的人在分析欺诈可能性，如此大量的数据也会降低决策能力。在许多条件限制下，传统的数据处理系统并不擅长处理这样的场景和问题。人工智能则会开辟一条路径。由深度学习算法支持的人工智能，会因为数据的积累变得更加的聪明，从而帮助人们解决相似场景下的问题。当然，这样的方式，同样也适合于各种随时间变化的异常的场景。

另外，人工智能（AI）的发展，也会使计算机的基础设施层面发生巨变。譬如，由于人工智能的深度学习算法需要进行大量神经网络计算，传统的CPU、操作系统、数据库在处理这种需求时并不是最擅长的，而GPU、分布式系统在这里却表现突出，于是，新型的人工智能芯片、更具有针对性的深度学习计算云服务、开放的面向应用的深度学习开发框架、通用的人工智能算法等，它们都将成为新的"基础设施"。

总体而言，目前人工智能（AI）的发展已逐步成熟，在机器视觉、语音识别、自动驾驶、数据挖掘等方面都获得了有效的技术突破，可以为传统产业的数字化升级提供动力。同时，人工智能技术（AI）在农业、制造业、服务业等领域的融合发展也在有效推进。未来一二十年内，中国的数字经济将进入以人工智能（AI）为核心驱动力的新阶段，预计将会有许多重大变革。

第三章

组织、资源与思维——影响数字服务经济发展的非技术性因素

数字服务经济的核心要素是数字技术，但是影响数字服务经济发展的关键因素却并不限于数字技术，数字服务经济的发展更多与社会数字基础设施、社会数据资源以及管理者的思维相关。

对数字服务经济的基础设施，国际上比较流行的定义包括几个要点：其一，安全的且具有较高独立性的电信和通信基础设施；其二，合法监控电信所需的制造或制造技术设施的知识；其三，关键基础设施运营时使用的行业特定软件；其四，用于电厂控制、电网控制技术或电源、供气、燃料或供热系统控制的软件。[1]

与农业经济、工业经济主要以土地、劳动力和资本作为关键生产要素不同，数字服务经济的发展基础有赖于社会和企业拥有的数据资源和人们的数字素养。作为关键生产要素，数据资源的产生、采集和挖掘都需要通过组织化的行为和完善的机制来进行。人们的数字素养，又是这些资源产生与形成的关键。需求端的数字化依靠海量用户，同时需要具有数字素养的用户。生产供给端的数字化更加依赖人才驱动。数字服务经济的发展，具有一定数字素养的人口和人才是战略基础。

另外，数字服务经济高度依赖数字技术，也会给自身的经济安全带来极大的风险。社会、政府和企业的管理者需要充分考虑这些风险，制定相应的规范和法律，调整相应的管理手段和方法，改进管理机构的组织机制。

这些非技术性影响因素对于开展数字服务至关重要。数字服务化，获得

---

[1] OECD报告认为数字经济发展正在影响国际投资政策［EB/OL］. http://www.sccwto.org/post/25657?locale=zh-CN.

数字智能，远非只是采购和部署解决方案那么简单。企业在成为数据驱动型企业的过程中，面临的挑战是多方面的，需要多管齐下地利用新的技术、数据资源、数字技能，最重要的是获得领导者和管理者的支持。对于企业而言，领导者不仅要提供支持，还需要推动企业营造一种动态的数据驱动型文化。

第一节　数字服务经济的基础条件

数字基础设施是数字服务经济的发展基础

数字服务经济是通过对数字数据（数字化的知识与信息）的"识别—选择—过滤—存储—使用"，来引导数字数据资源实现快速优化配置，并提供直接使用服务价值的新型经济形态。不断升级的安全网络基础设施、智能机器设备等数字化智能终端，互联网、云计算、区块链、物联网等数字技术，都应作为数字服务经济的基础设施支撑。

具体而言，数字服务经济是以数据这一关键资源为轴心展开的，因此数字服务经济的基础设施首先需要海量存储和计算的资源，也就是围绕数据的全生命周期（采、存、算、管、用）提供的基础设施。这些基础设施能够让拥有数据的每比特成本最优，每比特发挥的价值最大。

按照这一理念，5G、云计算、大数据、物联网等都是数字服务经济的新型基础设施。其中，物联网推动万物互联，生成的数据将呈现指数型增长；5G用于数据高速传输，是让交互更快捷的通信通道；云计算提供数据云端高速运算能力。

那么，数字服务经济基础设施与传统的信息基础设施（如PC电脑、局域网乃至互联网等）相比，到底有什么不同呢？二者难道只是概念描述的不同吗？对此，我们有必要深入分析和探讨，从而为数字服务经济基础设施的发展战略提供更精准的引导。事实上，我们可以将二者的不同总结为以下几条。

第一，也是最重要的一点，传统的信息基础设施主要由网络和IT设备构成的物理通信基础设施构成，它实现了人与人、人与物以及物与物之间的通信连接，使数字化成为可能。而数字基础设施则赋予了这些物理通信基础设施中流动的数字比特以新的意义，即通过数字化能够使社会生产、商业运作与物理实体在解耦的同时，更加方便灵活地实现易用的要求（例如移动支付，社交网络），并且可以通过对数字数据的重新组织与处理，挖掘其中新的机会与价值（例如大数据分析）。

第二，传统的信息基础设施严重依赖底层技术能力与服务交付模型的紧密功能耦合，如电力和水力设施不能简单地生成式地创建新业务来挑战上一个层面的服务。也就是说，底层技术与服务业务是一体化的，难以分割实现。

第三，不同于传统的信息基础设施，数字基础设施具有很强的可扩展性，其组成部分能够相对容易地进行升级或替代。可伸缩、灵活地提供不同类型不同成本的基础服务，是数字基础设施的重要特点。

第四，数字化内在的灵活性，使得数字基础设施以传统信息基础设施所不能企及的方式延展其范围和规模。简而言之，数字基础设施是连接物理基础设施与数字经济世界的纽带，是全链接的数字世界中商业创新、交互与送达的中间强力引擎。[1]

总体来看，良好的数字基础设施是数字服务经济发展的前提，而数字服务经济发展所需的数据资源则是生产资料，是数字服务经济发展的另一个关键性基础。事实上，每一次经济形态的重大变革，都必然催生也必须依赖新的生产要素。譬如，土地和人力、畜力是农业经济时代相对于原始自然经济时代的新生产要素，资本、工厂和技术是工业经济时代相对于农业经济时代的新生产要素。进入数字服务经济时代，数字基础设施和数据正逐渐成为驱动经济社会发展的新关键生产要素和引擎。特别是一些社会公共基础数据，包括统计数据、地图数据以及一些公共设施，如交通的实时传感数据，都是公共服务、数字经济业务和社会治理的基础。在很多时候，这些作为新生产要素的数字基础设施、数字数据都是帮助我们进行决策、构建服务并获取收益的重要基础资源。

---

[1] 共建数字基础设施，加速数字经济发展［EB/OL］. https://www.huawei.com/minisite/mwc2015/preview/cn/articles/build-a-new-digital-infrastructure.html.

数据是数字服务经济发展的基础生产资料

数字服务经济是基于数据资源的新经济，这种经济需要各种社会开放数据资源作为发展的基础资料。无论是各类社会和经济的统计数据、地图数据还是实时传感数据，都是帮助我们进行决策、构建服务并获取洞见的重要基础资源。这些基础资源可以是社会管理机构的数据资源体系中的封闭数据、共享数据，以及开放数据。有统计数据显示，仅在公共部门中，开放的社会公共数据所创造的价值就占到了GDP的0.4%至1.5%[1]。随着更多组织和部门加入开放数据的队伍，这些基础数据的经济价值将越发凸显。

社会公共基础数据能帮助用户更方便地了解社会服务的价值，无论是金融服务还是零售服务，更重要的是，这些数据有利于商业企业更快地进行服务创新，从而创造更好更新的服务。这些基础公共数据，在数字社会时代，将如工业社会时期的道路、铁轨和能源网络一样，作为社会公共产品，需要持续的维护和管理。

除了一些固有的公共基础性数据外，更多的数据是在数字服务经济中从各种数字平台上产生的。许多数据清晰地表明个人、社会和商业活动的足迹。研究分析表明，代表数据流的全球互联网流量随着物联网的快速发展，到2022年，将达到每秒150700G字节。这些数据可以区分为原始数据供应者产生的原始数据、数据公司产生的增值数据产品和数字产品的消费数据。大数据已成为社会的基础性战略资源，蕴藏着巨大的潜力和能量。

数据收集和使用的政策，主要取决于所涉及的数据来源类型，也就是说是个人数据，还是非个人数据；是自愿提供的，还是观察或推断出的；是私人拥有的数据，还是公共所有的数据；是用于盈利的，还是公益的，等等。这些全球性数据的价值链正在形成之中，对于这些数据的管理与使用，正在

---

[1] 数据基础设施：思考数字时代的基础设施［EB/OL］. http://www.cbdio.com/BigData/2016-05/10/content_4907457.htm.

成为各国立法者们思考的内容。

数字服务经济之所以能成为一种先进的经济类型，就在于其发展的基础资源要素发生了深刻的变化。一般而言，土地、劳动力、资本等一般性生产要素是传统的工业经济发展模式所主要依赖的资源，这些资源要素的获得要求较低，规模化扩张快，但也存在着容易导致产能过剩、恶性竞争和低端化的缺点。工业大数据资源则具有及时性、完整性、开发利用水平较高等特点，其利用需要数据流、物质流和资金流的集成协同，其运用有助于大幅提升优化配置土地、劳动力等制造资源的效率和水平。相比其他生产要素，数据资源具有可复制、可共享、无限增长和供给等优势和禀赋，打破了传统要素的有限供给对经济增长的制约，不断催化和转化着劳动力、技术、管理以至资本等传统要素，为经济社会的持续增长和创新发展提供了新的条件与可能。

工业软件是制造业转向数字服务经济的产业条件

数字化基础设施包括"安全的、具有较高独立性的电信和通信基础设施""合法监控电信所需的制造或制造技术设施的知识"，以及"关键基础设施运营时使用的行业特定软件"和"用于电厂控制技术，电网控制技术或电源、供气、燃料或供热系统控制技术的软件"。

也就是说，国际公认，影响数字服务经济发展的，除硬件基础设施外，还包括软件（甚至是知识）基础设施。数字服务经济发展中，除了纯数字化发展外，还包括制造品的数字服务化发展。当今，相当一部分制造业正在走向服务经济。对于这一部分走向服务化，特别是数字服务化的制造业，相关的工业制造软件同样是关键性的发展条件。

此外，在数字服务经济中，生态系统与核心资源同等重要。数字化平台上的海量用户，以及资金、人才、内容等方面的优势为数字生态注入了重要活力。但要充分激活这些资源，进一步构建更符合自身行业需求的成熟生态系统，赋能更多的行业伙伴，我们最应该关注的就是制造业。

制造业是数字服务经济发展的新主场。制造业发展数字服务经济不是单纯地实现电子商务数据对接就完成了，更多是对企业内外实现全数字化的变革，其中最重要的是制造本身的数字化、服务化以及产品的智能化等。制造业和产品服务化等数字化创新不是用数据、AI、网络就能实现的。从农业经济到工业经济再到数字经济，工业技术始终是基础。使基础设施发生阶段性变革的是工业软件部分，是特殊的工业软件。

我们也可以从制造过程和工艺的数字化发展的角度来看上述变化。我们讨论数据服务经济核心技术，认为"数字孪生"是数字服务经济发展的三大基础技术之一。"数字孪生"通过构筑数字空间与物理空间的数据交互闭环通道，能够实现数字虚拟体与物理实体之间的交互与联动。[1]数字孪生体以物理实体建模产生的静态模型为基础，通过实时数据采集、数据集成和监控，动态跟踪物理实体的工作状态和工作进展（如采集测量结果、追溯信息等），将物理空间中的物理实体在数字空间进行全要素重建，形成具有感知、分析、决策、执行能力的数字孪生体。制造过程的"数字孪生"中一个关键是虚拟体与实体之间的交互与联动，实现这种交互与联动功能的前提和基础是制造过程本身的软件化制造控制，即工业软件体系。

工业软件建立的数字自动流动规则体系，操控着制造过程中的规划、制作和运用阶段的产品全生命周期数据，是制造过程中数据流通的枢纽，是工业制造的控制大脑。[2]与此同时，工业软件内部蕴含程序化的制造运行规律，可以根据数据对规律建模，从而优化制造过程。可以说，是工业软件定义着整个产品的制造流程，使得整个制造的流程更加灵活与易拓展，它从研发、管理、生产、产品维护等各个方面对实体进行赋能，并重新定义制造。

因此，我们可以认为，工业软件的实质就是对各类工业生产环节规律的

---

[1] 工业软件：智能制造产业发展的核心［EB/OL］. https://www.sohu.com/a/376839091_560178.
[2] 智能制造发展的五个阶段，你到哪一阶段了［EB/OL］. https://m.sohu.com/a/383456151_120056153.

代码化，是前期显性制造知识与技能的数字化的前提，也是结果。工业软件支撑了绝大多数的生产制造过程的信息化。另外，工业软件不但可以控制产品和装备运行，而且可以把产品和装备运行的状态实时展现出来，通过分析、优化，应用到产品、装备的运行，甚至是设计环节，实现迭代优化。因此，在影响数字服务经济发展的基础条件中，特别是在涉及产品制造的数字化服务中，我们将工业软件列为前提和基础条件，具有重大的实际意义。

第二节　人们的数字素养

服务经济中，用户的参与是服务创新的重要因素。在数字服务经济中，用户将被最大限度地整合到创新生态系统之中。数字服务经济时代，人们的数字素养是数字服务经济发展的基础性因素，决定了数字服务经济发展的速度与空间。

有一个经常被提出却很少有人回答的问题是：什么是数字素养？踏入劳动力大军的人们通常认为自身具备数字素养。数据表明，并不是受过高等教育的人就具备较高数字素养。

除了语言和计算能力，数字素养技能也已成为必不可少的技能。数字素养是一种理解的能力，是能够理解和使用通过计算机呈现的多信源、多格式信息的能力。事实上，数字素养在学界被定义为"自信、创造性和批判性地识别和使用数字技术的能力"，以有效满足在数字社会中生活、学习和工作的需要和挑战。

2015年，经济合作与发展组织曾对数字素养做了一些研究，目的是改善人们的书面沟通、数学问题解决和数字化识字等能力，以提高劳动生产效率。在现代社会，"传统的、线性的职业轨迹正迅速成为一个过时的概念"，大多数新人将经历多样化的职业生涯。人们将花费更多的时间用于学习技能，能力则表现为创造性和批判思维，以及更多的数学和科学技能。新时代的员工将需要高度发展的沟通和人际交往能力,并培养企业家思维。较高技能要求的是数字素养、批判性思维、创造性和表达能力。

数字素养已经"快成为一个人在组织的各个层面都需要的重要工作技能"。大部分管理层要求员工有"软"的数字技能以及更常见的"硬"技能。根据这些"软"的、"硬"的技能要求,可以在未来的数字化企业中构建这样一些职业角色,即:有能力的学习者、数字公民、知识构造者、创新设计师、计算思想家、创意传播者和全球合作者[1]。这些职业角色就是员工未来在数字企业中的对应发展目标,基于这些目标,我们可得出一个有关数字素养的能力和水平框架,这个框架包含七个元素,即:信息通信技术水平、信息和媒体素养、信息和数据管理能力、创造与创新能力、沟通合作与参与能力、安全和隐私保护能力,以及数字身份的确立。

这些有关数字素养的基本元素提出了基础的能力要求,促使人们在数字化的工作条件下建立信心、形成敏捷性和灵活性,适应快速变化的数字环境;积极地发展技能来理解现代媒体世界,成为负责任的数字世界公民;利用数字技术改善自己、社区以及更广泛的世界各地的人们的生活。

有研究报告表明,在数字化时代,几大角色中只有约7%的工人将不被要求任何数字技术。包括知识构造者、创新设计师、计算思想家在内的"数字工人"将占到全部劳动力的46%,他们需要有足够的能力来评估、配置和使用复杂的数字系统。数字制造商将需要足够的能力培养数字工作者,普通群众也将使用各类数字技术。将有占劳动力10%的人需要具备相当复杂的数字技术,通过先进的数字化处理能力支撑各类产品和服务的基础功能。

数字素养的提出,适应不断变化的数字化的职场技能需求。当前,企业需要承担一些责任,以提高员工的数字素养,特别是对于那些最有可能受到自动化负面影响的人。员工需要积极主动地保持技能,尤其是提升数字素

---

[1] 杨金勇 孟红娟. 利用技术变革学习:新版《美国国家学生教育技术标准》解读[J]. 中国电化教育,2018,6.

养，因为这些是与自动化交互的技能，将是员工今后生存发展的基本要求。各级各类的教育者同样有责任确保学生和毕业生具有适当的技能，以成为有价值的劳动者。

我们要认识到，数字素养并不是静态的，即使相关的技能需求也是以满足动态环境需求而设定的。数字素养是一种思维方式和一种态度，而不仅仅是一种技能。对数字素养的定义是随着时代的发展而发展的，并且我们生活的各个方面都需要不同的相关技能，所以，要确保我们的数字素养技能持续存在，就必须进行终身学习。

当前，在社会实践层面，人们对于"数据驱动"的理解也有了很大的变化。其中来自企业的变化最为明显。现在企业内部各个部门对于数据的需求不断增长。一些以前不太重视数据的部门，现在也逐渐重视数据。

许多企业虽然现在还远远谈不上引入知识构造者、创新设计师、计算思想家等角色，但对于分析大数据的工作，已有非常大的需求。其中有两方面是实实在在的需求。第一，是对企业运营的数据分析角度的多样性和分析的有效性。相关企业管理者查看数据的方式和角度都发生了很大的变化。原来多是单纯从报表的角度来看问题，现在是主动或被动地从更多的角度来看问题，比如从数据方面看生产暂存、配送，以及配送路线的优化和成本分析等。这些对数据的理解能力，构成了企业员工数据素养的主要内容。第二，是处理信息的时效性。以前一天一报的数据，现在每分每秒就可以在手机端做。

总体来看，企业层面真正的大数据应用更多还处于起步阶段，数字化还远没有达到全面。但是，数据化的思考方式作为新时期人们需要具备的基本素养已经建立起来了，其价值必将在未来的全面数字化进程中得到体现。

第三节　政府及公共服务的数字化战略

数字经济越来越依赖于开放的社会基础数据资源，数字服务经济的发展在很大程度上与各地政府以及公共服务的数字化发展战略息息相关。各地政府和利益攸关方等对数据流动的作用越来越认可。尤其在国际贸易方面，各国已经认识到国家管制跨境数据流动的制度相互兼容的重要性，相互兼容有利于新兴技术的采用和扩散，避免对社会整体利益产生不利影响。

倡导开放数据和自由跨境数据流动的人士强调，这种流动推动了数字经济，并为就业、创新和经济增长创造了新的来源。限制数据流动将妨碍创新、增长和发展。一些咨询公司估计，跨境数据流动在大约十年内使全球国内生产总值增长了约10%。

在影响数字服务经济发展的非技术性因素中，政府及公共服务的数字化战略的作用越来越重要。决策者们在考虑政府、消费者或用户和公司对数据及其使用权和所有权时所提出的数字化战略，将决定数字服务经济发展的速度与规模。在这一方面，我们需要关注两个方面，即数字城市战略在数字服务经济中的特殊作用以及政府对社会公共数据的控制机制。

城市作为数据驱动创新的枢纽

数据驱动创新的发展，大多首先在高度发达的都市进行，因为那里有最紧迫的需求。都市在某种程度上正在开始成为数字化的实体平台。那么，如何才能建立一个这样大规模的实体平台来收集各种数据，包括物联网上的大量数据、每个市民产生的数据、公共场所产生的数据？然后该如何去分析数据，解决问题？这样的数据治理需求，从一开始就让人们想到用数据去解决政府内部的问题，把这种解决问题的能力变成一个平台，并且定制化，以满足市民的需求，从而将城市，特别是都市构建成数据驱动创新的枢纽。

将城市数字化需要做很多数据整合的工作，包括从政府内部的数据到市民产生的数据，还有很多其他的数据，比如数字平台上的海量数据、物联网中很多感应装置上的数据。

当然，许多情况下，最关键的因素还是政府本身的机制。原因有两点。第一点，政府仍然是由许多部门机构组成的，但市民不按机构的逻辑生活，而是生活在城市的不同区域。政府的管理模式是纵向的，市民的生活是横向的。因此，在进行数字化城市治理时，需要适当的组织模式来运营数据分析中心。通过建立一个既规范又能保证数据安全的分布式中心体系把数据整合起来。如何建立这样的中心是一个不小的难点。当然，我国许多城市已经推出了许多新的模式，如网格化管理的网格中心管理模式等。第二点，政府工作人员相对更缺乏与数据"沟通"的经验，因为他们经常是与人沟通的。[1]

许多前期的智慧城市建设项目就是在政府中设立一个高级别的数据分析中心，即媒体所说的"城市大脑"。这个中心不仅负责衡量指标，而且要提前发现问题并及时解决。但这只是第一步。重要的是第二步，数据分析中心的出发点不是研究数据，而是研究如何解决实际问题，这两者有非常大的区别。简单来说就是，政府可以产生和收集数据，然后通过分工化的机构组织提出更好的问题解决方案，以此来对市民的需求做出更好的回应。此时此刻，政策、设施和技术都已经有了，需要的只是回答业务问题。

随着数字化的深入，许多城市正在建立数据学院，用来给一些中高级政府工作人员做数据培训。培训内容不仅包括必要的数据科学，还包括如何让数据更好地可视化，如何获取数据，如何更好地推动数据流畅。由此形成的深度的数据理解能力、适应新形势的行政决策能力等就会带来机构组织以及机构文化上的改变。总之，随着数字化的不断发展，我们可以利用AR技术预测建筑对街道光线的影响，可以用一些数字化手段模拟城市未来的模样。在

---

[1] 史蒂芬·戈德史密斯，苏珊·克劳福德. 数据驱动的智能城市[M]. 车品觉，译. 杭州：浙江人民出版社，2019，2.

城市规划方面，数据的作用还有很大地发挥空间。

城市的数字化发展战略与规划，是影响数字服务经济发展的重要因素。不同的城市，对数字基础设施的建设以及数字化城市发展的规划是不同的，这种差别在一定程度上取决于管理者的数字素养和战略格局。

政府的数字化发展战略

建立在线信任，对于抓住电子商务和数字经济的机遇至关重要。数据处理是其中的核心内容。在当今的数字世界中，个人数据是推动许多在线商业活动的一种资源。使用这些数据的方式会引起人们对隐私和信息安全的关切。

事实上，世界各国对互联网的信任各不相同。许多大型新兴经济体，例如中国、印度、印度尼西亚等国家比较信任互联网，而一些其他国家，如日本和突尼斯则相反。这主要是受不同的隐私观念和不同利益的影响。在一些发达国家，相比便利性，个人更关心的是其隐私是否安全，政府关心的是国家安全，企业关心合规负担和可能阻碍创新和贸易的法规，等等。当然，随着社交媒体和其他数字平台的使用面迅速扩大，发展中国家对数据隐私的关切也在增加。[1]

另外，随着数字化的深入，物联网设备的使用带来额外的隐私和安全问题。这些数字装置可记录家庭、工作场所或公共场所的活动。这些数据应用到商业上，可以协助定制广告，或帮助公司改善商品或服务；应用到政府管理上，有利于提高治安水平。但是，如果这些数据被滥用或落入坏人手中，就会对个人隐私、财产甚至生命构成风险。目前各国保护数据的监管各不相同，保护数据的法律框架往往与数字化的时代并不相称。在某些情况下，会提出互不相容的立法，如对云计算适用哪些司法管辖等。这种不明确性给数字服务经济的发展带来了不确定性。

---

[1] 联合国贸发会技术和物流司2019年数字经济报告［EB/OL］. https://www.sohu.com/a/340558274_224692.

对于数字化带来的隐私与安全问题，发展中国家常常重视不够，发达国家则经常是保护过度。

各国促进数字服务经济发展的激励政策也差异较大。反竞争做法和滥用数字平台支配地位，对数字服务经济来说，并不一定能真正带来好处。另外，对主要以无形资产为基础的数字平台而言，大部分的资金都是流动状态的，受税收政策影响巨大。

总体来说，影响各国各地数字服务经济发展的因素很多，国家战略、都市发展导向、区域创新政策等，都在很大程度上是当地数字服务经济发展状态的重要且有决定性影响的因素。

第二篇
数字服务创新理论篇

随着中国经济发展进入新常态，经济发展的原动力逐渐从主要依靠资源和低成本劳动力等要素投入转向创新驱动发展。数字服务经济的优势逐渐显现，总体呈现良好的发展势头。

近十余年来的数字服务经济发展，本身是一个不断深化的过程。及至今日，数字技术已开始与业务、工作流程、思维理念、机构内部平台、社会基础架构和企业业务战略等深入地交织在一起。这种深度的数字化使得越来越多的数字化服务产品可以为使用者创造越来越多的外部价值。

毋庸置疑，腾讯、阿里、京东等源自消费互联网时代的巨头们，正在成为数字服务经济时代的引领者。在数字服务经济时代的发展，更多的企业需要先通过数字化知识和技术进行内部和外部的变革，以实现对自身竞争力的重塑，使自己成为"数字化原生企业"，从而获取并强化竞争优势。但是，当这种深度的数字化真正成为整个社会经济发展的动力时，所有的企业又站到了同一条新的起跑线上。数字服务创新，不只是简单的转型，它将成为这个时代的主题。数字化的企业将以客户为中心，以科技为引领，在统一愿景下建立实时战略机制和敏捷生态的高效组织，进而开启新的创新模式。

在这个不断涌现新生事物的数字化时代，创新是令人又爱又恨的事物。人们都希望自己成为下一个神话的缔造者，却又都害怕成为下一个被颠覆者。伟大的创新都在所谓的混沌的边缘（Edge of Chaos）发生，创新经常被形容成站在刀尖上跳舞。这种极端边缘化的变革就像金属物质经过高温和锤炼之后的再结晶一样，源于边缘，及于整体，最终实现结构的重构。再结晶，也就形成了数字化服务创新的基本世界观和方法论。

第四章

数字服务创新——数字服务经济发展动力之源

事实证明，无论是企业的数字化，还是产品和服务的数字化，数字技术的引入过程本身就是一种创新，而不是一种简单地将纸面信息转化为数字化的信息。这些创新激发更多的想象和探索，在持续不断地提高内部生产率的同时，为用户提供更多的访问机会和服务，并实现基于服务的独特价值创造。

这些创新的共同点在于它们不仅连接了实际的产品和服务，而且创造了新颖的体验和新形式的使用价值。因此，这些都可以归类为数字服务创新。这些数字服务创新已被证明是数字服务经济的核心增长引擎，正是这些创新，使得市场上形成不同企业的竞争优势，促进了社会整体的进步。

数字服务创新不再只是一种特殊的偶然创意，它可以被看作是"数字化""服务化"和"服务创新"三者的有机结合。这种结合也可以看作基于数字化的条件开展的服务创新，也可以是一种服务化的数字化创新，也可以是一种数字服务的创新。

第一节　数字化——与信息化不同的发展状态

2019年被认为是数字服务经济发展进程中极为重要的一年。在这一年里，不同的行业、不同的企业纷纷开始走上数字化发展之路，虽然各自的切入点和侧重点不尽相同，但中心目标都是利用新的数字技术来推动产业或企业的升级，提升产业或企业的整体运营效率，构建全新的产业或企业数字化体系。"数字化"已成为社会和企业研究讨论的热词，但许多人心中都存有疑问：数字化与信息化到底有什么样的区别呢？二者只是用词的不同，还是代表完全不同的阶段，或者是相互替代的关系？

数字化与信息化的区别

从概念上来讲，信息化（Informatization）通常指现代信息技术的应用，特别是促成应用对象或领域（比如企业或社会）发生转变的过程。数字化的英文为Digitization，其本身的定义更简单些，即指使用0和1编码表达和传输一切信息的一种综合性技术，即将电话、通信、数据、图像等各种信息都变成数字信号，在同一种综合业务平台中进行传输，再通过接收器使其复原，可以无限地复原，而质量不会受到任何损害。

当然，这样的定义较为学术化。事实上，数字化这个词在应用于经济学和社会学时，其内涵和外延都有了很大的变化。如高德纳对数字化（Digitalization）是这样定义的：Digitalization is the use of digital technologies to change a business model and provide new revenue and value-producing opportunities; it is the process of moving to a digital business. 即数字化指利用数字化技术改变商业模式并创造新的收入和新的价值创造机会点；同时数字化也是已有业务向数字智能商业进化的过程。

因此，我们基本上可以将数字化看作是信息化的2.0版本。数字化与信息化的关系就是2.0版本与1.0版本的关系，这里面有差别，但更多的是延续升级。

在信息化初期，也可以说是信息化1.0版本时期，或者简单一点，就是在信息化时期，因为信息技术发展水平所限，对于一个客户、一件商品、一条业务规则、一段业务处理流程方法，我们只能采用人为录入数据的形式处理，大量依靠关系数据库中的数据表（实体）、数据项字段（属性），把这所有的一切都变成结构性的关系数据来加以描述。

数字化则是随着物联网、云计算、大数据和人工智能等一系列深度信息技术即数字技术的发展，向产业和行业的生产流程甚至制造过程深化后，利用这些数字技术把现实缤纷物理世界的信息，在数字虚拟世界进行近乎全息的重建（即所谓"数字孪生"）。数字化实际上在一定程度上改变了业务（产品和服务）的本质，它不仅把业务用数字进行表述，更多地情况下还需要把业务本身用数字化思维和技术重构一遍。也就是说，数字化的对象就是业务本身。

具体来说，信息化与数字化有以下区别。[1]

1. 从战略思维方式上看

信息化从构建之初，就体现出一种管理思维，而数字化则更深化到过程实施。具体来讲，企业信息化系统的建设目标就是更严密的企业管理体系。信息化系统设计的基本思路以管理的缜密为前提，而不是使用者的便利化。更重要的是，这种企业信息系统，其核心目标是管理价值，而非用户价值。数字化的核心思想是要解决用户的效率和经营的效率，也就说是数字化新系统要能够加速系统各个节点各类用户的运行效率，并随着新型数字技术的应用，尽可能提升整个企业的经营效率。

由此，我们需要明确的是，数字化并不是将企业以往的信息化推倒重来，而是要根据新的目标和要求，整合优化以往的企业信息化系统，是对以往企业信息化系统的升级。在这一过程中，尽可能以优良性价比的新技术来提升企业的运营能力，以支撑源自用户的企业数字化发展新要求。

2. 从基础性技术看

信息化更多运用的是信息处理类基础技术。数字化则主要将重点放在数据技术、数据分析技术以及人工智能等深度数字技术的应用上。

3. 从应用的范围领域看

企业信息化主要是单个部门的应用，如最初的财务信息化系统，较少有跨部门的整合与集成，其价值主要体现在管理的严密与效率提升方面。数字化则是在企业整个业务流程进行数字化的打通，破除部门墙、数据孤岛，实现跨部门甚至是企业内外的系统互通、数据互联，全线打通数据融合，为业务赋能。其在企业管理中的体现，主要是为决策提供精准洞察。

4. 从数据和业务的系统角度看

信息化是从业务到数据，而且是分散在不同的系统里的数据，没有连通也就没有真正发挥数据的价值。数字化是真正把"数据"看作一种"资产"来进行挖掘利用，也就是常说的从数据要素资源到业务服务。通过"数据资产"的挖掘利用，获得新的盈利或者提升企业的效率，就可以说实现了真正

---

[1] 孙杰.三问数字化转型[J].信息化建设，2020（4）.

的数字化，甚至是开展了有效的数字化创新了。

5. 从信息基础设施连接的角度看

企业信息化系统主要搭建于互联网尚未高度发展的时期，一些网络化的设计，也都是基于局域网等网络架构。对于一些大型企业而言，企业的信息系统最大的问题是没有建立连接，特别是没有建立与消费者的直接连接。这种没有连接造成的问题是企业对内部外部的反馈运行效率非常低下，缺乏响应环境变化的能力，没有体现出信息系统的真正价值。数字化发展的基础环境是广域互联网以及移动互联网，一方面是把内部各部分连接起来，更重要的是把消费者与企业连接在一起。消费者可以通过数字系统在线上与企业进行实时交互，获得企业最及时的反馈与服务。在企业内部，不仅是设备、产品、资源管理要数字化，甚至企业的生产过程、业务流程、决策体系都要数字化。这种连接的变革对传统企业来讲，一定会在改变企业效率、降低运行成本方面发挥重大作用，并且在全面连接的环境下，一定能重构新的商业和服务模式。

数字化与信息化是差异化并行而非直线式替代

虽然数字化与信息化有太多的不同，而且人们普遍认为数字化是在信息化之后流行起来的，是信息化的升级换代。但这并不意味着数字化是信息化的直线式替代。事实上，自亚马逊的弹性计算开放服务以来，IT产业的确在发生革命性的变化。数字化是技术发展的必然趋势。这种颠覆性可能无处不在，但似乎又无迹可寻。从信息化阶段到数字化阶段，企业的组织、流程和商业模式变革也不是一夜之间就完成颠覆的。更重要的是，作为信息化2.0的数字化并不可能直接替代信息化的工作。

也就是说，就大多数情况而言，企业的信息化和数字化是两种发展重点不尽相同的信息技术应用模式，在很长一段时间内仍将是并行的存在。尤其是在传统企业之中，例如制造、石油化工、矿业、建筑业、公用事业等，还需继续夯实企业信息化，构筑数字化的基础，为数字化的真正落实生效创造条件。在此同时，还要避开传统信息化过程中存在的投资大、见效慢的现实问题，从小、快、省、易的数字化创新入手，以寻求信息技术应用创造更多企业收益。

在实际的工作之中，对于企业和其他组织而言，信息化和数字化都是根据自身的情况而定的，经常出现的情况是信息化和数字化同时存在、同时发展，这也就是通常所说的企业IT管理的"双模式"[1]：一种称为传统模式，即以信息化为主，少量兼顾数字化，用于可预见的、提升和改造已有领域；另一种是创新模式，即以数字化为主，少量兼顾信息化，用于探索性的、实验性地解决新问题，也就是数字服务创新。

总体而言，对于数字化与信息化，我们既不能追逐时髦概念，盲目否定ERP等传统IT应用的价值去搞数字化的平台，但也不能停留在"流程梳理—功能规划—实施路线"等落后的信息工具思维，而是要实事求是地根据企业的现状，维护原有信息化成果的同时，深化数字化的理解，把握数字化的方向，探索新的发展模式和方向。

第二节　数字化转型——数字化初期的企业选择

面对数字经济的快速发展，企业必须实现有效的数字化。实现有效的数字化，单纯地投入数字技术系统的建设，只能是徒耗"钱粮"。有效的企业数字化变革，需要一整套循序渐进的战略和规划并辅以合适的流程改造来指导实施。在初期，人们将这种数字化变革的战略定位称为"数字化转型"。

数字化转型的定义

数字化转型实际上并不是个新鲜词。数字化转型的说法，自20世纪80年代以来已多次被提出。基于PC和DOS操作系统的全球第一次大规模信息化浪潮，以办公电子化和自动化为主，催生了第一波数字化转型。发端于20世纪

---

[1] 陈果. 数字化取代了信息化吗？不，是双模式［EB/OL］. http://www.jnexpert.com/article/detail?id=1314.

90年代后期的互联网浪潮，以电子商务、电子政务和社交网络为主，催生了第二波的数字化转型。对于近期的数字化转型，人们的普遍将其看作要形成社会化的计算平台——云计算，让企业要素全面上线与互联，使数字化全面浸入企业生产、管理与服务的流程。

实际上，对于到底如何定义最近这一波数字化转型还没有统一的观点。其中比较知名的，IBM认为存在数字化转型和数字化重塑两个阶段；麦肯锡把数字化转型分成了战略与创新、客户决策旅程、流程自动化、组织变革、技术发展、数据与分析六大方面；微软提到数字化转型时讲到了客户交互、赋能员工、优化运营、产品转型四个方面。

当然，各家公司在定义数字化转型时，都会将其自身的产品、服务和数字化转型联系起来。面对问题提出自己的解决方案，照顾自己的商业利益，这从商业逻辑上是无可厚非的，但缺乏第三方的视角。各家的定义差别很大，我们可以换个角度思考，那就是从目标的角度来看数字化转型。由此产生另外一个概念——原生的数字化公司。我们把互联网时代的新兴公司，如电子商务企业阿里巴巴、汽车制造厂特斯拉、提供旅行住宿的爱彼迎等，因为它们都是基于数字化技术本身而建立的公司，因此可称为原生的数字化公司。这些公司虽然业务不同，所属产业领域不同，但都具备业务运营完全数字化的开放服务平台和通过API打造的各自的商业生态体系。数字化转型的主要任务是面临原生数字化公司竞争的传统企业，如何运用数字化手段来改造自己的业务运营，建立新的数字化的商业生态体系。

对此，国务院发展研究中心的课题组曾提出了一个相对比较中性的定义，"数字化转型就是利用新一代信息技术，构建数据的采集、传输、存储、处理和反馈的闭环，打通不同层级与不同行业间的数据壁垒，提高行业整体的运行效率，构建全新的数字经济体系"。[1]

由此，我们基本可以得出一个有关于数字化转型的基本共识，那就是：对于数字化转型，其基本假设是企业的核心业务（即客户、产品、价值链）

---

[1] 传统企业数字化转型的模式和路径，2018 [EB/OL]. https://baijiahao.baidu.com/s?id=1599801245185253391&wfr=spider&for=pc.

并不发生实质性变化，转型的部分主要是实现客户交互更个性化、产品开发更市场化、供应链更柔性化、线性价值链变成网络状的价值生态。也就是"打通不同层级与不同行业间的数据壁垒，提高行业整体的运行效率"。

国务院发展研究中心课题组的成果表明：中国80%的企业正在尝试通过数字化转型让企业运转变得更加高效，进而提升其业务增长能力。然而，在这个过程中，一切都还只是一个开始。至2019年，只有4%多一点的企业真正实现了数字化转型，释放了数字化的潜力。对于许多非数字原生的传统企业来说，数字化转型本身就是一个重大的变革，需要一个过程。特别是在全球范围内传统企业数字化转型并没有太多的成熟模式可以照搬甚至是模仿的情况下，需要企业基于自己的实际，结合数字技术的发展，不断地摸索，有步骤地开展企业数字化转型。

数字化转型的基本内容

数字化转型一旦成为必经之路，我们就有必要深入探讨这种转型的基本内容了。事实上，"通过技术应用实现企业的转型"，这样的做法可以追溯到几十年（互联网）、数百年（印刷机）、甚至几千年（车轮）前。在现代企业中，创建软件应用、构建信息技术基础架构和推行业务流程信息化，正在作为企业数字化转型的标准动作得到认可。信息技术的应用最先得益于基础架构，基础架构为重新定义业务流程奠定了基础。转型，更多体现为这种基础架构的变化。通过这些基础架构的变化，我们可以了解更多的数字化转型的基本内容。

1. 基础架构的数字化转型

信息系统的基础架构是企业数字化转型过程中最关键的一个部分，也是最有代表性的部分。基础架构的发展过程，大致走过了这样一个历程：从大型机到服务器，再到网络，然后到云端托管，以至当今的公私云混合环境。[1]

---

[1] 什么是数字化转型［EB/OL］. https://www.redhat.com/zh/topics/digital-transformation/what-is-digital-transformation.

最初，一切的变革可以说都源自大型机（也可以说是小型机，都是局域网中的计算中心）。那些庞大而昂贵的设备，使当时的每分钟计算能力翻了一番，重新定义了信息处理的概念与思维。但是，那样的技术并未很快被企业广为采纳。实际上，最先采用大型机的是政府。比如，通过应用大型机，政府处理人口普查的时间大大缩短了。

其后，在服务器实现联网后，尤其是在1991年2GB服务器开始托管万维网网站之后，企业信息化架构的基础方案就是联网服务器。所有想在互联网上占据一席之地的企业都需要配备服务器。

从大型机到联网服务器，是数字化转型最主要的基础架构的变化。企业信息化的支撑中间从Intranet走向Internet是数字化转型的最主要内容。

信息系统的基础架构，是信息化的最重要表现。虽然并非每一家公司都需要立即采用或适应最新的突破性基础架构技术，但是，企业信息系统的基础架构情况多少反映了企业数字化的进度。变革企业的信息系统架构，也就成了数字化转型的重要内容。

2. 业务应用的数字化转型

基础架构决定了信息系统可承载的各种应用的设计框架，而应用又是信息时代业务开展的载体。在服务器代替中心化的局域网主机成为最主要的信息基础架构工具之时，业务应用也开始为整个市场带来了颠覆性的变化。

早期的联网服务器是与业务应用一对一的单体式应用。每个业务应用有一台（套）对应的联网服务器做支撑，增加新的应用就意味着增加新的服务器。当然，对应的应用数据输入、输出和处理，通常都是由某个单个软件来实施的。应用所能产生的影响与企业的实际设备空间对应，要有更多（或更好）的应用，就必须购买更多的服务器。

完成数字化转型，很多企业都是以单个应用为中心开展全部工作，如ERP等。很多必不可少的业务流程（物流、制造、研究、开发、管理）也依赖于这样的一个应用。这样的应用之所以能在企业中得以普及，首先要归功于服务器对市场造成的颠覆性影响，其次要归功于应用架构的变革。及至当今，架构仍在不断变革，并影响着各种业务流程。

3. 流程的数字化转型

在数字化转型中，业务流程仍然在很大程度上与传统的方式一样，有时候只是纸质的信息传递件变成了WORD文档。一切业务流程并不强调变革性，但它们可以通过自身所依赖的系统来实现提升。

在研发的过程中，瀑布流式开发是系统开发的主流方式。整个开发过程有时还表现为一个缓慢的过程，每年只有少数几个应用的部分代码得以发布。虽然有许多方式可以提高开发流程的敏捷性，但是开发和运营团队仍会独立开展工作。当然，这不是一件坏事，毕竟每个团队都需要不同的工作流程和环境。在这里，变化的速度并不是最主要考虑的因素。开发人员的目标是创建一个功能更强大的新应用。虽然这些强大的功能也许会消耗大量的企业资源，但是开发人员并不会考虑这类成本与收益的问题，通常认为那是老板的问题。

总而言之，数字化转型的关键是将企业的资源进一步数字化，但是通常流程仍然是既定的，整体的研发机制与系统框架，仍然是科层化的。

成功的数字化转型都在优化组织

如前所述，数字化转型的核心是在信息化的基础上基于原有业务流程的数字化重构。虽然其基本假设是企业的核心业务（即客户、产品、价值链）并不发生实质性变化，但这种业务的信息化还是强调需要组织的优化。对于传统企业而言，数字化转型如果不改变企业的主导业务，又不仅限定于初期信息化的目标，那么，可以将工作的目标设定为基于行业标杆的对比，以企业自身的人、投入产出、知识与能力、财务、企业文化是否能进行更有效的提升来加以分析和考虑，而这些工作必须建立在企业数字化转型实施基础条件及其成熟度上。

优化工作的重点是相应的组织优化和变革。此阶段处于我们在前面讲述信息化与数字化的差异时提到的"信息化1.0"与"信息化2.0"之间。我们可以将这个阶段称为组织优化与变革的阶段，认为其处于"信息化1.5"。这个阶段的特点，可以总结为三个方面：一是强调数字化转型的总指挥不仅是系统的汇总者，而且是业务流程变化的推动者；二是在新的流程设计之时与落实之前，都要保证充足的员工参与，包括前期的设计研究和后期的培训投入，确保员工队伍拥有运用数字技术高效完成工作的技能和意愿；三是设计团队在充分考虑内外部意见的基础上，进行系统性的流程改革设计，并考虑通过改革改进员工完成任务的方式和提升员工必备的变革技能。

综合而言，企业的数字化转型并不是过去概念的重复，还是非常强调实际的运行价值的，强调人的因素的重要性，最终是由人来落实的一个持续性的转换工作，需要使员工在数字化转型落实到位之前的参与和之后的继续，构筑企业持续数字化升级的基础。这将是一个长期持续的，而不是一次性冲锋的变革过程。

第三节　超越转型——数字化创新是数字服务经济的核心

数字化的目标是创新而不只是转型

如前所述，数字化转型似乎已经解决了传统企业发展的基本问题，但是，第三波数字化转型面对着互联网带来的新型全球化及其风险（特别是2008年那样的金融危机）的大背景时，还是显得心有余而力不足。21世纪初第一次互联网泡沫破灭后，人们将互联网引入企业的业务变革，从而开启了第三次数字化转型。移动设备、云计算、大数据、分析、社交网络等组成的新型技术平台，以及它们之间的互相作用，推动了企业和个人的转型。这一次的全球数字化转型主要用于企业和组织的数据分析和优化运营。数字化转型的下一步是什么呢？下一个经济增长点来自哪里？

数字化成功案例表明，只有企业对其业务进行彻底的（或重大的、完全的）重新定义，即不仅是信息上线，更是对用户体验、组织活动、服务流程、业务模式和员工能力等方方面面进行重新定义，成功才会得以实现。因此，在数字化这一过程中，应该秉承的是一种完完全全的"创新"，即应该是"数字化创新"，而不只是"转型"。这是大部分热衷于"数字化转型"

的服务公司都承认的一个现实。

由此，我们可以归纳这样一个定义，数字化创新就是企业在与当前核心业务及既有运营模式对应却又具有不太强相关性的领域，利用自己掌握的数据等资源，通过数字技术的创造性利用，找到全新的商业模式和运营模式。它强调的是，数字化创新不是一项改造性的工作，而是启动一项从无到有的创造性工程。

数字化转型与数字化创新的差别首先是目标的差别

企业数字化转型的目标相对简单，即通常所说的利用数字化技术"做个系统"或者"改进下流程"，可以比较清晰地衡量项目的直接投入和产出（如流程效率提高多少、成本降低如何、利润或者客户转化率变化）。数字化创新则是通过"做个数字化产品（或服务）"来"做个新事儿"。

在哲学意味上，创新通常意味着较高的失败率。没有失败风险的行为，就不叫创新了。可是，很多企业管理者却没有意识到，或者因为公司组织内"目标正确"的原因，不愿意或者条件不允许其直面"创新意味着可能失败"的现实，从而不能真正将企业的数字化，从"转型"转换到真正的"创新"上来。

正是因为创新需要面对的失败风险比较大，所以数字化创新首先要强调的是进行有深度的用户研究，初期少量投入，小步快跑，快速迭代。先行者们需要在数字化创新的思维体系中，提供包括设计思维、精益创业、敏捷开发等新的创新方法论。

由于目标的差别，数字化转型与数字化创新的最直接差别体现在实施主体的不同。数字化转型更多是由企业内部的原有业务部门来开展，数字化创新更多是设置专门的创新组织、企业内的创业人员、社会创新服务机构（包括产业孵化器，创新中介服务）、风险投资部门（包括社会风险投资和企业内部风险投资部门）等。

综合而言，数字化转型与数字化创新的区别是，转型更多是组织和文化的一般性变革，如学习型组织建设，创新是商业可行性，用户增长；转型的风险较低，创新的风险较高；转型的效益衡量是重视直接的投入产出比，创新则是不断进行机会筛选、优先级评估和及时的放弃、小步快跑，以及用风险投资的方式来衡量投入产出比。

数字化创新与数字化转型更多是交叉涵盖

数字化转型与数字化创新虽有目标的不同，但在实施过程中却更多是内容与方式的交叉涵盖。实践中，通常企业数字化要形成数字化转型和数字化创新的双轨制。当一项数字化创新增长到一定规模，和企业核心业务的数字化转型相结合，产生化学反应，就有可能在企业层面改变、颠覆核心业务的传统"客户—产品—价值网络"，进入新的价值网络状态，我们可以称之为"数字化重塑（Digital Reinvention）"。IBM针对这种处在数字化转型与数字化创新内容交叉部分的数字化重塑构建了一整套框架。[1]

IBM的这套框架强调以用户体验为中心，重塑企业的建设模式、市场激活、精准行动、敏捷运营、生态协同与组织赋能等六项核心能力。在数字化重塑视野中，过去，企业主要在做的是由外而内的数字化转型，是由不断变化的客户期望与普遍的互联互通需求所驱动的；现在，企业可以利用自动化、区块链、人工智能等呈指数级发展的各项技术，充分发挥自身掌握的数据潜力，进行由内而外的改变，具体表现在搭建业务平台帮助员工成为合格的专业人才，让流程变为认知型工作流，以及充分利用内部和外部的数据。

这样的数字化重塑，有一定的价值，但也有不利于实操者把握的弊端。它使得整个数字化变革的思想和理论体系更加的丰满，也有一定的刻意差异的烦琐。不过，其核心能力的六项指标，可以为后续的数字化创新提供思维借鉴。

---

[1] IBM，引领数字化重塑，成就认知型企业［EB/OL］. https://www.ibm.com/downloads/cas/NMR5MR0A.

数字化的螺旋式升级

除了数字化重塑这个交叉部分，数字化创新更多涉及数字化转型的升级。如数字化转型将数字化作为渠道，作为纯粹的工具，而数字化创新将数字化作为商业的核心，一切围绕数字化创造性开展；数字化转型仍然以企业的业务单元为中心，数字化创新以顾客为中心，将用户纳入创新的价值网络；数字化转型拥有多元化渠道，数字化创新是全渠道；数字化转型仍然是一对多，数字化创新是个性化；数字化转型强调丰富的体验，数字化创新是整合的生态系统；数字化转型用的是电子数据表，数字化创新是即时的可视化数据盘；数字化转型仍然是人工流程，数字化创新是自动化；数字化转型的重心在IT部门，数字化创新是以云技术为重心；数字化转型更多的是线性和大开发，数字化创新是敏捷和迭代式。

再譬如，在内容上，数字化转型是企业现有核心业务的数字化；数字化创新一般是衍生的，和核心业务并不直接相关。在形态上，数字化转型是从人力、信息孤岛到数据驱动、无缝衔接；数字化创新是"从0到1"，通过数据资源的挖掘利用创造新的业务。在典型形式上，企业数字化应用包括数字化营销、数字化供应链、流程自动化等。数字化创新是通过新业务的数字化产品（通常是APP形式）对物联网、人工智能（AI）、区块链、新材料等前沿技术进行商业应用探索。

这些比较和差异，将是本书后续的主要分析内容，在此不细述。总之，我们需要梳理清晰的是，数字化转型、数字化重塑和数字化创新是不同的侧重阶段的数字化。对于企业或任何现代机构组织而言，面对数字化的时代，更重要的是必须充分认识到数字化所带来的时空压缩这一核心事实。要认识到，由于数字技术的应用与发展，创新周期在缩短，现在的一个流行产品的更新已经变成了18到24个月，而不再是以往的5至7年。

数字化创新是一种创造性工作，因此它的风险性是明确的。尤其对大中型企业而言，在企业传统的体制和机制下，开展创新型业务是需要做出相应的准备的。追求快速制胜，想办法对创新进行分层分类，把握这种创新的内涵，把握其实施的关键，切入有效的着手点，同时让数字领导者能够以此为基础展开决策，是数字化的根本所在。

第四节　数字服务创新的定义与内涵

业内通常认为，全球正式从IT硬件产品时代进入数字服务时代，是以2019年5G的规模化应用和苹果公司的春季发布会为标志的。在这一年里，5G的规模化应用，构建了全新的数字通信基础设施。在苹果的春季发布会上，最大的亮点是此次发布没有一款新硬件产品，全部是新的数字服务内容产品。这些都形成了标志性事件。数字服务经济将是未来全球经济的主体形态，数字化的服务创新（Digital Service Innovation，DSI），或称数字服务创新，将是这个时代的新主题。

数字服务创新的定义

数字化技术的发展，不仅给我们带来了新的工具手段，同时还要求我们必须随着技术和组织的互动不断强化，技术和行业不断融合深化，以全新的方式进行服务的创新和变革，并将之逐渐发展成为一种趋势[1]。数字技术与数字化的发展，并不只是一种结果，更多情况下是一个不断演进的过程。如前所述，随着数字化的不断深化，深度数字技术将数据流更充分地融合到产品流、服务流、资金流、人才流之中，深度数字化技术的发展推动了数字化创新的全面下沉与深入开展。

如果说在数字化转型阶段更强调将信息或者数据与业务流程融合，那么，进入数字化创新阶段，技术范式从PC端互联网全面向移动互联网演进之后，数字化就是从数据到业务即数据业务化的阶段。在这一过程中创新所带来的变化更加非连续、不可期；行业之间的边界更加模糊、跨界约束更加弱化；创新活动的价值来源从交易价值转变为使用价值；创新方式从模块化

---

[1] 温雅婷，靳景，刘佳丽，等.深度数字化如何重塑服务创新［J］.清华管理评论，2018（9）.

创新向无边界创新转变；产品的创新更多地融合到整体服务的创新之中。由此，数字服务经济进入数字服务创新的新阶段。

在数字服务创新阶段，人们所从事的更多的是对智能化的、可持续实现的数字服务的设计。数字化创新的组合效应已使服务的设计和使用产生了新的价值创造形式，从而引发了大量向无形产品创新的转变，即服务创新。事实上，基于数字服务的重大创新都共同依赖数字技术的功能实现，因此，这些服务创新都可以称为数字服务创新。

更具体地说，学术化的数字服务创新的定义是，"由于各种'数字'技术和资源的运用，这些技术和资源创建了在给定上下文中（即应用场景中）对用户有利的新颖资源（即体验价值）"。该定义为新的价值创造和创新提供了扩展的机会，并为探索和概念化数字技术在服务开发和利用中的作用提供了理论基础。

简单来看，数字服务创新是由"数字化"和"服务创新"两个部分组成的。服务创新，在经合组织中被定义为"在业务实践、工作场所组织或外部关系中实施新的或显著改进的产品（商品或服务）……"数字服务创新是"新的数字服务或服务系统中的新重组，从而产生了新的实践。对于相关参与者而言，这些新实践足以使其可持续发展。"在"服务"和"实践"中，关键的概念都是"新"。

数字服务创新还可以被理解为是一个服务体系的重构与数字化的服务体系建设。当然，作为一种新的服务体系的建设，就需要分析新的服务系统提供的价值增值以及所有参与者的行为。其目的是使新体系能够提供更高增加价值，以服务于在服务系统所涉及的所有参与者。

除此之外，数字服务创新概念还可以理解为包括了三个主要层面的数字系统和创新的概念。

第一个层面的概念是"数字技术创新"。在这个层面上主要指企业或其他组织采用数字技术实现的新流程、新产品和新服务，包括这些创新的采用和扩散传播。在这种概念中，数字服务创新指的是采用了对企业或组织来说是新的且可能接受的各种数字技术、组织方法和数字中间组件。

第二个层面的概念是"数字化创新"。这更多指以产品为中心时，通过将物理产品和数字产品进行新组合形成新产品。在这个层面的概念中，创新指数字技术器件（比组件更低一个层次）的基础架构作用，以及在运行和约束中的作用，新的数字器件的开发，以及对公司内部结构和管理创新的影响。这里的数字化服务创新与设计深度有关，但除了设计科学以外，它还具有更全面的视角以关注更广泛的概念。

第三个层面的概念是"数字化"的"服务创新"。这里表示的是数字化器件在企业和其他组织中的应用，这些器件需要进行重大更改并形成新的产品、服务或流程。这种概念就涉及与数字技术支持的新服务开发相关的技术和组织等各个方面。

对比这三个层面的不同概念，出现了多种不同的模式。首先是在这样的数字服务创新概念中，创新结果包括支持数字技术的产品、服务和流程。这与使用数字技术组件（例如开放式创新）来支持非数字技术产品的开发（有时称为"数字技术与创新"，不在本研究范围内）形成对比。其次，设计和开发是数字服务创新的关键环节，包括采用新开发的数字器件以及在整个组织中传播这些数字化器件（有时称为实体）。最后，数字服务创新的过程中需要整合现有组织及其机构、文化、流程等，这些组织的形态和形成方式取决于生成此类数字技术支持的结果。如图4-1所示。

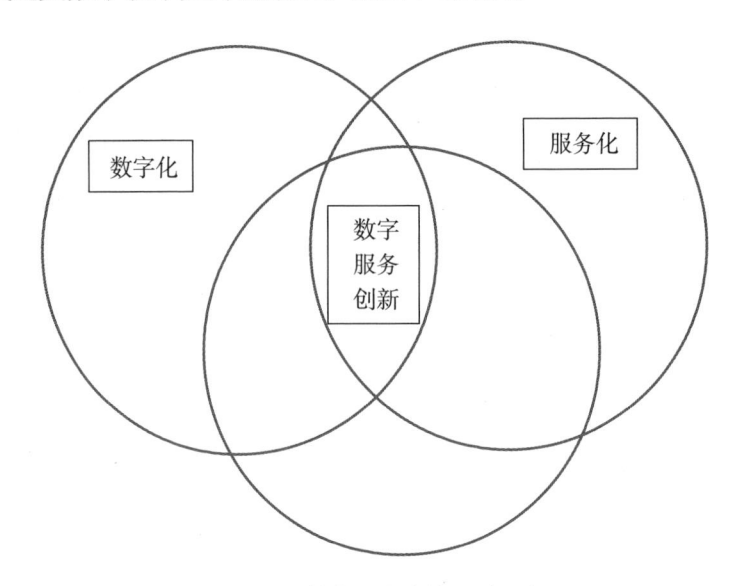

图4-1　数字服务创新逻辑图

事实上，整个数字服务创新的过程，也是数据交互赋能、循序渐进的过程，从而带来颠覆性的改变。数字服务创新对于企业或其他应用的机构而言，包括创新的企业愿景，变革运营思维和机制，将数字资源向数字能力乃至盈利能力进行转化，重塑产品和服务的价值创造者网络，重新定义服务场景，等等。

数字服务创新的基本特征

数字服务创新将数字服务视为个人、组织和社会变革的驱动力。为了实现可行的更改，设计和评估需要持续不断的互动。研究与开发需要考虑的因素包括通过变革性服务实现可持续的高品质生活，并通过创建和维护服务创新文化和共同创造理念来增强服务体验以及评估服务的价值。

如果将数字服务创新定义为服务系统的一种重新配置，那么这种服务创新就是在业务系统中增加相关参与者价值的一种方式。当然，数字服务创新还可以是数字和物理产品或服务的新组合。虽然数字服务创新的类型多种多样，但都具有三个基本特征。

第一，该创新作为一个协作过程，发生在一个行为主体或行为主体网络。

第二，新的服务被表现为所述的数字化程序或应用的能力。

第三，整个过程中实现了价值的共同创造，这种共同创造有可能通过资源的整合得以实现。

数字服务创新的协作和共创，有可能是企业或组织内部的，也有可能是面向共同体的，甚至是全面开放的，与当前的数字技术开放创新等有类似的过程和方法。实现这样开放的、共享的创新方法，首先需要构建具有专门能力或共同方向的参与者网络。这些开放的共享创新方法主要体现为开放创新、用户驱动的创新和虚拟创新共同体等。它们共同涉及多个利益相关者和以不同方式参与创新过程的相关的信息源。在开放式创新中，知识流入和外流都很重要，其作用主要在于加快内部创新的速度，以扩大外部创新的市场。当然，许多数字服务创新过程是以用户为中心来实现的。

数字服务创新

数字服务创新是数据驱动型创新

传统的服务创新或者技术创新，大多是创意驱动或经验驱动，是创始人、小单位、小群体的体验驱动，或技术成果驱动。数字服务创新随着数字技术的不断变革而不断转变，并因网络中各个角色参与者的行为而使传统被动的、碎片化和断裂的服务创新成为持续的共同体行为。在这个过程中，串联其间的是大量的数据。也就是说，数字服务创新是数据驱动型创新。

【案例】Sprint通过数据分析改进服务流程

如果你想知道电信运营商的数字化转型是什么样子的，那么Sprint是一个很好的例子。Sprint的首席信息官Scott Rice表示，由于受到了来自Verizon和AT&T等强力竞争对手的压力，以及与T-Mobile合并谈判的影响，Sprint在多年大幅度降低成本后开始重新对技术进行投资，重点是分析数据以改进客户体验。

通过数据分析改进服务流程。Sprint使用Elastic Stack开源软件来处理由日志、数据库、电子邮件和其他来源生成的50TB数据，以评估Sprint.com的表现。从基本浏览到手机购买，再到消费者在线完成的升级，这些数据有助于IT人员确定哪些问题影响了Sprint提升交易的能力。分析错误和延迟有助于Sprint确定客户在何时因何原因放弃交易。Rice称，此前每个应用团队只监控自己的软件性能，并创建了许多无法被用于提升业绩的大型数据孤岛，而今，他们要做的正是"一个以数据为基础重新设计的客户流程"，以改进向消费者推荐产品的方式。Sprint创建了一个基于Hadoop的数据湖以分析客户数据。例如，使用了10年安卓系统的手机用户可获得安卓手机优惠。Sprint的转型正在各个业务方面展开，IT部门涉足了所有的转型项目。Rice称，他将让部门主体转向敏捷开发，让他们变成多支精干的自我指导团队以提升软件交付能力。

从Sprint的例子我们可以看到，数字服务创新，或者说数字化创新，都是在信息化1.0的基础上升级而成的，都是对信息化1.0过程中出现的新问题的一种再创造。早前的信息化建设基本上都是把物理世界的流程线上化，也就是流程自动化。数据是这个阶段的副产品，企业并没有太过于注意数据本身的价值。由于缺乏设计，缺乏规划，产生了众多数据孤岛。在如今的数字化时代，前端的业务流程瞬息万变，流程成了一个副产品，真正重要的是那些积累下来的数据，它们反映了物理世界的真实业务、用户需求，企业通过这些数据能够进行更多的创新。基于人的经验开展的创新风险较高，基于数据的创新能够更全面、真实反映本质。因此，数据成为数字服务创新更高效的源泉。

对于数字化创新中的企业而言，如果想发挥数据的源泉作用，需要构建数据全景，建立企业的数据全连接。数据全景不是你现在有什么数据，而是你应该有什么数据、可能会用到什么数据，这才是数据全景图。

通过数据技术，把物理世界的知识、经验、行为、实体数字化，通过数字化的技术把它们连接起来，由此形成的数据资源，在服务生态体中与各参与者互动，形成更多的数据资源。比如通过结合每个月的消费订单、满意度等信息反馈，把获得的数据进行聚类、回归分析，进而产生用户画像。持续地挖掘分析这些数据资源，形成新的服务，构成了数字服务创新的基本过程。这种由数据驱动形成的创新能力正是所有企业数字化创新的关键能力和支柱。

数字服务创新的关键是实现数字资源向数字能力的转化

与传统的创新一样，创新资源和创新技术是实现数字服务创新的基础和前提。数字服务创新是基于数据的服务创新，数据资源很重要，但其本身并不一定是长期竞争优势的核心，如IBM、德州仪器和飞利浦等企业按照资源战略积累起许多有价值的数字资源，但这些数字资源并不能确保它们由此即拥有了持续的竞争优势。

成功的数字服务创新不仅取决于拥有合适的资源，更重要的是共建共同创造的参与者社区网络，并通过建立有吸引力的价值主张，将这些参与者和资源集成到特定的交互活动中，形成有效的资源积累和价值变现模式，实现数字资源向数字能力的转化。

数字能力一个主要内容是数字技术的能力。这种能力体现在与知识、资源和管理等要素的互动过程中，能够将数据资源转变为信息的能力。随着深度数字化技术的应用，数据体量和数据关系都呈现一种指数级的增长，也正是这些深度数字技术的应用和扩散，使数据逐渐成为一种可操作性资源。

掌握这些深度数字化技术，是数字能力的主要内容。提高将数字资源转变为数字能力的效率，可以从以下几个方面着手。

首先，研究分析确定企业数字化的核心技术路线。也就是要弄清楚企业需要构建一个什么样的参与者社区体系，这样的组织体系能够充分运用适当的数字技术来获得并操作这些数据资源，并且这些资源要能够整合外部的资源，而不仅是提高内部资源的配置效率。

其次，这样的参与者体系即数字化组织能够因应外部环境的变化而做出不断更新，因为不同阶段不同状态的数字技术资源基础、应用程度、组织力要求都不尽相同，所以组织体系对数字技术进行治理的互动，将会随着数字化创新阶段的深入而呈现阶段性差异。

最后，不同于传统的企业管理理论，在数字服务创新过程中，数据资源和组织体系是两个边界模糊、相互渗透、持续变化的事实，只有在数字化组织体系中，才能实现数字资源向数字能力的转化，从而体现数字服务创新跨组织关系的、和环境持续互动的、具备战略一致性的管理战略要求。

数字服务创新伴随着服务场景的再定义

数字技术的不断变革促进了服务创新理念的转变，促使数字服务创新持续开拓，从而将整个服务创新的场景进行革命性变革。在数字服务创新的场景中，行为者网络中各参与者角色发生强烈的演变，传统意义上被动式、碎片化和断裂的服务链逐渐向平等、开放、透明的服务生态共同体转变。例如云计算平台技术使去中心化的大众诊断工具开始出现，为将更多的高水平医疗检验设备集中起来提供高水平服务创造了条件，从而提高了医疗服务的可获得性与公平性；数字技术支持的快速医疗检验技术和手持式成像技术等为大众提供了一整套预防与检验解决方案；快速发展中的医疗物联网，大大推进了医疗信息的联通和共享。

伴随着数字服务创新的是服务场景的再定义。以百度、阿里巴巴和腾讯为代表的大型互联网平台，通过数字化延伸到传统的公共服务场景，可谓是这种再定义的典型实践。再如传统的搜索引擎服务与公共服务的精准对接，将有利于公共服务的获取率和公共资源的匹配效率，等等。

移动互联网实现了用户入口的均等化，社交平台使得微信海量的用户紧密连接，因此公共服务以最有效率的方式触达海量的终端用户，同时缩小了地区和部门之间的"数字鸿沟"。

第五节　重点还是在于"数字化服务"

无论是"数字化创新"，还是"数字化"的"服务创新"，当前的数字服务创新都认同在新的创新模式中，物理产品必须与数字产品进行新组合，以形成新的服务。也就是说，数字服务创新的一个很重要的内容就是完成物理产品的服务化，更准确的说法是"数字服务化"。这一趋势，对于许多制造业企业而言，具有特殊的指导意义。

数字服务创新的一个关键性飞跃是制造品的服务化

当前，在数字化的背景下，制造业发展模式正在发生深刻的变革，制造业的服务化正成为全球产业发展的显著特点和趋势，制造业和服务业之间的界限正在快速消失。不仅因为当今用户的需求痛点转移到了产品和服务的"功能"上，还包括竞争的需要和数字技术带来的竞争服务化的可能。由于制造业生产有形产品所形成的利润不足以维持企业发展，企业的营业额和利润越来越多地来自服务，加之彼此之间的竞争日益剧烈，使得制造企业更多地走向服务化，以维持自身的竞争力。有些传统的制造企业，譬如工程领域中的许多企业甚至完全由制造商转变为服务商。

事实上，制造业服务化和制造业服务创新是中国推动制造业升级的重要途径之一，也是工业化、信息化"两化融合"的重要体现。[1]"制造业服务创新"指制造业企业除了提供有形产品之外，还在服务过程中通过新思想和新技术改善和变革现有服务流程、提高服务质量和服务效率、扩大服务范围、更新服务内容、增加新的服务项目，从而为客户提供更专业化、标准化、个性化的服务，为客户创造价值。与制造业技术创新相比，服务创新更贴近用户，探索的是如何让用户满意，并延长产品的价值链。在诸多制造业服务创新的类型中，基于数字技术的服务创新，或者我们所说的"制造业数字服务创新"，是最典型、回报最直接、用户反馈效果最佳的一种创新模式。

制造业数字服务创新的动力不仅源于企业的升级发展的自觉，更多的是社会经济发展中形成的"消费者权力转移"。也就是经济学上所说的，在消费者而非产品成为稀缺资源的当代社会，权利正从生产者向消费者转移，以客户为中心的经营理念应运而生，以用户需求为导向的创新和服务逐渐成为整个经济的价值核心。制造业服务化的根本动力是用户和市场需求由"产品"向"产品+服务"转变。

其实，从另一方面来说，制造业数字服务创新是从供给侧改革走向需求侧改革的必然。因为，汽车购买者总是希望享受后续"无缝"的汽车保养、维修和零部件替换等"4S"服务；工程企业总是希望其挖掘机能够保持不间断的长期运行；电厂总是希望建设单位能够提供交钥匙工程；移动互联网时代的手机用户总是希望获得更一体化的娱乐和应用软件服务体验。需求侧的变革动力，要求的是周到的直接服务，而不只是冷冰冰的机械实物产品。同时，现代制造业产品的技术含量越来越高、功能越来越多且复杂，用户很难拆箱即用，这些都引发了用户对服务的需求。

过去，制造企业由于成本等问题，只能提供有限的维护性服务，但随着数字化的深入，各种智能技术迅速发展，普遍提升制造业产品的智能化水平，许多产品具有了计算、通信、互联等功能，实现了一定程度上的智能

---

[1] 于清笈、董伟龙. 2014中国装备制造业服务创新调查［EB/OL］. https://wenku.baidu.com/view/592012586bec0975f565e235.html.

化，这为制造业的数字服务化创造了条件。制造企业在这样的背景下，完全可以通过嵌入产品的芯片和设备，实时感知产品的内部状态和外在环境，展开跨越时空的服务，这既有利于实现对产品全生命周期的管理和服务，也可以全面开展各类数字化的增值服务。

与此同时，软件业的发展，特别是自由软件运动的发展，使得开源软件大行其道。单纯的互联软件，用户的迁移成本很低，软件很难"粘住"用户。因此，人们需要借助制造品的实物来增强系统对用户的"黏性"。有一句说得好，"你珍爱你的软件吗？如果是，就请为它绑定一套硬件吧！"由此，来自制造业与软件业的双向需求，帮助数字服务创新实现了关键性的飞跃，即制造品的数字服务化。

制造品的数字服务化不同于租赁

在理清数字化服务的概念时，需要特别指出的是，产品的数字服务化与租赁是完全不同的。产品是一次性交易，而数字化服务和租赁都是持续性提供服务。产品数字化服务主要收费是一次性的，虽然也有维护费用等，租赁是持续性按期进行的，按服务的量或时间来收费。

事实上，数字服务创新，本身是依托于数字产品和数字技术的，没有数字产品就谈不上数字服务。数字服务是能够实现规模化的服务，传统服务的最大局限在于无法规模化。在传统服务场景下，一个服务提供者的能力再强，也会受时间与空间的限制，只能提供有限的服务，服务于有限的对象，服务能力的增加总值有一个比较低的天花板。数字服务的最大变化，就在于打破了这种时间与空间的限制，或者更准确地说，是极大地打破了这种时间与空间的限制，并随着技术的发展，这种限制还可以不断地减小，服务规模不断地扩大。

数字制造服务不同于传统的租赁制造服务，因为其处理需求的手段是数字化接单和交付，是一种共享化的租赁，一种共享化的资源处理。这期间产生了巨大的小规模定制增值服务空间，可以极大地降低成本，提升品质。这里首先完成的是思维的转变。当服务思维代替产品思维后，数字服务经济就成了经济的主旋律了。

硬件创新推动软件定义基础设施的发展

事实上，制造产品的服务化在信息业内表现得更强烈。在云计算发展初期，就有专家提出，云计算的发展必须以硬件（信息领域的制造产品）的创新进步为基础，与软件进行深度契合，才能有所变革。如果仅依靠软件的创新，容易出现"换汤不换药"的结果。英特尔公司曾提出"软件定义基础设施"的思路。事实上，在2014年，英特尔公司高级副总裁兼数据中心事业部总经理柏安娜就在英特尔IDF大会上指出，"当前应用的发展速度和新服务的搭建非常迅速，基础设施的建设也必须跟上步伐。数据中心的静态设置必须向动态设置转变，人工操控也要向自动操控转变。"

2019年以来，国内出现了BAT去IOE的热闹场景（IOE，I指IBM的小型机，O指Oracle的数据库，E指EMC的高端存储）。阿里巴巴、百度、腾讯等公司面向数量超过5亿的用户同时提供服务，这是传统IT方案提供商从未有过的经验。按照"软件定义基础设施"思路构建的英特尔处理架构的服务器、存储和网络，能够以标准化、模块化和通用化的技术特点，提供灵活、高度可配置及调用的计算资源池，配合云计算软件技术，可以提供灵活的基础设施，自然受到青睐。

"软件定义基础设施"，实际上就是通过软件定义基础架构（这里的软件其实更准确地说是"软件服务"，而不是软件产品），这样做通常能够把系统从静态变成动态、从手动变成自动。[1] 譬如，在云计算软件平台提供一个协调层，将底层处理器和云计算软件平台有机地结合，就能够实现底层硬件资源更高的可见性，从而使数据中心可以更加动态、更加高效、更自动化地调度硬件与软件资源，按需向外提供计算服务。

除了通过更新通用处理器产品来迎合软件定义大趋势外，2013年起，英特尔还推出了定制化服务，如在至强处理器上集成FPGA加速模块，以应对部

---

[1] 软件定义是数字服务经济崛起的基石［EB/OL］. https://www.doit.com.cn/p/228497.html.

分有独特应用负载需求的重要用户，等等。

由此看来，"软件定义基础设施"与硬件创新相结合，按照通常所说的数字化最基础的影响来自基层系统架构的原则，我们就可以获得一个更灵活且更强大的基础架构，从而又为数字服务的创新提供了新的可能与机遇。

综合而言，数字服务创新的一个非常突出的变化，或者说是创新的焦点就是制造品被数字技术深入地整合到数字服务体系之中，制造品不再是产品的全部，而是在软件，或者更准确地说是"软件服务"产品化后，成为服务化产品的一部分，也就是成为服务的一部分，以及成为数字服务的一部分。这样一种融合，彻底将数字服务从传统服务业低生产率的"成本病"里拯救出来，开创了数字服务经济的新成长空间。

第五章

再结晶——数字服务创新的发展观

当前，数字化革命借助新一代信息技术的迅猛发展，以一种不同于工业革命甚至也不同于互联网初期的新方式，迅速广泛地将个人、组织与各类智能设备连接起来，通过海量信息、知识的可延展性与无边界流动极大地释放了创新的潜能，赋予了开放式创新、嵌入式创新、无边界创新等多样创新模式新内涵，形成众包、平台、共享等多种创新组织的新业态。数字化和数字化创新的力量，对传统产业格局进行着彻底的"破坏"，一些传统的商业模式，尤其是服务模式将被重构或颠覆。然而，这种重构或颠覆并不是不可把握的，相反，人们早已在许多领域领悟过类似的变化。

第一节 模式再结晶——数字服务创新的变革观

什么是再结晶

数字服务创新的发展，虽然因其迅猛态势，常常让人感觉有些无从入手，但我们可以将它类比为金属的再结晶过程。金属的再结晶指金属或者合金由于冷加工变形，使晶格发生歪扭，晶粒破碎，产生较大内应力和较大加工硬化，将其加热到适当的温度并保温，金属与合金内部将进行重新形核和晶核长大，获得没有内应力和加工硬化的组织。过程的驱动力也是来自残存的形变贮能。

简单地讲，再结晶过程中，新晶核生长在老晶体的界面处，在继承了旧晶核精华的基础上，再生长出新的物质。这样的过程与数字化创新的过程具有高度的类比性。甚至可以说，数字化创新就是一个再结晶过程。在数字化创新过程中，其关键环节就是要重新塑造服务企业的生产力，推动传统生产关系向新型生产关系的转变。重新塑造的新生产力，包括生产工具、生产要素和劳动者，其中生产工具转变为以云计算、大数据和人工智能（AI）为代表的深度数字化技术，生产要素为不断积累的数字数据，劳动者则是具备了数字技术能力的新型劳动者[1]。将数字技术与实体经济相结合的新数字服务平台就是这种新型生产关系的集中体现。

在新生产关系中，数字化服务平台将是企业、市场和政府等市场主体之外的新型协调关系的载体。虽然数字化服务平台似乎是一个自动化系统，依靠算法进行资源的分配与调节，但实际上这首先是一个不断迭代发展的系统，是一个根据内部与外部的人们的反馈不断调适的"活"系统。不同的市场主体在开放的平台上的关系是共生共存、共同发展，而不再是零和竞争关系。新型数字服务平台连接了用户、企业和政府机构，进一步推动了供给侧改革，同时优化了需求与供给之间的精准匹配。特别是随着区块链技术的发展，涌现出许多基于区块链的平台，它们更进一步促进了社会信用与信任的流动，降低了商业门槛与壁垒，消除了大量的创新摩擦。

数字服务的产生和生产过程不再是依靠不断地增加人力资源投入，而是依靠数字信息基础设施、自动化和人工智能等技术。服务企业和机构的数字化是数字服务经济发展的核心内容。推动相关企业和机构的数字化不仅是企业和机构业务的数字化，也是企业和机构组织的数字化，是产业基础的数字化。我们可以结合日产汽车的案例分析，管窥一般规律。

【案例】日产汽车的数字服务创新战略

日产汽车在数字化创新浪潮中，主动迎难而上，实施了完整的数字化创新战略。前通用电气全球首席信息官Tony Thomas加入日产并出任首席信息官之后，对日产展开了一系列重大改革。首先，从ERP入手进行企业数字化创新优化。Thomas要求团队成员均可移动办公，可通过智能手机和平板电

---

[1] 宁川. 一文了解数字化转型，全球进入数字服务经济大时代［EB/OL］. https://www.jiemian.com/article/3096166.html.

脑访问Outlook邮件、Skype视频会议和Workday人力资源软件等企业应用。Thomas的改革取得快速成功。可以从他的成功中提炼出以下五点经验。

第一，转向以微软Office 365软件为基础的"数字化职场"。这是理顺和统一以往孤立的业务部门的多步骤中的第一步。更重要的是，使日产ERP（企业资源计划）系统可随时使用的改进有助于信息在系统之间安全地自由流动，从而获得深刻的商业洞察力。

第二，建立自己的专业人才队伍，完全自主地进行自用软件开发。Thomas在内部开发了许多软件，改变了该公司以往长期依靠外包开发的做法。打造专属的数字化服务需要的专业人才，这也是Thomas在印度设立一个数字化中心的原因，他希望这个中心能够拥有500名软件工程师和其他IT人员。

第三，全球布局自有的数字中心。参照了Thomas在通用电气任职期间创办的数字中心。

第四，核心产品的智能化——加速研发自动驾驶汽车。员工将应用聊天机器人、机器人流程自动化（RPA）、机器学习、大数据分析以及其他新兴技术，这些技术将提升日产24万多名员工的工作体验，同时加速公司开发自动驾驶汽车愿景的实现。

第五，提供直接面向用户的数字服务，让企业的服务更及时。日产开发了聊天机器人，可以让用户更容易找到公司车辆信息或购买信息，RPA也在日产的财务和人力资源业务中实现了一定任务的自动化。"这关乎速度、透明度和简洁性"。

从案例中我们可以看到，正是通过一系列的数字化创新，日产公司完成了数字化的汽车服务战略转移，顺应了时代潮流，获得了新的发展机遇，实现了企业"再结晶"式的变革。如果说这还只是大公司的先天优势再发挥的话，创业型公司的数字服务创新就更有这种"再结晶"的味道了。譬如，工业化个性定制服装C2M商业模式开拓者青岛酷特智能股份有限公司就是通过不断"再结晶"，经过多次创新获得成功的。

提到定制服装，人们往往会想到两种模式：一是传统服装行业依靠裁缝手工完成的量体裁衣模式；二是为少数需求者提供的超出一般标准的、设计与制作更精良甚至奢侈的高级定制模式。无论哪种模式，都对人工有很强的依赖性，而且耗时很长。高级定制更因其成本高昂，成为少数人才能享受的服务，并演变为一种身份标志。酷特通过对数据的运用，做到了以工业化的手段和效率进行大批量个性化服装生产。在它的工厂里，每一件个性化服装，从进入生产流程到成衣完成，仅需七个工作日。

更令传统服装企业艳羡的是，这个工厂所生产的每一件衣服，都是已经"卖出去"的。在传统服装企业饱受高库存煎熬的时候，酷特正在以"零库存"的接单模式为全球的客户服务。

【案例】酷特的个性定制服装服务探索之路

酷特的创新模式始于解决工厂的库存。在正常情况下，服装企业健康的库存率应在30%左右，我国的服装企业平均库存率为40%～50%，绝大多数为过季商品，庞大的库存量已把传统服装企业逼近警戒线。这些现状令酷特的总裁张代理看不到未来。2003年，他提出做定制个性化服装的战略，但是传统的定制服务模式弊端太多，主要依赖的还是人工，时间、效率、成本都是问题。

传统服装生产的流水线，特点之一就是流水线上的每个工作者只固定完成一道或少数几道工序，以高度的专业化实现较高的生产效率。每个工作者在某一批服装订单中要完成的工序，是统一的、不断重复的。把工业流水线和个性化这两个相互矛盾的模式融为一体，在服装领域从业者看来简直是天方夜谭。最可怕之处还在于，越是专业的人越告诉你做不了。

以工业化的智能手段、大数据系统完成机器制版，是完成大批量个性定制服装需要攻克的一大难关。制版环节是服装设计、加工与生产中颇为关键的一步，它关乎整套服装的造型。在传统的服装定制模式中，一个老裁缝一天不休息最多打两套版。要达到工业化的效率，满足批量化定制的需求，不可能沿用费时费力的传统制版方式。当时，张代理召集专家开会，研究机器制版的可能，却遭到了所有专家的反对。但在他的坚持下，CAD打版设备和自主研发的打版机床不仅让电脑自动制版成为可能，而且效率大大提高，精准度也丝毫不亚于拥有几十年经验的老裁缝。为了把服装的版型标准化，酷特建立了一个版型库，囊括几百万种版型，足以满足客户的个性化需求。工厂接单后，可以根据客户的数据实时生成适合他们的版型，完全摆脱了对制版师的依赖，成本也大幅缩减。

个性化定制需求最强烈的先锋客户大多是特殊身材的客户，比如肌肉极为发达或腹部脂肪极多者。这样的客户在一般成衣店很难购买到适合自己身材的西装，酷特的版型库却能轻而易举地满足他们的个性化需求。版型库经历了建立三次、推翻三次的过程。可想而知其建立不仅是对技术的考验，更占用了高昂的时间成本。

人体数据的采集，即量体，对于大批量个性定制服装也是一个考验。在传统服装定制中，采集人体数据的是量体师，一位合格的量体师，需要培训半年。董事长亲自上阵研究，公司摸索形成了一套方法。这种三点一线坐标量体法，基于人体一些关键的坐标点——肩端点、肩颈点、颈肩端、中腰水平线等，量体师只需要5分钟，采集人体19个部位的22个尺寸，就能掌握合格的人体数据。基于这套标准化的方法，任何没有相关的经验人都可以通过短期培训具备精准测量人体数据的能力，培训时间仅为5个工作日。

走进酷特的服装生产车间，可以看到流水线上处于不同环节的服装。奇妙的是，这些服装的面料、版型、颜色、细节各不相同。工厂里的状态，仍同传统的服装加工厂一样，负责不同工种的工人忙碌而迅捷地完成自己的加工工序，不过，他们每个人的面前都多了一个小屏幕。这一个个显示终端，背后隐藏着巨大的信息与数据链条。

"传统的服装企业用流水线生产同质化的产品。我们的核心技术是大数据，用数据来驱动流水线，制造个性化的产品。数据是我们最核心的资产，从数据的建立、使用，到数据的流动。这里的车间从表面看与传统的工厂没有区别，还是那些工人和设备，最大的区别在于隐藏在各个环节中的数据流。数据流支撑了整个工厂的个性化定制。"这种软性的数据驱动的方式，让整个工厂的状态宛如"一台巨大的3D打印机，需求的数据进来之后，通过这台3D打印机产出个性定制的服装"。

每道加工工序的工人拿到一项任务时，会首先刷卡读数，根据代码转译成的指令来完成诸如剪裁、钉扣、刺绣等具体操作。每名工人面前的小屏幕，用来显示每件衣服应当进行何种操作的指令。正如前述的制版与量体两个环节的创新所经历的坎坷，电子标签的产生也非一蹴而就。它的迭代经历了从把工序手写在纸上，到给每个工序编写代码写在长条布上的过程。

在酷特看来，探索改革与创新的这些点"几乎都是反传统的，是和所有人的传统思维相悖的，尤其是专业的人。所以，每推进一步都困难重重。每当专业人士告诉你不可能的时候，软性的抵抗都是非常强的"。在模式创新十余年后，诸多改变中最重要也是最困难的点之一——员工心态的改变也已经完成了。

从上述案例中，我们可以看到三个关键点，一是"越是专业的人越告诉你做不了"（很难单纯通过"改良"获得创新），二是"数据是我们最核心的资产"（不再是生产设备等传统的资产），三是"员工心态的改变"（将老的员工变成新的具备高数字素养的新型数字化生产员工）。酷特从大批量生产到个性化定制的转型，历时12年，投入了数亿元资金，以全面的理念变革为前提，数字化与制造流程的深度融合和改造为基础，不断地"锤炼"与"再结晶"，形成了完整的数字化定制服装服务，将数据变成自己的核心资产，打造了独特的核心价值，创造了全新的思想与方法。

然而，这一切还没有结束，酷特的故事还有更多的内容。完成了数字化创新前期的酷特并没有止步，而是又把关注点放在了用户身上。

【案例】酷特公司一开始就以海外市场为目标，直到酷特绝大多数订单来自海外

酷特工厂的订单主要来自两个平台：一是大众创业平台，酷特为服装行业的创业者提供供应链的全部服务，约70%的海内外订单来自这个平台；二是Cotte，这是一款直接针对终端消费者的APP，它让品牌直接面对消费者，工厂可以直接从APP上获取订单。

创业平台包括研发系统、供应体系和培训体系。创业者可以应用其软件进行服装设计；可以通过供应体系进行面料采购（酷特与最好的面料、辅料供应商建立了合作关系），并进行下单、生产、物流、客服等一整套操作；

还可以在培训体系中得到专业培训。这一平台支持了很多优秀的创业者，也解放了他们的双手，从产业链上解除了他们的后顾之忧。创业者得以专注于自己品牌的经营，充分发挥想象空间。

Cotte作为移动互联网应用程序，服务于个体客户。通过简便的操作，使用者就可以在手机端、Pad 端选择喜欢的服装款式，并进行个性化定制。比如对某一款式的西装外套，Cotte 提供了一些可供选择的面料、版型细节（领口样式、口袋样式、扣子样式等），使用者可以根据自己的喜好进行个性化挑选。同时还可以选择喜爱的文字作为个人标签，以刺绣的方式体现在衣服上，刺绣的部位（领口、袖口、内衬等）也可以选择。客户一键预约量体裁衣，在线下享受量体师的一对一服务。Cotte中可定制的主要是男装，女性职业装也将上线。产品会先以职业时尚作为切入点，把职业和时尚完美结合起来。酷特正在研究版型和工艺，并在数据上已经有了一定的积累。

对成功的探索，酷特表示不担心模式被复制、遭遇市场竞争，"第一，如果这个模式能够为同行带来一些启发，我们很乐意。第二，这件事情如果想要做成，没有那么简单。我们已经远远超越同行很多年，在时间上是有优势的。而且我们在不断地创新、不断地完善。我们愿意做这个行业的先导者。第三，我们不仅不排斥，还输出解决方案。"酷特将自己改造传统工厂的方法集成一套为工具，即SDE（Source Data Engineering，源点论数据工程）。

SDE可以理解为方法论，是酷特自主研发创造的。它专门为传统制造业升级改造提供彻底的解决方案，帮助传统工业升级为互联网工业。酷特已经与60多家企业签约，对象以服装行业为主，还包括建材、电子产品、摩托车、自行车、化妆品等领域的企业。据称，经过对十余家试点企业进行三个月及以上不等时间的升级改造，将实现生产效率提升30%以上，成本下降20% 以上。

在酷特，不仅没有加班、没有库存、没有渠道分层，连岗位的科层都不存在了。张代理在宣传片中这样介绍，"各岗位以需求为出发点，实行互联网思维下的网格化的组织架构和'端到端'的运作机制，打破部门、突破科层，完全由需求数据驱动整个价值链条。各个岗位节点以满足需求为目的，改变因部门分工割裂造成的视线'向上看'的局限，实现不再紧盯领导，不再维护部门利益，更多地关注本流程、本节点客户的需求。"

这个工厂已经成为一座现实版的学院，接待大批来自政府、企业、研究机构等处嘉宾的参观考察。酷特还在2016年与中国互联网协会整合国内从事互联网行业的网络运营商、服务提供商、设备制造商、系统集成商及科研、教育机构等共同成立了中国产业互联网研究院，力图为企业转型升级提供专业的解决方案，帮助地方政府搭建转型升级和交流的服务平台。

　　从案例看"再结晶"，有关酷特的故事有了一个小结。是的，酷特现在可以说已经不是一家服装企业了，它已经完成了从制造业企业向数字企业的华丽转身。通过酷特输出的SDE工程解决方案，产业链转变为一条"穹顶弧线"。众包研发设计和C2M电商平台分别位于曲线的两端，高端制造业处于穹顶弧线的顶端。整个过程完全可以用这个路径来描述：制造企业→定制服务→数字化定制服务→数字化创新服务。酷特的每一次变革，"不是推倒重来，而是用数字技术等新技术由内部来改造，结合用户的需求，在新的界面上重新集结企业的能力，为用户提供有价值的创新成果。"这就是数字服务创新的"再结晶"发展观，它不仅为企业自身的转型升级提供了路径，更重要的是实事求是地分析当前的业务实际基础，合理地运用适当的数字技术对企业进行再造，在不否定过去的过程中实现发展，在肯定过去的基础上实现蜕变，使新的系统达到与人的大脑皮层发育类似的效果，这种新的发展观，必将给各类企业的数字化创新提供极具启发性与前瞻性的发展思路。

第二节　制造再结晶——制造业生产与制造过程的数字孪生

　　在再结晶的过程中，新晶核生长在老晶体的界面处，吸收了旧晶核的好的东西，然后再生长出新的东西。这种发展模式，是指导数字服务创新的非常形象的观念模型。制造业数字化创新发展中最热门的数字孪生，就是这种思维模型的充分体现。

数字服务创新

数字孪生概念及起源

数字孪生，英文为Digital Twin，也译为数字双胞胎或数字映射、数字镜像等。在过去几年，这个词的热度不断攀升，备受行业内外的关注。究其起源，据说是密歇根大学PLM中心的Michael Grieves博士在2002年一次演讲中，提出了类似数字孪生的相关概念。另有一种说法是在2011年3月，美国空军研究实验室结构力学部门的Pamela A. Kobryn和Eric J. Tuegel在"基于状态的维护+结构完整性&战斗机机体数字孪生"的演讲中首次明确提出了数字孪生[1]。

制造业在数字化的过程中，需要做的一个重要步骤就是建立实际生产与数字虚拟生产之间的映射，目的是在虚拟生产与实际生产之间实现同步和反馈，让实际生产能够及时地反映到数字生产系统中，从而实现生产制造的数字化过程管理。数字孪生就是指物理产品在虚拟空间中的数字模型，包含了从产品构思到产品退市全生命周期的产品信息。[2] 这个数字孪生不仅与它在真实空间中的物理孪生兄弟形似（包含产品规格，几何模型，材料性能，仿真数据等信息），更重要的是还要能通过安装在产品上的传感器反馈回来的具体单品数据模拟运行产品，这些数据不仅能反映产品运行状况，还能通过数据的更改改变产品状态。简单地说，数字孪生就是在一个设备或系统的基础上，创造一个数字版的"克隆体"。之所说大家不说"数字克隆"，大概是因为"克隆"本身也是一个新科技名词，不如"孪生"来得通俗易懂吧。

数字孪生的一个经典应用就是通用公司对其发动机产品制造的全周期孪生化管理。通用公司在飞机的研发阶段，就利用飞机的数字孪生模拟所需要的各种验证和测试，减少发动机产品所要进行实际飞行试验的次数。而当航空公司接收飞机使用该发动机产品时，每一架飞机上的单品发动机都有一个自身对应的数字孪生的"数字发动机"在运行之中，并把飞机运行中的发动

---

[1] 彭慧. 数字孪生——起源的故事［EB/OL］. http://www.clii.com.cn/lhrh/hyxx/202006/t20200617_3945076.html.

[2] 数字孪生：打造生力产品，重塑客户体验［EB/OL］. https://www.accenture.com/_acnmedia/PDF-106/Accenture-PoV-Digital-Twin-cn.pdf#zoom=50.

机获得的真实飞行参数、表面气流的分布等数据通过传感器反馈输入到"数字发动机"中，近乎实时地监测着这台发动机。并通过分析这些数据预测潜在的故障和隐患，降低发生飞行事故的概率。

数字主线与数字孪生

当我们谈论数字孪生时，经常提到的另一个名词就是数字主线（Digital Thread）。[1] 数字主线"是贯穿于公司各个职能部门和产品生命周期的信息流，涵盖产品构思、设计、供应链、制造、售后服务等各个环节，乃至包括外部的供应商、合作伙伴和客户产生的数据，使其能对产品及其运行提供全景的动态信息"。

数字孪生必须有数字主线向其输送数据这一数字创新的"血液"，这样数字孪生才是"具有生力的双胞胎"始终保持实时性或准实时性。在数字化创新过程中，数字平台的架构复杂，许多数据被分散在多个子系统中，不知从何着手梳理数据并从中挖掘价值。数字主线就是为解决这样的问题提出的，它实现了端到端地在流程与系统间穿针引线，助力在企业和其生产制造生态系统中构建一个互联的产品信息网络，打破企业内外的隔阂，实现体系化的高效协作，从而实现对产品全生命周期的数据资源进行运用，为数字孪生的运行创造条件。

特别是对许多因为行业、企业以及产品类型差异而形成的障碍，数字主线是跨越这些障碍的有力工具。

从数字孪生体的类型看其再结晶特点

人们可以将数字孪生作为制造再结晶思维的实现，同样，也可以在数字孪生方式现实运用中贯彻这种思想。从信息学的角度讲，数字孪生体是一组虚拟信息结构。我们可以从微观原子级别到宏观几何级别全面地描述潜在或

---

[1] 工业互联网之数字主线［EB/OL］. https://www.lianzhi.net.cn/kepware/393.html.

实际的物理制成品。在最佳状态下，可以通过数字孪生体获得物理制成品的任何信息。数字孪生体有两种类型：数字孪生原型（DTP）和数字孪生实例（DTI）[1]。

数字孪生原型（Digital+Twin+Prototype，DTP）指描述了原型的物理工件。它包含了描述和生成一个物理产品所必需的信息集，以便物理版本与虚拟版本重合或成对。这些信息集包括（但不限于）需求信息、完全注释的3D模型、材料清单（附有材料规范）、流程清单、服务清单和报废处置清单。

数字孪生实例（Digital+Twin+Instance，DTI）是用来描述一个特定的、对应的物理产品的。比如，某个ID号的手机，某台最新型号的发动机等。在该物理产品的整个生命周期中都有一个单独的数字孪生体与之保持连接。根据其使用情况，这种类型的数字孪生设备可能包含但不限于以下信息集。

（1）带有通用尺寸标注和公差的完全注释3D模型——用于描述该物理实例及其组件的几何结构。

（2）材料清单——列出当前组件和所有过去组件。

（3）流程清单——列出创建该物理实例时执行的操作，以及对该实例进行测量和测试的所有结果。

（4）服务记录——描述过去执行的服务和替换的组件。

（5）运行状态记录——从实际传感器捕获的全部运行数据，包括过去和当前的状态，以及从中推导的未来预测信息。

在实际管理实现中，还有一个数字孪生聚合体（Digital+Twin+Aggregate，DTA）[2]的说法。数字孪生聚合体指所有数字孪生实例（DTI）的聚合体。它与DTI有所不同的是，DTA可能不是一个独立的数据结构体，它可能是一个计算结构，既可以访问所有的DTI，也可以对它们进行即时或主动的查询。数字孪生聚合体可能会前瞻地持续主动检查传感器读数，并与故障关联起来实现预测。这种聚合体正是数字孪生发挥最大功能的再结晶思维模式的体现。

---

[1] 物联网应用中的数字孪生——一种实现物联网数字孪生的全面的解决方案［EB/OL］. https://blog.csdn.net/steelren/article/details/79198165.

[2] 数字孪生体概念和术语体系（实施稿）［EB/OL］. http://www.innobase.cn/?p=2501.

无论是数字孪生原型，还是数字孪生实例，乃至数字孪生聚合体，我们都可以看到，数字孪生体的核心都是一致的：数字孪生的本质可以看作制造的再结晶思维，数字孪生体在数据上是物理实体的再现，这种再现反应物理实体，但却又不限于物理实体，而是一种更便于数字技术处理的虚拟实体。这是一种再结晶思想的实时运用，也是数字化创新的比较极致的一种实现方式。

数字孪生的再结晶特点

相比于传统的产品生命周期管理和仿真技术，数字孪生有很多质的变化。这些变化很大程度上是对原有数字技术用新理念重新整合之后的再结晶式创新。具体体现在以下其所具有的新特点[1]。

一是双向数据传递，即通过双向的闭环进行实时的信息反馈，在物理实体和数字孪生之间实现虚实交融。正是这种双向数据传递，使数字孪生不再是静态的数据模型，而能获得物理产品的运行数据，甚至实现对物理产品的控制、改变实体状态的控制。基于这些数据，制造企业可以围绕客户的需求来提升产品的设计、供应链、市场营销、售后服务等方方面面，并使制造企业的工程师对用户那里的实体产品仍能进行"测验"。这样一来，既避免了对物理实体的影响，也可以提高效率、节约成本。这充分体现了再结晶思维中基于原结晶体进行的基础方式。

二是互动动态持续，即双向数据的传递是不间断的，它贯穿实体产品的全生命周期，能持续地推动产品的优化，改善客户体验。数字孪生体最大的特点在于：它是对实体对象（姑且就称为"本体"吧）的动态（有时是实时）仿真。也就是说，数字孪生体是会"动"的。我们也可以说在制造企业那里，实际还构造了一个新的虚拟产品，它是在运行之中的。

三是整个动态过程仍然是开放的，即通过数字孪生收集到的海量数据，单靠企业自身的力量来分析和挖掘其中的价值是不够的，企业需要将数据对第三方开放，这种开放有利于制造企业发挥其企业协同生态的价值与作用。

---

[1] 张正，钟律，李明，等. 西门子的数字化转型方法论［EB/OL］. http://jyteg.com/zixun/10042.html.

数字服务创新

四是这种"孪生"存在于产品全生命周期。在制造过程中，智能制造除了一些技术手段之外，工艺的改善是非常重要的，但是工艺的改善恰恰需要这种经验的积累，十年磨一剑。但是现在通过大数据，通过工业互联网，我们能够实现对工业大数据的采集，包括从现场的采集，然后进行分析等，都用新的技术来实现，整个过程不仅是为了本单品的使用维护，更是为了新的产品制造。

五是对实际交付的产品进行使用阶段的追踪。价值流的不同阶段有大量的数据，这些数据都是交互的，能够为持续的数字服务创新提供数据分析基础。在这种制造与服务数字化中存在紧密结合的数字孪生，充分体现了数字服务创新的再结晶理念：从实体中来，到实体中去；源于实体，又服务于实体；反映实体，又区别于实体；不断变化，持续优化。

数字孪生将成为制造业数字化创新的重要工具

数字孪生可以看作是自动化工厂的一个全新的再结晶。实现数字孪生的许多关键技术早期都已经开发出来，但实现数字孪生所需集成和融合这些跨领域、跨专业的数字技术，是在深度数字技术发展到今天才得以真正获得的。数字孪生与单个技术发展的愿景有着显著的区别。

数字孪生具有广泛的应用场景，其中最典型的是在数字化创新中的实践。数字孪生可以成为一个制造创新的特殊测试沙盒，让很多原来由于物理条件限制、必须依赖真实物理实体而无法完成的操作，如模拟仿真、批量复制、虚拟装配，能够更容易地实现，从而激发人们创新的意愿。企业可以将数字孪生结合人工智能技术产生更好的产品创意，如利用生成式设计（Generative Design）[1]，根据客户要求和现实的约束条件，由人工智能设计出新的产品概念，并根据产品原型的测试数据和客户反馈及时调整产品的功能目标，完善产品概念。设计工程师随后可通过数字孪生进行设计迭代和优化，最终实现产品目标（包括重量、成本、功能、上市时间、可维护性

---

[1] 崔强.生成式设计在工业产品设计中的运用［J］.工业设计，2018（3）.

等）。通过数字孪生，还可以做到沉浸式设计审核，通过提供协作式虚拟和增强型现实体验，使产品相关方能够详细审核概念或设计，缩短审查周期，降低审核成本，减少审核频率。

当然，再结晶式的数字孪生可以是一个产品，一个生产线，甚至是一个厂房。同样，钻井平台、集装箱、航行的货船也可以建立一个数字孪生。然而，数字孪生的愿景还不限于此。它可以是一个复杂的组织或城市，能够把企业或城市内部每一个物理资产、技术、架构、基础设施、客户互动、业务能力、战略、角色、产品、服务、物流与渠道都连接起来，实现数据互联互通和动态可视。此外，通过数字孪生还可创造新的商业模式，如按产品运营效果付费，或是提供软件类/授权类服务、咨询服务、物联网金融与保险服务等，对那些希望向数字化组织模式发展的企业来说，数字孪生是帮助其实现梦想的有力推手。再结晶的思维方式，将随着数字孪生的持续拓展而不断发展。

第三节　产品再结晶——数字服务创新中的制造品服务化

数字服务创新的再结晶发展观在于不是推倒重来，而是用数字技术等新技术由内部来改造，结合用户的需求，在新的界面上重新集结企业的能力，为用户提供有价值的创新成果。在数字服务经济时代，这种再结晶思想无处不显，无处不在，是突出的特点。产品的服务化，就是一种典型的再结晶，它的关键之处在于产品和服务之间不存在差异，完全可以把所有内容都解释为服务。产品是用于创建或提供服务的工具或设备。例如，有形汽车是用于提供驾驶服务的工具。

数字化服务创新不是单靠数据、AI、网络就能实现的。组织利用数字技术创建创新产品或服务的总体现象在信息系统研究中被称为数字创新。但是，在数字创新中，创新过程的结果不一定是数字的。实际上，数字创新可以成为改善内部工作流程的一种手段。此外，事实证明，数字创新不仅与传统的数字技术公司相关，而且与大多数行业相关。一些公司甚至引入了新角色，即首席数字官（CDO），以更好地理解和利用数字技术的功能。数字创新的组合效应已使服务的设计和使用产生了新的价值创造形式，从而引发了向无形商品创新的转变，即服务创新。

在企业寻求创新的过程中，数字制造品是"以某种社会认可的形式打包的材料，或者是知识和文化产权包的形式"发挥作用的。数字制造品具有几种基本功能，可提高服务质量，如快速的信息存储和共享、自我修改和共同创建、可编辑、交互式、可重新编程和可分配的功能，这种特殊的数字工件已被证明是新型制造创新的推动力。除了激进和不连续的本质以外，它们都共同依赖于数字技术的功能，从而为将其标记为数字化创新基础资源提供了机会。数字服务创新的核心就是要通过各种数字资源的重新定义，为服务网络的所有参与者创造有利的体验价值。这样的思想就为新的价值创造和创新提供了机会，并为探索和概念化数字技术在服务开发和利用中的作用提供了理论手段。

尽管很多营销和管理学者已经对服务创新的作用和管理产生了重要的见解，但服务创新的概念仍然有些模棱两可，尤其是在新兴数字时代，关于它的作用和意义的理解还不明确。事实上，有些专家正试图通过将数字技术的影响纳入服务视阈的逻辑视角来扩展对服务创新的理解。另一些专家则将服务定义为共同创造的过程，利用知识和技能来创造价值。

【案例】让产品成为入口的Nest Hub Max

Nest Hub Max是一款具有智能家居集线器功能的智能显示屏。智能家居集线器是智能家居产品的桥梁，可使各个设备连接起来。只需单击一个按钮或给出简单的语音命令，即可使用智能家居集线器来监视和控制所有家电设备。Nest Hub Max具有很多功能：在触摸屏上可以阅读新闻、观看视频、玩互动游戏；在内置的Google助手的帮助下，可以连接家中兼容的智能设备，通过调整灯光、播放音乐、报告新闻等形成不同的场景；可以使用Google Assistant语音命令控制所有操作。我国也推出了一款智能路由器，类似于Nest Hub Max，不过它不提供显示屏，而是在智能家居集线器的基础上提供数据处理和存储功能。

从材料可以看出，这种新型的数字服务产品的一个共同特色就是，它们不再只是提供某个设备的具体功能，而是成为服务的入口，通过智能硬件将用户与平台提供的数字深度绑定。这些产品都体现了一个共同思想，就是对原有产品的基本定位进行智能升级后的再结晶式改造，路由器升级成为家庭服务器，成为智能家居产品的控制中心和管理中心；显示屏升级为内容集成器，成为家庭内容集成中心。这样，产品通过再结晶完成了数字服务创新升级。

产品服务化要求产品再造

未来产品价值重心来自数字技术，但我们仍然不能对产品本身的技术与质量有所忽视。无论现实案例，还是价值推导，产品在数字服务创新中仍然是关键的环节。但是，服务化的产品需要根据服务创新的要求与定义，来调整产品生命周期定义。这种改变体现为服务化的产品需要更加"绿色"和更高的品质。只有更好的品质，依托其上的服务才能更好地实现；更好的质量才能实现产品生命周期中的服务化的产品要求的更强功能，也才能降低系统的整体成本。

为了在新的数字时代获得竞争优势，汽车、工业装备等产业都在进行全新的数字化变革。不少企业已经经历过一轮数字化转型。转型使企业生产过程中的组件、平台都获得了整个价值链中更多的价值，但从另一个方面来看，这些举措也对产品的制造这部分的价值产生了挤压。

有关数据表明，电子与高科技行业从2012年到2017年利润增加了60%，当然，最大的赢家是平台提供者。现在所有价值都流向了哪里？不是在产品，而是在芯片、软件等融合构成的一些提供数字服务的平台。这样的市场状态，同样又产生了另一个需求，也就是产品再造[1]。只有重新定义产品，实现"产品再造"才能使产品获得新生。

---

[1] 埃里克·谢弗尔，大卫·索维. 产品再造：数字时代的制造业转型与价值创造［M］. 彭颖婕，李睿，译. 上海：上海交通大学出版社，2019，5.

产品的重塑和再造

数字化创新的核心还是产品，但这是经过再结晶的数字化服务化的新的服务产品。数字化的服务产品是智能互联的产品，这样的产品将是支撑行业转型的核心。这种再结晶，也就是常说的产品重塑和再造。产品的再结晶可以是工业设备，或是建筑设备，或是飞机的发动机，或是治疗方式、治疗设备。所有的装备、工业资产，这些都会是自适应的、互联的，它们可以与整个价值链的软件进行信息、数据交换。

在数字系统论的视野里，数字化的产品再造意味着硬件会成为一个新的底层基础，会有一些基本的功能。硬件的作用是完成这些基本功能。同时这些硬件还需要能有反应、能协作、能主动联网，同时也是负责任的产品。

产品再结晶的评价维度

产品再结晶的过程中，要体现数字化和服务化的水平质量，有两个基本的评价维度，一个是智能度（IQ），一个是体验度（EQ）。也许，所有未来的产品或多或少都会用这两个维度进行评价。

这两个评价维度在前述的Nest Hub Max案例中已有体现，我们还可以从另一个传统产品的再结晶式创新案例来加以体会，即著名的轮胎公司米其林几年前推出的"轮胎即服务"理念[1]。对于车队的管理人员，米其林会向他保证：不管是什么样的季节，不管车辆在什么地点、车辆是怎么运营的，车上的米其林轮胎永远处于完美的工作状态。这样就把轮胎从产品变成了服务。与此同时，米其林还与发动机公司合作，帮助车队降低柴油消耗率。据称，其可以帮助车队实现柴油消耗降低7%的目标。这样，米其林提供给车队的，不再是轮胎产品，而是通过油耗降低的承诺以及"轮胎即服务"的理念提供一种出行支持服务。

再比如汽车，将来的价值会来自哪里？新能源汽车利用最多的一个宣传

---

[1] 朱敏慧. Tyreplus 驰加——米其林在中国推出轮胎服务新模式网络［J］. 汽车与配件，2003（4）.

口号就是，汽车不再是一个单纯的移动载具，而是一个移动的智能终端。新的汽车上连接厂家的数字服务软件会成为连接一切的中心，以及价值创造的来源。特斯拉的汽车、蔚来的汽车、小鹏的汽车，等等，都是这样的定位，在它们看来，由厂家支持的软件可以不断更新，可以给用户带来实时、自适应、互联的体验，产品会根据用户需求、使用情形来进行调整、适应。这是一个根本性的变化。

数字化也正在改变着我们的工业产品。未来数字化时代，云、移动、大数据以及商务分析这些技术将成为主流，成本也越来越低。也许，有人会说，我们现在已经面临着太多的技术选择。其实与未来相比，我们面临的技术选择不能算多，因为未来还有更多的新技术，不仅是深度学习、虚拟现实、人工智能和区块链。只是当前那些新技术本身大部分还处于比较初级的阶段，未来随着它们发展成熟，会不断被应用起来，发挥价值。在这一轮的技术颠覆之中，需要不断改变我们行业的组织、现状。这是我们作为企业要适应、要面对的。

不是推倒重来，而是用数字技术等新技术由内部来改造，结合用户的需求，在新的界面上重新集结企业的能力，为用户提供有价值的创新成果。产品的数字再结晶是利用智能以及体验打造未来产品，通过加强产品的智能度、体验度，打造新型的服务化的产品。把握住产品和服务的智能度（IQ）和体验度（EQ），是任何一个产品制造型企业都会在经历的一个数字化旅程。这两个维度的协同变化，能给企业的产品和服务带来指数级的变化。在利用这两个维度来评价时，我们可以从"智能度"的维度来看，反映的是一个传统产品到互联产品、到自动化产品、到智能产品的演进过程，产品数字化程度越来越高；从"体验度"维度来看，反映的是从产出到成果、从产品到服务的深进过程。米其林本来是卖轮胎的，现在卖的是持续的车辆出行支持服务。汽车厂家本来是卖汽车的，现在卖的是围绕移动提供的所有生活服务。

"产品的再结晶式服务化"，对于本来制造产品的公司来说，是一个巨大的变化。其"产品"现在已经变成了"服务"，变成了企业生态系统中的一个部分。这个部分可能是企业生态系统的"心脏"，也可能是这个生态系统的"边缘"。产品已经成为服务的平台，或者一个别的产品发展的平台，一起协同服务的平台。

产品数字化服务的价值升级

除了上述的两个基本维度外，产品的数字化服务再结晶还有其他一些不同的维度和空间，如产品的互联、服务的网络和生态平台等。每个价值空间都有自己的特色，有自己具体的业务模式。以前，工业公司的销售方式其实很简单，卖产品给客户，有的时候会附上一些产品维修的服务。但以后就不会是这样了，制造商必须在服务过程的各个维度空间发挥作用。

当然，这并不需要所有的产品公司在所有的价值空间扮演同样的角色。但必须选择，选择一个最有利的领域，而且要精准、有目的地选择。每个细分的价值空间都有各自的游戏规则、盈利特点，也有自己特殊的盈利模式。比如互联的咖啡、奶茶以及其他一些受欢迎的办公饮料设备的服务，就是典型的B2C的例子。[1]美国Drinkworks公司是啤酒企业和制造仪器企业的合资企业。它们解决的是鸡尾酒体验问题。在美国、欧洲市场，喝啤酒、葡萄酒比较容易，在家就可以了。但鸡尾酒或烈性酒，通常要在酒吧等特定地方才能喝到味道比较好的，很少有人在家里自己做鸡尾酒。但用这家公司的设备，只要把材料备齐，不到一分钟就可以做出完美的鸡尾酒。这个是互联智能设备，同时接受别的品牌合作。这个产品上市不到三周时间就把半年的库存都卖完了。

企业需要在新的价值空间、数字化核心、服务路线图、创新工厂、文化变革以及更多的产品再结晶路线上进行选择和组合，在智能度和体验度上实现敏捷重构，从而实现自己的产品服务化创新。未来可期，一个崭新的产品世界正在崛起。在全新环境中，产品将继续与制造者、用户以及其他产品产生各种互动，为世界产生多维度的价值。

---

[1] 鸡尾酒胶囊机已问世，K杯的商业奇迹是否能够延续［EB/OL］. https://m.sohu.com/a/275963723_261013/.

第四节　数据再结晶——数字服务创新中的数据挖掘

数据服务是数字服务创新的核心领域，从数据即服务（DssS）到分析即服务（AaaS），整个过程将最初似乎一文不值的数据，变成了价值万金的宝贝，支持这种变化的是数据的再结晶思维。

一切都正在转化为数据

数字化，从表象来讲，就是将一切人、事、物都变成信息系统可处理的数字信号，即数据。传统农业提升效率的方式，主要在于关注种子、土地、农民和天气等，而这些过程中，实现哪怕是每年1%的增收，都不是一件容易的事。但是如果是从农产品数字化全程来看，农产品从种子开始，到在田间地头被生产出来，再通过物流配送，最后到餐桌上，在这样一个"从鸡苗到鸡块"的过程中，整个的影响因素很长、很多，包括农产品生产、金融、供应链、物流、销售甚至是厨房清洗，等等。"从鸡苗到鸡块"，全程的数字化体系，将能降低多少端到端的效率损耗啊！这种损耗的降低每年实现1%，那么整个产业的上升空间就变得巨大，由此获得的GDP发展空间与速度，都将是惊人的。因此，我们说，当一切转化为数字的时候，能够实现的提升、创新和创造，都将是传统的产业和服务不可比拟的。

我们可以从产品的数据化转型的过程中，看到两个根本性的机会，一个是整体效率由于数字化的光速传输与运作，将拓展出一个巨大的上升空间；另一个是过程和部件都实现了数字的组合便利性所带来的模式创新。

第一个方面机会的实质就是"数据即所见"。当企业分析理解数据的时候，就可以理解消费者和市场。这种所见包括从顾客到用户的变化，即如果只有顾客没有用户，今天就没有机会。以数据为中心的变化，也就是之前企业和市场之间的关系是用产品连接的，是松散的，是断裂的，只有少数产品能够反馈用户的状态，当企业数字化转型之后，企业和市场用户的关系是用数据，甚至是用实时数据连接起来的，以产品为中心转向以数据为中心，具备了快速反应用户要求的可能。

第二方面的机会也可以称为"数据即融合",甚至是"数据即所得"。当拥有数据的时候,可以融合更多的需求,产生更多的产品[1]。当把一切转为数据的时候,可以发现更多的机会,更多的可能性。数据即融合,也就是企业生态体系的协同关系变化,企业和它的合作伙伴在面对用户的时候,能够更充分地体现生态体系的共生共荣关系。

事实上,越是传统企业,数字化带来的这两个机会的空间越大。只有深刻理解了数字化,并理解了这种变化带来的两个根本性变革的机会,所有的企业都会看到数字化带来的帮助,带来的可以改变供应链价值分布的效率提升。

数据再结晶——从业务数据到数据业务

数字经济时代不是凭空产生的,也很难跨越实现。它是经过了农业经济和工业经济时代,在解决了人类基本的生存与安全要求之后,面对高度工业化后的新局面,将迎来消费者情感和精神层面更高阶需求的充分实现。[2] 不同于工业经济时代的同质化产品的大规模制造,在数字经济时代,基于数据分析的用户洞察,与用户的直接互动,以及物联网和机器人技术驱动的智能制造,将使定制化产品与服务大规模低成本地实现。昔日那些因成本高只能由社会金字塔顶层少数人享有的产品定制化和个性化门槛将大幅降低,惠及更广泛的人群,由此将重塑马斯洛需求金字塔。同时,借助虚拟现实与增强现实等技术,原先价格昂贵的亲身经历(如太空探秘、极地旅行)带来的体验,将以极低的成本,逼真地展现在消费者面前,使其获得空前的满足与身心愉悦。

更强的用户关联将推动产品与服务创新。用户需求分析作为产品与服务创新的起点与核心环节,将受益于强用户关联所带来的直接互动和用户洞见。在加速产品研发进程的同时,数字化平台驱动的新的创新流程(由传统的B2C到C2B),将使用户在创新中发挥更大作用,扩大创新构想来源,降

---

[1] 数字化对产业、企业的6个根本性影响[EB/OL]. http://www.yayanconsulting.com/a/hlwyx/hlwyx/2019/1219/2683.html.
[2] 严若森,钱向阳. 数字经济时代下中国运营商数字化转型的战略分析[J]. 中国软科学,2018(4).

低创新失败的风险。

创新的"数据即服务"商业与运营模式

"数据即服务"（DaaS）作为一种新兴的数据服务模式，对于数据服务市场的持续增长与发展，特别是商业模式的不断创新，具有特殊的价值与作用。数据即服务的直接利用数据进行商业盈利的模式，对于降低数据服务的门槛，拓展市场空间，使更多的企业快速获得数字经济带来的增长具有重要价值。

数据即服务的基本要求是涵盖完整的数据供应链，形成端到端的基于数据的价值创造流程，使数据的获取、加工分析、应用与变现各环节间的衔接更加紧密。数据资产正是通过这一流程的反复而不断增值，从而最大化地利用数据资产的价值。[1]

数据即服务将借助数据平台来实现不同的利益相关方的协作以完成商业模式。利益相关方，包括数据提供者、数据分析与处理的增值服务提供者，作为分析结果的"洞见"（数据成果）的整合者，以及整个过程中运用到的相关应用软件与工具的开发者等。在这个过程中，利益相关者通过提供数据服务为客户创造价值的同时，通过共享相关数据、共享数据使用体验等不同的方式，反哺数据服务平台，强化数据服务平台的数据等资源的作用，吸引更多的参与者，壮大数据服务生态系统。

数据即服务的模式，不同于传统的产品消费。在服务实现的过程中，对于数据服务的需求方而言，付费与数据服务产生的价值可以直接关联，带来更加透明的付费方式，从而降低了其购买数据服务的风险，保障其投入的质量。

---

[1] 从业务数据到数据业务［EB/OL］. https://www.accenture.cn/_acnmedia/PDF-37/Accenture-Business-Data-Digial-Economy.pdf#zoom=50.

数字服务创新

多维度、分阶段的路径实现"数据即服务",拓展数据经济广阔空间

从传统业务到数据业务的建设将经历不同发展阶段,逐渐迈向成熟,实现向数据经济时代的业务变革。每个企业的拥抱数字经济之路不尽相同,但大都会经历以下几个阶段。

一是自发启动阶段,即零星自发的数据业务。随着大量数据的积累,零星地开发了少量数据业务,但尚未从战略层面意识到数据作为资产的价值,传统业务仍是企业运营的核心,数据还只是作为各个业务流程或者应用的副产品,零星的数据业务并未形成体系。作为数据业务发展的早期阶段,此时数据业务常被定位为传统业务的附属和增值部分,可提升既有用户的体验,创造额外营收。例如,米其林轮胎公司通过给轮胎安装传感器,利用传感器数据为车队提供节油建议等增值服务愿景规划的阶段,数据的资产价值获得认可,数据服务战略初具雏形。随着对于数据资产价值认识的提高,以及自发数据服务成功的激励,企业开始着手准备向数据业务的转型,明确转型的愿景目标,初步制订战略路线图,并在企业内部取得数据服务转型的共识。

二是数据业务探索阶段,即企业开始有意识地构建基础能力,固化业务模式,并且以数据业务变革的愿景目标为指引,在整个企业范围内建设体系化服务能力,包括设计和搭建基础架构、数据服务开发能力、数据伦理保障机制、数据业务运营模式等,并开始试点规范化之后的数据服务项目。此时,企业已经具备开拓数据服务的基础能力,开始对企业内外提供独立的可复用的数据服务。

三是构建生态体系阶段,即开始独立地运营数字资产,发展完善数据业务,建成完善的数据服务体系,并不断升级数据服务相关的技术,实现数据服务的智能化自动化,逐步形成包括数据提供者、服务订阅者、二次开发者、合规监管者等在内的成熟的数据服务生态系统。企业初步实现向数据资产化运营的战略转型,数据的价值定位从业务应用过程中产生的衍生品,提升为独立的支持数据业务的战略性资产。

最终,企业将建立新的数据服务生态体系。数据业务已经成为企业的核心业务,进入数据服务的成熟阶段。同时,企业开始进一步拓展数据经济,

通过捕获用户在使用数据服务过程中的各类行为数据，衍生出更多的数据服务创新。数据服务的商业模式不断进化，迈向数据即服务阶段，需求方按需购买服务，按效果与价值付费。

精益数据创新体系助力企业构建数据和智能创新蓝图

在数据业务发展过程的多个阶段中，第二个阶段是最重要的。跨过去了，就基本实现了数据业务的再结晶式发展。要实现这一跨越，有必要引入一些有价值的数据管理新思想，其中，精益创新（Lean Thinking）的思想是一个不错的选择。精益思想源于 20 世纪 80 年代日本丰田发明的精益生产（Lean Production）方式，其从理论的高度归纳了精益生产包含的新的管理思维，把精益生产作为一种方法论，延伸到企业活动的各个方面，包括企业流程再造，减少不必要开支，创造新的价值，等等。

精益思想的最主要内容就是"精益五原则"，即"正确地确定价值""识别价值流""识别价值流动过程""识别价值拉动""对价值流实现尽善尽美"。这一管理思维，同样符合数据创新的场景要求，由此可提出精益数据创新体系概念。

精益数据创新体系的第一项任务是识别数据的价值流。[1] 数据和智能创新的第一步就是要求企业一定要明确所提供的数据和智能技术要干什么，它有什么价值，这是最重要的第一步。然后要把这个价值点变成一个可以贯穿起来的价值流，也就是数据处理链。只有有了数据处理链，才能自动去运行这些数据，实现数据的价值增值。

精益数据创新体系的第二项任务是实现数据业务的价值拉动。对于数据项目来说，企业需要的不是一堆报表，或者是数据的可视化界面，而是对业务数据处理后的业务行为改变的决策结果。传统的数据项目是数据模型驱动，现在强调的是业务价值的数据处理后拉动，并且是按需拉动，而不是一

---

[1] 李祥敬. 当数据创新遇到精益思想，数字化转型的新世界便打开了［EB/OL］. https://www.sohu.com/a/254709381_487103.

次性把所有的功能都推送给用户。也就是说，提供给用户的，不再是不管他用得上用不上给一大堆数据。在精益数据创新者看来，那样的服务是一种浪费，很不精益。

在精益数据创新体系中，每个企业都将是数据工厂，实际生产的产品只是通过数据工厂的分析反馈到物理世界里变成一个实体的东西而已。当然，承载着数据工厂的核心的是一个数据服务平台，它会采集数据、分析数据、加工数据，探索数据的价值，最后驱动业务的转型和产品的创新。

应该说精益数据创新体系是对数字化创新中数据再结晶创新的深入洞察和实践，通过构建精益数据创新体系，企业就拥有了制订数据战略、打造数据中台、持续数据创新、构建智能应用的能力，可以用数据和AI实现业务创新。精益数据创新体系是传统管理思想在数据创新管理中的一个重要的高价值创新应用。

数智创新——人工智能在数据服务中的再结晶

精益数据创新体系的思想，为企业业务数据获得最大价值开拓了基础的工作，而要实现这种从数据到有价值的服务，最重大的变革工具就是基于数据实现的新型人工智能——数据智能（Data Intelligence）。本书的第二章已将人工智能在数字服务经济中的作用与地位做了明确的定位。如何实现这种定位呢？由数而智，就是关键的一步。

人工智能已经成为一个真正的赋能技术，把一个普通的产品变成一个智能的、富有体验的、能创造价值的未来产品。通过单纯的算法难以有效地实现这一目的，需要基于数据的再结晶思维，实现这一根本性的变革。这种再结晶的过程，可以表现为以下两个方面。

1. 人工智能是由大数据培养成的机器"数智"

数据服务为人工智能的进化迭代提供"养料"。人工智能并非即插即用，它需要从数据中获取基础知识和语料，并从经验中不断学习。这些数据可以是内部专有数据、外部许可数据或公开可用的信息。就格式而言，数据可以是结构化的，即具有已定义的长度和格式，如日期、姓名和邮政编码；

也可以是非结构化的，如文本、音频等缺乏已定义结构或格式的内容，包括电子邮件、语音邮件，以及视频等可视内容。此外，还有一个时间参数，用于表示是历史数据还是实时数据。而且，数据与人工智能的关系是持续的：人工智能系统需要不断地收集数据，将其并作为机器学习的一部分，用于深化自身的知识库。

人工智能需要的是"可供学习"的数据——作为"已知"的、有助于做出推断的数据。关键在于，为了在生产环境中利用数据集，需要训练支持推断功能的算法。这就需要可扩展、灵活、正确结构化的数据。要实现自主流程，则需要访问非结构化数据。但对于大多数企业而言，利用非结构化数据并不容易。大多数企业中的绝大多数数据都是非结构化的。随着访问数量越来越多、数据集的相关性越来越强，并且随着人工智能技术本身越来越成熟，人工智能最终将在特定领域超越人类智能。

2. 增强分析是人工智能即机器数智的应用切入点

如前所述，人工智能的本质是机器数智。大数据如果被视为一种新的"石油"的话，那么数据智能就是"炼油厂"。数据智能通过分析数据将原始数据加工为信息和知识，进而转化为决策或行动，以获得新的价值增值。这种智能已成为推动数字化创新不可或缺的关键技术。

数据智能通过已有数据分析，赋予我们探求数据空间中未知领域的能力，在不同领域里孕育出新的商机。特别是在传统的商业分析或商业智能领域，机器数智正在开拓新的空间。根据高德纳的调研，一种新的"增强分析"的分析模式正在颠覆旧有方式，预计在几年内将成为商业智能系统采购的主导驱动力[1]。这种增强分析模式正是由数据智能技术赋能，提供了自然语言查询和叙述、增强的数据准备、自动的高级分析、基于可视化的数据探索等多种核心能力，是数据服务创新的新关键点。

数据分析是数据智能中最核心的部分，大致可以分为描述性分析、诊断性分析、预测性分析、指导性分析等四个类别，每个类别基于数据回答不同的问题，难度越来越大，所能带来的价值越来越高，所使用的技术也越来越

---

[1] 增强分析技术原理与实践［EB/OL］. https://www.infoq.cn/article/rmqteaqmdkae7ap0eqbj.

复杂。数据智能分析工具的发展经历了如下四个重要的阶段和层次[1]。

层次一：限定领域的数据智能分析。即数据智能专家深入学习和了解特定领域的问题，直接面对问题，构建端到端（End-to-End）的分析流程和平台，并以特定领域的数据分析师为主要用户，以解决特定领域的专业问题为主要任务，完成整个数据分析。

层次二：需求单元分析获得新的分析平台。即数据智能专家通过对各个领域的深刻总结，提炼出在不同领域的任务中所共同依赖的一些共性单元，比如分布差异分析、主驱动因素分析、预测分析等。把共性需求单元对应的数据智能技术以搭积木的方式组成一个分析平台，给各个领域使用。

层次三：由已知分析向未来探索。即进一步发挥机器数智的作用，在分析任务的各个环节，通过提供各种新的数据和使用形式，为用户的下一步决策或行动提供信息充足的引导性建议，从而提高人类的智能与机器智能的互补与协同。

层次四：在前三个层次中，不断深化机器学习，强化数智专家的知识和技能，并继续进行系统化的抽象，完善过程的自动化，从而进一步降低数据智能模块的条件要求，推动人类智能和机器智能的进一步融合，也使不同领域的普通用户以自助方式按需定制针对具体任务的数据智能模块变得可能。

由上述四个层次的循环，就会发现整个过程所产生的结果发生重大的变化。这样的数据智能研究，不仅契合当今大数据时代各领域、各行业从数据中挖掘、实现价值的需求，也适应了进行数字化创新的迫切需要。随着数据智能在更多领域的落地和发展，新的应用和场景、新的问题和挑战将进一步激发和驱动数据智能研究。

展望未来，数据智能技术将朝着更自动、更智能、更可靠、更普适、更高效的方向继续发展。如在更高的语义理解水平上进行分析、提供具有可解释性的分析结果、人类智能和机器智能更加紧密融合、智能分析助手得到普及以及无所不在的可视化等。

---

[1] 未来3-5年，数据分析领域不可错过的十大技术趋势［EB/OL］. https://cn.kyligence.io/news/gartner-ten-important-trends-in-data-analysis/.

总体而言，数字服务创新的再结晶发展观就是这样的哲学：不是推倒重来，而是用数字技术等新技术由内部的改造压力，结合用户的需求，在新的界面上重新集结企业的服务能力，为用户提供有价值的创新成果。这可以看作数字服务创新最基本的思维方式、最基础的工作原理、最核心的思考模式。基于这种模式的数字服务创新，将是一种完全可以科学把握、有效降低风险的创新。

第六章

钻石模型——数字服务创新的方法论

数字化随着数据流与资金流、人才流等的深度融合，以物联网、人工智能、区块链等为代表的新型的深度数字化技术，赋能了数字创新的下沉或者深度嵌入。深度数字化技术的发展，不仅给我们带来了新工具，还随着这些技术和组织的互动不断强化。数字技术和业务的融合不断地深化，使得以全新的方式进行服务创新逐渐成为一种趋势。数字化服务创新，并不只是一种结果的体现，它更多的时候还是一个不断演进的过程。在这样的数字化时代，或者称为信息化2.0阶段，信息或者数据与业务流程深度融合，技术和数据广泛交互与深度融合。如果说早期的"信息化"是从业务到数据，那么，当前的"数字化"就是从数据到业务，即数据业务化。

数据业务化的发展前景是充满诱惑的，但数字化创新之所以称为"创新"而不只是"转型"，关键就在于要表明这种"变革"是有风险的。要降低风险，提高成功率，扩大收益，核心是把握住事物的规律，掌握适当的方法。数字化创新的路径千千万万，没有放之四海皆准的教条。没有固定的教条，却有成功的方法论，有正确的思考模型。

第一节 数字化创新的钻石模型

数字化服务创新的商业表现经常就是创造新的服务业务和企业形态，一方面在自身的传统产品或服务之上叠加增值的数字化服务，另一方面则是通过数字平台在企业内外进行资源、分工和价值等的重新分配，以提升服务的数字化水平。数字服务创新的实现，可以分别从数字化服务的界面、流程、技术、机制和模式等五个维度来加以推动，其基本的逻辑与原理与传统的服务创新保持一定的传承。不同于传统服务的四维度创新[1]，我们经常将这种基于服务的界面、流程、技术、机制和模式五个维度进行的服务创新分析框架称为"钻石模型"。如图6-1所示。

这个钻石模型中的界面维度与流程维度的创新，指服务内容或者服务产品的呈现和服务流程的变革。服务技术维度的创新指支撑所提供服务以及完成服务的产品制造加工等领域的所有技术手段方面的创新。服务模式维度的创新指服务企业所提供服务的商业模式方面的创新。服务机制创新指服务生产和服务产品传递系统的组织机制即管理运营维度的创新。这一分析框架，可以将绝大多数数字服务创新进行有效解析，将系统的数字服务创新梳理出主要的方法与路径，或者为通过数字服务创新解决当前的服务问题提供思路和引导。

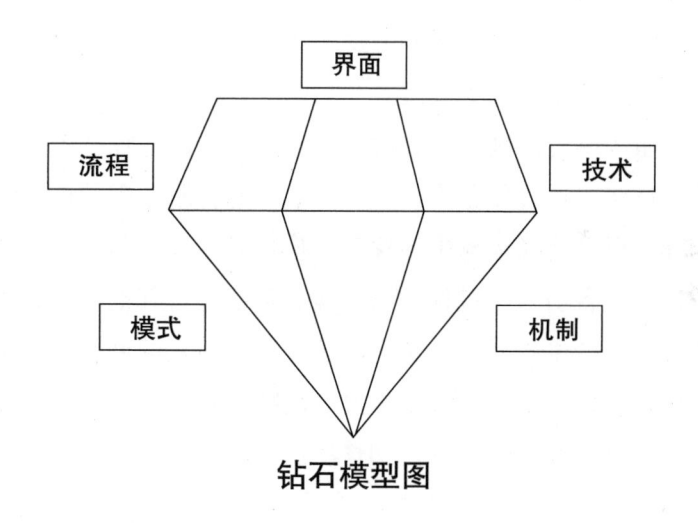

钻石模型图

图6-1 数字服务创新钻石模型

从服务创新的五个维度来重新整理数字服务创新，即从界面、流程、技术、模式、机制等来思考数字服务的创新切入点，所包括的内容很多，让我们分别来看看这五个维度的数字服务创新基本路径与方法（在此，我们按维度的常用程度来进行分析）。

---

[1] 蔺雷，吴贵生.服务创新的四维度模型[J].数量经济技术经济研究，2004（3）.

维度一：技术维度

技术维度是数字服务创新架构中最重要的维度。与一般的服务创新最大的不同在于：一般的服务创新在没有技术参与的情况下仍可以发生，技术并不是服务创新的一个必要维度；在数字服务创新中，技术是模型中的一个必须维度，甚至可以说是核心维度。

作为必选维度的技术在数字服务创新中扮演了极为关键的角色。这里的技术有三个方面，一是作为通用支撑的数字化技术；二是具体的服务或服务产品的专业技术，如数字医疗服务中的医疗技术以及医疗设备的设计生产和安装使用技术等；三是提升数字服务能力与价值的数据技术，也就是前面提到的"数智技术"。

对于第一类和第三类的数字相关技术本书全篇都有描述，在此我们重点说一下第二类，即具体的服务或服务产品的专业技术。在数字服务创新中有很多针对特定服务内容的技术，如健康医疗服务中的医疗技术、环境服务中的清洁和监控技术、饮食服务中的烹饪技术、美容服务中的皮肤修复技术、零售服务和其他形式物品运输中的移动温控技术等。事实上，很多服务企业在相关服务技术设备引入的过程中和过程后都在进行其他创新活动，这些技术和设备的引入，产生的更进一步由顾客和市场引发的创新，在服务创新过程中有时同样频繁和重要。这些技术也会对特定的服务产生重要影响，但无疑它们都与数字化技术紧密关联，如移动温控技术是在数字技术支持下实现的温度控制系统技术，清洁和监控技术是数字产品控制下的清洁和监控技术，美容服务中的皮肤修复技术是数字产品提供的修复技术，等等。

总体来讲，在数字服务创新的模型中，数字技术是基础，具备共享性、通用性、连接性、体验性、平台性以及规模性等特征，但推动数字服务创新的专业服务和产品技术同样是这个模型中技术维度中的关键内容。在这个维度中还包括创造新的数字化产品和服务，通过数字化扩张产品和服务类别，用数字化产品替代原有产品和服务，等等。

维度二：服务界面维度

数字服务创新的另一个重要维度是用户（顾客）服务界面的设计与创新，包括将数字服务（或服务产品）提供给用户的方式，以及与用户交流合作的方式。界面维度的创新经常被称为用户体验创新，即通过新的数字化信息和交互方式，来重塑用户、合作伙伴乃至员工的使用体验，用数字化转移和提升服务的价值。

目前，通过对用户界面的数据分析而改进用户的界面，已成为数字服务创新研究的一个重点。尤其在创新的用户化生产方式研究中，得到了特别的强调。但在针对大规模生产制造业的数字化创新研究中，学者们通常都忽略了将用户和供应商与企业的交互作用包含进创新过程。在数字服务创新的过程中，用户在很大程度上已成为服务生产不可缺少的一部分，特别是在针对最终用户的服务中。数字服务提供者与用户的交流和相互作用，已成为创新的一个主要来源。在那些不具有明显有形特性或容易被竞争者产品替代的服务中，服务提供者与用户间的界面就更为重要，更需要服务提供者投资于与用户关系的建设，并不断开发新的用户交互作用方式。

在实际中，实现用户界面创新的首要条件是获得实际用户和潜在用户的大量行为偏好数据。服务提供者在设计用户界面时必须考虑，如何与用户有效地交流？企业的潜在用户是谁？企业有能力让用户在创新中扮演合作生产者的角色吗？对以上等等问题的正确认识和回答是服务企业建立良好用户界面的基础和前提。需要指出的是，用户界面的创新可能会导致整个创新过程的变化和重组。

维度三：业务流程维度

业务流程维度是数字服务创新的重要切入点，对于传统企业而言，这可能是最主要的切入点。业务流程维度的创新通常是将服务、产品、资产、商业流程等通过数字化的方式连接起来，进而让企业的运营更加快速高效的一些创新活动。

在这一维度的变革中，比较突出的一些实践就是研发业务模式的变革。在新产品的研发过程中，数字技术的应用非常广泛。譬如，通过仿真驱动设计，减少实物试验；通过产品全生命周期的研发数据和流程管理，提高零部件的重用率，提升研发效率，降低研发成本，实现异地协同研发；甚至可以通过互联网收集客户对产品的需求，在研发过程中，实现众包设计，等等。

业务流程维度的创新在数字服务创新中影响的重点是服务传递。企业的内部组织安排一般都是力求通过合适的组织安排和管理促使企业员工开发和提供新服务产品。因此该维度的中心内容是强调现有的组织结构和员工能力必须适应新服务开发的需要，如不适应就要通过新组织结构的设计和员工能力的培训，促使创新的顺利进行。

在不同地方以同样方式迅速为顾客提供服务，为达到这一目标企业必须对员工能力和激励机制进行投入。业务流程维度中很重要的一点是组织对员工的管理与激励，这一机制尤其是在知识密集型服务中，通过适当授权可以为员工提供较大的灵活性，这对提高创新效率确保创新顺利进行十分有益。

从上述分析，可以很明显地看出，业务流程维度和服务界面维度有着密切关联。有时候，这两个维度是不可分离、相互交织并相互支持的。

维度四：服务机制维度

数字服务机制维度简单化认识时，通常可称为管理运营维度。这种管理运营维度经常可细分为决策模式创新、运营模式创新等方面。

其中决策模式创新主要指高层管理人员对数字化战略有明确的愿景、投入和决心，而且业务分管部门也将这些数字化战略纳入部门的发展规划之中。通过推进数字化创新，企业会拥有海量的运营数据，通过对这些海量的异构数据进行治理及分析，同时将数据分析的结果与企业的管理手段结合起来，可以真正起到提升管理水平，优化企业运营的效果。

机制维度中的运营模式创新主要指企业在运营过程中，有很多数字化创新的场景，可以帮助企业实现精细化管理。例如，广泛推进的各种移动管理应用中，基本上都将各层次管理者所需要的数据和故障预警信息推送到手机或PAD等移动终端，实现业务运作过程的可视化，等等。

机制维度的创新在制造业中还经常包括制造服务流程的变革，即在机械加工过程中，广泛地应用柔性制造系统（FMS）实现C2M的服务机制。通过应用柔性制造系统，实现全自动化加工不同的机械零件，从而对计划安排、物流调度、刀具管理、加工程序配置等各方面实现数字化管控，以完成整体制造服务流程等。

维度五：服务模式维度

数字服务模式维度更多指整体性服务概念变革。如在制造业创新中，产品和过程是高度有形可见的，某些服务创新也是高度可见的，特别是在产品传递时，如运输方式的变化。但更多的服务创新具有高度无形性，它们并不是有形的实物产品，而是解决某一问题的新的概念或想法，因此数字服务模式创新在很大程度上是一种概念化的创新。

这种概念化的创新可以用多种具体的体现来命名，如盈利模式创新或商业模式变革，等等，大多是通过数字化方式实现数据的直接和间接变现，如数据销售、通过数据分析指导业务决策、按服务绩效付费（Pay by Use）等。

这种概念化的创新经常是针对某个具体的市场的。也就是说，虽然这个概念也许已为其他市场中的用户所熟悉，但对某一特定市场仍是一种创新。

事实上，概念化的模式创新在传统的服务创新中占有相当大的比重。服务企业在进行新服务概念开发时需要明确回答一些基本问题：企业需要何种产品以保留现有客户并发展新的客户？竞争者提供的产品是什么？如何将新服务传递给实际顾客和潜在顾客？这些问题构成了新服务概念的内容[1]。

通过对市场需求的扫描和分析发现创新的来源，使得市场驱动型的企业得以实施概念化的模式创新。新的服务概念的实现要求企业对自身提供的已有服务和新服务要有全面的理解，对竞争者提供的已有服务和新服务有精准的认识，尤其对创新特性要有准确的把握。只有通过对新服务概念的理解，

---

[1] 郑吉昌.服务经济论［M］.北京：中国商务出版社，2005，9.

服务企业才能够不断地根据市场变化、用户要求以及竞争者的行为，应用数字化技术开发新的服务，或者改进原有服务，形成新的能力。

数字服务创新的模式维度，或者称为新服务概念维度，与其他四个维度的关联性很强，通常是二或三者合一的。通常的情况下，这种模式创新，或者称之为概念化的创新，多是以新的技术机会为基础，具有较强的颠覆性。

数字服务创新中的各个维度是融合的而不是分离的

数字服务创新中技术主要扮演了操作资源的角色，是整个服务交换和创新过程的推动者。假定交换中的关键资源是知识和技能，该角色与服务创造价值的逻辑相一致，即数字技术可以启用这些知识和技能来对其他资源进行操作以创造价值。技术既可以成为服务生态系统中的推动者，也可以充当参与者。

有关数字服务创新在各个维度的一些主要代表性要素，可以以IBM的数字服务创新要素图来列示。如表6-1所示。

表6-1 IBM的数字服务创新要素图

数字技术	创新要素
云技术	快速、大规模的存储和处理能力，企业步向云端布局模型以实现增效
物联网	指所有事物皆可联网，采用物联网计划打造全新业务模式
机器人技术	可通过实机机器人增强人类实际活动，也可通过软件机器人实现基于规划的流程自动化，机器人技术正在快速成为众多行业发展的关键
机器智能与大数据	机器学习和数据分析技术不断获得进步，有助于企业脱离回顾性数据分析，转而进行推论和预测
协网创新	众多和开源等新的协作方式可供更有效地获取外部知识，从而更高效、更智能地进行创新
一切皆服务（XaaS）	将现在业务产品、流程和系统转化为一系列服务，供企业外部使用
设计思维与快捷交付	把员工和客户体验放在首位，运用设计思维减少不必要的复杂，掌握快捷方法，更快应对各种变化并加快产品迭代
区域网	去掉合约中间环节的共享账本技术，可提供值得信赖的保障和透明度

需要明确的是，无论技术性的创新还是模式的创新，从某种意义上讲，任何一项数字服务创新，都是上述五个维度的某种特定组合。一项新的数字服务的出现，通常意味着新的服务概念形成，同时需要开发一个新的服务业务流程，员工也要改变其工作方式以及与用户接触和关联的界面或方式，并使用专业的服务技术等。

数字服务创新五维钻石模型对数字服务创新的理论发展具有重要的指导意义。五维钻石模型虽然只是一个概念模型，但它却能全面描绘数字服务创新的基本内容和组成维度，并指导实际的新数字服务的开发。实践证明，该模型对创新政策制订者和服务创新企业家来说，都有相当的参考价值，这其中的具体奥秘让我们在随后的几节里结合具体实践来细致阐述和深入体会。

第二节　数字中台——数字服务创新的主要基础技术架构

技术维度是数字服务创新钻石模型中不可或缺的部分，关键性的数字基础技术体系即所谓的数字平台，可以说是数字服务创新的支柱。许多数字服务创新是通过结合数字和物理的产品组件来实现新颖产品或服务的设计和交付而实现的。这种数字和物理的产品技术是在组织环境中引入的，反过来又影响人们的行为、物质实践，甚至组织身份。因此，数字服务创新特别关注数字系统基础结构的属性和创新，而不只是数字系统过程或特定服务。数字化的服务创新需要持续迭代服务界面、流程以及数据的分析结果，而要实现这种需求的快速响应，数字平台需要用创新的思想和创新的技术架构来建设。在这里，有一个普遍受到认同的新型基础技术架构，就是近两年开始热门的"数字中台"。

数字中台（简称中台）这样的数字基础架构理念形成的逻辑是数字制造品是可编辑的、交互式的、可重新编程的和可分发的。这些属性是通用属性，可容纳数字工件的不同子类别，即基于平台基础架构提供的多类型服务，甚至包括数字内容在内的数字产品。一些研究者将数字平台的创新属性归功于其不断发展的架构，从设备、网络、服务和内容之间紧密耦合的模块化架构到松散耦合组件的分层模块化架构。在这些目标对象之间是平台的可重编程性和自引用性的连续体，这不仅促进了创新，而且提供了完整性，并解决了结构的灵活性。数字平台的完整性与促进创新的结构灵活性之间存在矛盾，所以引入了外界资源（WEB API）来应对这种矛盾。数字平台的这种结构灵活性需要分散且不协调的参与者在此类平台上进行创新。另外，这样的数字平台还需要对大数据处理的特性和创新机制做出应对，即实现数据分析功能。对此，一些研究人员建议将面向服务的决策支持系统设计为实现这种大数据管理和分析的中间系统。实现从"数据即服务"到"信息即服务"再到"分析即服务"，等等。

综上所述，数字基础设施从不同的角度进行了理论化。数字平台作为一种具有分层模块化、结构灵活性和生成能力等特性的基础架构，在各个领域中都要进行全面的讨论，包括考虑大数据及其分析能力。因此，人们提出了数字中台这样的概念来定义这种平台的新架构、组织和能力实现。也就是说，当数字平台的关键作用是将数字技术应用集成到企业内部的管理领域和外部变化的商业环境中去，从而对整个业务（服务）价值链产生价值层面的决定性改变，那么就需要一种全新定位的中间管理层的实现，这就是有关数字中台的思维、设计和实现的需求与实现立足点。

中台的主要价值定位

虽然中台是近期随着数字化转型和数字化创新等概念的兴起而火热起来的一个新概念，但事实上，它在计算机科学领域却是一个老词，只是在新的时期由于新的支撑技术和新的需求，被赋予了新的内涵。

事实上，数字中台就是为了解决前面所说的平台系统完整性和促进创新的灵活性矛盾而提出的，其解决思路是通过对业务、数据和技术的抽象，对服务能力进行重用，构建企业整体级的服务能力，消除企业内部各个业务部门、各级分公司间的壁垒，构建面向创新的灵活数字平台系统。这种架构适应企业，特别是大型企业集团业务多元化的发展战略，具体表现如下：

（1）数字中台是一种企业整体层面级的能力聚合与复用平台，具有全系统共性服务能力，但又能灵活地支持众多细分业务。数字中台系统的数字化功能核心是"功能复用"，构建"大中台，小前台"来满足业务快速扩展的需求。

（2）不同于前台的直接服务用户、后台的基础数据采集和存储，数字中台的主要功能是汇总所有业务数据，协同各个业务单元，提炼业务的共性需求，支撑前、后台业务的快速发展。

（3）数字中台的作用并不只是协调与管道作用，它同样需要处理大量的数据，但这些数据主要是来自用户的行为数据。这里的"用户"是非本数字系统内的所有企业内外用户，包括人类用户与机器用户，甚至就是一个智能数据输入点，等等。这些用户行为数据为利用基于大数据的各种智能算法实现新的服务奠定数据基础。基于中台的数据智能算法分析，Aaas可以快速构建面向用户的创新前台应用，满足各种个性化特征的前台需求，为服务的创新提供更精准的方向和引导。这时需要指出的是，在这一过程中，与以往的数字平台功能不同的是，这些是流程化自动实时实现的。

（4）数字中台虽然也提供服务，但作为服务的提供方，不需要依赖前台业务的持续实现，而是需要不断为新业务提供能力支持。

从数字中台的定义上，我们可以看到这种数字系统的建设思想和架构，与传统的思想是有较大的差别的[1]。如表6-2所示。

表6-2　传统IT思想与数字中台思想的差别

	传统的IT建设方式	用中台思想来建设
特点	大规划、大建设、大发展	强大的服务能力，前端轻量化部署
着重点	注重标准化体系建设，不考虑个性化体验	大平台，轻部署
整合性	用大系统替代分散系统实现整合	总体规划，快速应用，快速迭代
业务经验	重业务支撑，过度强调数据应用的完整和全面	数据标准统一，复用率高
用户入口	用户需要通过不同的入口访问IT系统	用户有更多的入口接触访问数字平台系统

---

[1] 孙杰. 数字化转型：如何做好企业中台的架构设计［EB/OL］. https://developer.51cto.com/art/201909/603564.htm.

数字服务创新

为什么需要切入前台和后台之间的数字中台

数字中台从一般思维理解上，就是相对于前台和后台而言的，从名称上我们就知道它是介于二者之间的。要更深入地了解中台，还得把中台与前台和后台之间的功能分工做一个了解。

（1）后台一般指数字系统的后端平台。这个后端平台并不完全指系统的后台数据存储系统。实际上，后台是一个相对完整的数字系统，一般终端用户并不能感知其存在。后台的功能和价值所在是存储和管理大平台系统（企业或机构联合体）的核心数据（数据+计算），例如CRM客户管理系统、产品系统、物流管理系统等，这类系统构成了企业数字服务平台的后台。硬件基础设施和计算平台作为企业的核心计算资源，也可以看作是后台的一部分。

（2）前台一般指面向用户、直接服务于用户的前端平台。前台是整个数字系统大平台的前端平台，而不是某个系统的前端界面；是直接与终端用户进行交互的应用层，而不是与用户交互的功能栏目；是一个用户独立的触点，即企业的最终用户直接使用或交互的系统，而不只是一些交互的页面。举例来说，我们日常应用的某个具体APP、H5端、PC端以及小程序都属于前台系统。

由于在数字服务大平台系统中，后台并不直接为前台设计开发，因此，二者之间天然地存在差异。虽然后台需要支持前端的变化，但由于前端的变化要求尽可能地快速（甚至是实时），而后台的设立有自己的具体直接目标，其价值主要是存储和管理企业的核心数据，以及提升数据的安全性和稳定性，二者之间必然存在不匹配、不协调的问题。

这种不匹配、不协调的问题可以理解为两个不同转速的齿轮，在前台，由于需要快速响应前端用户的需求，因而要求转速越快越好，讲究的是快速迭代创新；后台则不同，由于其系统往往陈旧复杂，是相对稳定的后端资源，且更多受到法律法规制度的约束和要求，注重稳定至上，转速自然相对较慢。

为了解决这种不匹配、不协调的问题，具备调速、传动作用的中台就由此而生了。中台系统犹如一套调速齿轮系统，带动前台、后台系统飞速转动。如图6-2所示。这一思想和框架，简单地抽象对比时，可以看作是将原有单一系统的三层架构，套用在数字服务大平台系统的架构中，需要调整的是将后台的逻辑层拆出来，形成"前台（主要面向应用）—中台（主要面向逻辑）—后台（主要面向固有数据）"的体系架构[1]。在这一大平台体系架构下，当前台系统需求来临时，中台系统能比较快速地进行响应，积累形成新的后台核心数据资源，从而提升了研发效率，降低了创新成本。

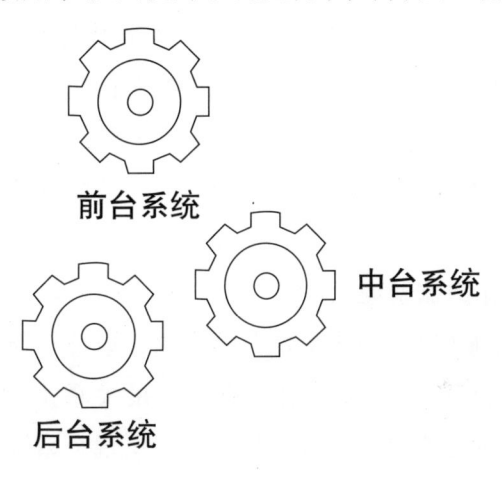

图6-2 中台作用示意图

中台具体的功能体现在管理三个数字化

中台的主要作用是处理用户的行为数据，用专业一点的说法，就是构建智慧情景模型（Smart Contextual Model，SCM），又称上下文关联模型。简单说，在当今这个移动互联网和物联网乃至机器互联的时代，中台是直接对人、事、物的大量的数字化数据进行管理，其内涵如下。

---

[1] 孙杰. 数字化转型：如何做好企业中台的架构设计［EB/OL］. https://developer.51cto.com/art/201909/603564.htm.

1. 对人的行为数字化数据管理

以前主要包括人对事务（业务流）和物（使用）的操作结果。人有多面性，其行为也有多空间性，包括企业空间行为、虚拟空间行为、公共空间行为、私密空间行为等，因此，需要聚焦个体在不同空间的体验和行为，采用不同的数字处理模式。

这里的人不仅指个体人，还包括组织体系。因为人作为企业或组织的成员，其行为与企业或组织的治理、使命和文化理念都是相一致。尤其是管理者需要具备相当强的数字化领导力，即领导力的数字化，从思想、观念、行为，以及技能等各个方面，都要做好准备，完成数字化领导力转型。IDC研究表明，33%的领导层要有技术领导经验，方能适应这种变化[1]。数字化聚焦人在不同空间的行为和结果，建立时间、空间、事务和实物等之间的关系，进而对人的行为进行分析，来改进业务流、产品和业务、应用系统，为企业或组织提供更高的效率和创造更多的价值。

2. 对物的数字化数据管理

包括通过物联网和机器智能实现对物体内在运行行为和外界的感知。并同时根据基础数据建立物与人、与业务等行为的关联关系，以及与时间和空间的关联关系，实现万物互联和软硬件集成，实现全系统的协同，进而得以能进行大数据分析，发现万物的行为关联关系，实现改进政治、经济、社会、教育和医疗卫生等各方面规则，提升经济社会运行效率。

3. 对事的数字化数据管理

包括践行以客户/用户为中心，按需对业务流程进行重构，利用数字化技术，将流程与组织结构解耦，实现从以部门为核心的流程转向基于角色的流程转变。事的数字化数据，既要关注端到端创造的价值，也要关注创造价值的端到端过程，即发生的时间、地点、物、人等之间的关系与交互。

---

[1] 武连峰. 数字化转型的4大价值［EB/OL］. https://36kr.com/p/1724779511809.

数字中台的组成

中台的组成分类方式很多，有的分为业务中台、组织中台、研发技术中台、数据中台、移动与算法中台等[1]。由于中台的目标是管理三个数字化，因此，可以将中台根据目标的不同，分为"业务中台""数据中台"和"技术中台"。当然，就像并不是每个数字平台都要处理三方面的内容一样，并不每个数字中台都具备全部的这三个构成。

在业务中台、数据中台和技术中台中，业务中台是平台关注的最重要内容，需要从整体战略、业务支撑、连接消费者和业务创新等方面进行统筹规划。以阿里巴巴的业务中台为例，可以看到数字中台是如何支撑业务和为业务服务的。如图6-3所示。[2]

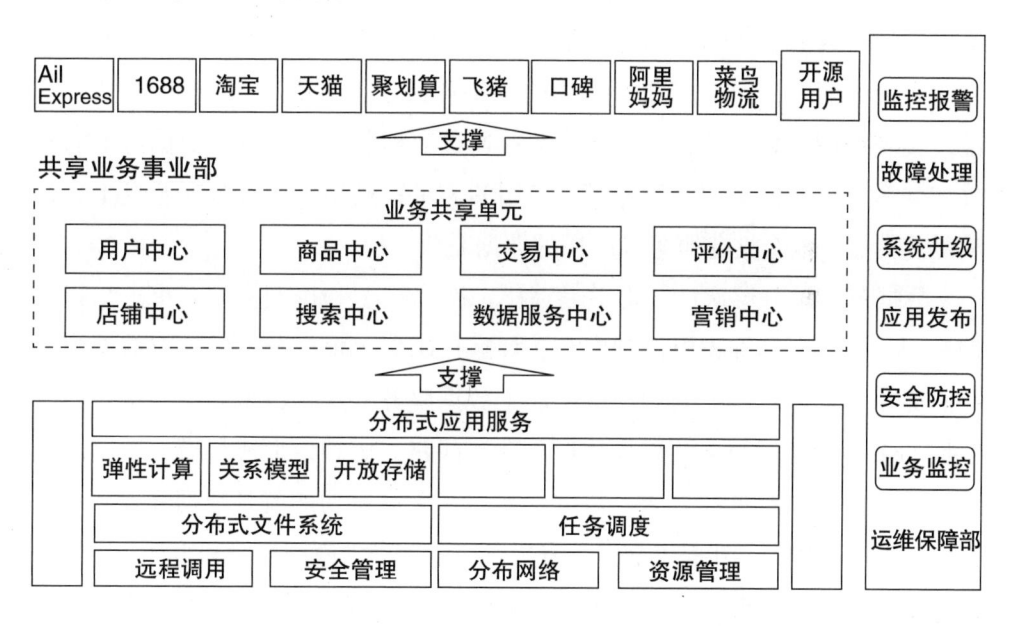

图6-3　阿里巴巴数字中台示意图

业务中台的建设核心就是将业务与业务逻辑进行隔离，通过制订标准和

---

[1] 为什么最近的"中台"概念特别火［EB/OL］. https://www.sohu.com/a/330767653_120056153.
[2] 详解阿里业务中台化［EB/OL］. http://www.duibiao.org/2020/news_0204/2156.html.

规范，清楚地描述自己有哪些服务、数据和功能。用计算机思维就是，我能提供哪些接口，从而减少沟通成本，提升协作效率，并通过这种接口，将业务中台的能力与所有的业务实现核心能力共享，从而让任何一条业务线都具备全平台的核心能力。

三个中台中的数据中台，是数字服务创新的主要着重点。由于数据是从业务系统产生的，而业务系统也需要数据分析的结果。数据中台就是把这种业务系统的数据形成的存管用能力进行剥离，自成系统，对外形成接口。这样不仅可以简化业务系统本身的复杂性，还可以让各个系统采用更先进适用的数据管理技术。业务部分则专注于部门业务，而专用的数据存管处理平台就是数据中台。

为此，人们提出了"数据模型、数据服务与数据开发"的三层数据中台结构模型。数据中台结构的分层是实现数据的分层，并在水平（多业务线）方向实现解耦，从而形成独立的共享的数据能力。通过三层结构中的数据建模，实现跨域的数据整合和知识沉淀；通过数据服务，实现对数据价值的开放与共享，以便快速、灵活地满足应用的需求；最后，通过数据开发工具，满足前台业务线个性化服务和应用的数据需要。

数据模型是分层次的，即关系建模、融合模型和挖掘模型。重点是将挖掘模型作为资源和知识沉淀到中台，如客户画像、偏好分析等。对数据模型按照应用要求进行服务封装，就构成了数据服务。这是整个模型的重点。大数据如果不能提供服务，就无法形成数据回路，更难以形成规模，也就无法满足内外大数据服务的要求。数据中台另一个重要功能就是数据开发，从提供标签库（DMP），到提供数据开发平台，以至提供应用环境和组件，层层递进，满足不同层次的要求。图6-4即为某电信运营商的数据中台。[1]

---

[1] 孙杰. 数字化转型：如何做好企业中台的架构设计［EB/OL］. https://developer.51cto.com/art/201909/603564.htm.

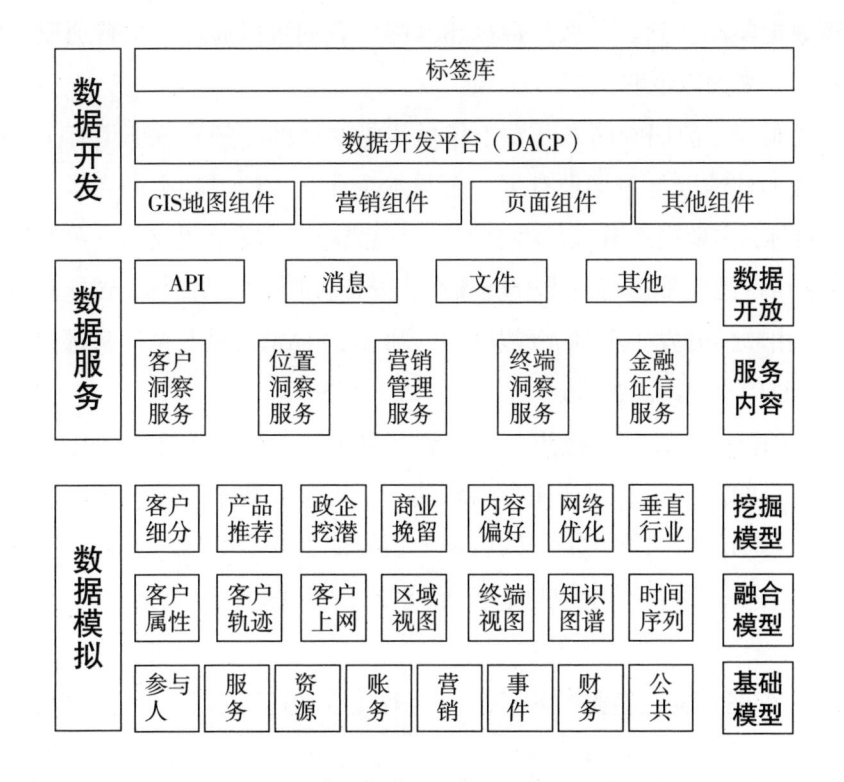

数据开发	标签库				
	数据开发平台（DACP）				
	GIS地图组件	营销组件	页面组件	其他组件	

数据服务	API	消息	文件	其他	数据开放
	客户洞察服务	位置洞察服务	营销管理服务	终端洞察服务	金融征信服务	服务内容

数据模拟	客户细分	产品推荐	政企挖潜	商业挽留	内容偏好	网络优化	垂直行业	挖掘模型
	客户属性	客户轨迹	客户上网	区域视图	终端视图	知识图谱	时间序列	融合模型
	参与人	服务	资源	账务	营销	事件	财务	公共	基础模型

图6-4 数据中台示意图

三个中台中，技术中台即将各种技术中间件整合封装，提供简单一致、便于使用的API接口，对业务提供统一的技术支持和输出。如：微服务开发框架、Devops平台、PaaS平台、容器云等。

从技术角度看，建设中台，就是为整个大平台搭建一个能够快速灵活应对前端变化需求的架构，避免不同的业务之间进行重复的功能建设，这也是"敏捷开发"思想的实践。虽然中台是从多个相似的前台业务应用共享的需求中产生的，最受人们重视的是业务中台，但事实上，从创新角度而言，数据中台、技术中台更富有进步空间。

中台的核心功能是实现数据驱动

数字中台有业务中台、数据中台和技术中台三种，数字中台的核心功能是实现数据驱动。到底什么是数据驱动呢？我们可以通过一个普通服务网站的开发例子来加以说明。

一般而言，前期的网站开发工作模式是这样的：领导者那里有了一个新设想，更多的情况是市场上有了一个与本企业有关的成功案例，经过决策形成产品目标；主要由运营人员将决策目标形成业务需求，提交给产品管理部门或团队；由产品经理进行需求分析和产品设计，形成产品需标，转交给技术开发部门；由软件开发工程师完成功能开发，经产品部门验收由运营部门发布上线，推广给用户使用。如图6-5所示。[1]

在这种模式下，一个设想从提出到开发上线，通常需要全体相关人员数周乃至数月的工作。期间往往会出现的一个现象：技术开发人员加班加点开发了一个特别的新功能，上线以后这个功能却少有后续推广运营，也没有进一步迭代增强，这个新功能就成为产品里的一个鸡肋，直至无人问津。

点子、想法 → 运营团队 —业务需求→ 产品团队 —产品需求→ 技术团队 —功能发布→ 用户

图6-5　传统的网站开发流程图

这种做法不是个案，而是普遍现象。有调研报告指出，大多数互联网企业，至少80%的产品功能没有达到最初设想的状态，甚至有相当一部分功能完全没有起任何作用。管理学者们只能把这种现象按照所谓的"二八定律"来解释了。事实上，从技术管理者的角度来看，造成这个现象的一个原因是整个工作流程缺乏反馈，运营总想提出需求，产品不断做设计，工程师们忙着编制代码，但每个环节对自己做的工作对企业的业务和收益有多大价值并不关心。当然，这种不关心更多是系统安排所致。除非有位头脑清醒且深晓其道的管理者不断干预，各个环节基本到位，否则企业就会进入"空转"的真正困境。

要解决这种"空转"，最好的办法就是引入业务数据监管，一切让数据

---

[1] 李智慧. 数据驱动——互联网公司的组织管理之道［EB/OL］. https://zhuanlan.zhihu.com/p/36083157.

说话。也就是说，运营提出一个新需求时，就需要对可能的成本和收益进行精确的预估。新功能模块可新增多少点击、提高多少流量、强化多少转化、预期收益多少等，都要基于数据进行评估，这就是"数据驱动的网站产品研发流程"。如图6-6所示。[1]

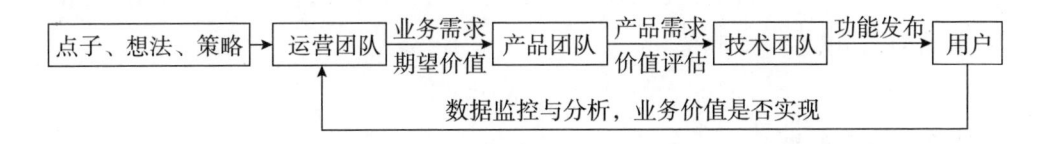

点子、想法、策略 → 运营团队 →(业务需求 期望价值)→ 产品团队 →(产品需求 价值评估)→ 技术团队 →(功能发布)→ 用户
←——数据监控与分析，业务价值是否实现——

图6-6 数据驱动的网站产品研发流程图

通过业务数据的反馈和分析，使企业内部管理形成闭环，将用户数据变成企业运营的变量输入，所有的工作目标和团队协作都围绕用户数据展开。管理者只需要对数据提出合理的目标和期望，就可以驱动团队有效运作，这当然就成了一种理想的体现企业商业价值的管理机制了。

为什么这种管理能够达到以前不可及的高度呢？这是因为数据在内部是公开的，所有人都能看到，就使得最初提出者——运营人员，必须在上线后持续跟进，按需求分析，对于新形成的功能和投入要尽力保证实现预期指标，而不是"拍脑袋""找借口"，滥用企业宝贵的资源。

以数据驱动企业业务发展，不断反馈以改进企业内部管理，使企业的运营状况通过数据不断反馈给每个人，每个人都将因反馈的数据而方便地评估自己的绩效，从而最大限度地发挥个人的积极性与整体的协同能力。

事实上，企业发展到一定规模的时候，产品的功能越来越复杂，参与的人员越来越多，最后一切责任都落到团队的管理。如果不是数据驱动，没有量化的数据，不足以凝聚团队达成目标，那么规模越大，负担就越大。基于数据驱动，用数据说话，用数据打动领导者，这个部门就有可能成为整个企业和平台的驱动核心，在企业拥有更多话语权，为企业创造更多的价值。

---

[1] 李智慧. 数据驱动——互联网公司的组织管理之道［EB/OL］. https://zhuanlan.zhihu.com/p/36083157.

第三节　制造品API——数字服务创新中的界面维度创新

界面维度的创新，是传统服务创新的主要切入点，同样是数字服务创新的重点内容。在数字服务条件下，这种界面的定义还出现了泛化的趋势。服务界面随着产品服务的深化，还表现了更多的实物性内容，近期开始风行的制造品API，堪称一个典范。

API经济新风潮

应用编程接口（Application Programming Interface，APL）最初指软件系统内部不同组成的模块之间衔接的约定标准。[1] 发展至今，API已不仅限于在软件开发中的模块间使用，而成为全面对应用进行封装、对外提供开放访问接口、方便被其他应用或者客户端访问的一种新型服务。并且，随着数字化技术的持续发展，出现了利用互联网Web API的技术，将企业服务能力或竞争力作为一种服务，面向企业用户提供商业交换的经济模式，即API服务。API经济则指基于API技术所产生的所有经济活动的总和，包括各种API业务，以及通过API进行的业务交易。

API经济虽然由互联网技术与经济模式结合产生，但也可以成为传统制造业走向"互联网+"的"连接器"[2]，是数字服务创新中服务提供者与使用者之间的界面，可以看作数字服务创新的一种典型的界面创新。制造业API经济，主要通过采用物联网等技术手段，让产品和资产的身份及状态信息能够被持续跟踪获取，从而让物理存在的资产实现数字化，使得制造业企业的资产和业务能力也可以用API方式释放出来，以数字化方式搜索发现、管理和控制，并进一步形成可以价值交换的流动市场。这一系列的创新打造了一种全新的制造业API经济模式。

---

[1] 魏新宇. API经济与实现之路［EB/OL］. https://developer.ibm.com/zh/articles/j-api-economy-and-its-implementation/.

[2] 井明灿，万凤. API经济是制造业+互联网的连接器［J］. 中国工业评论，2016（10）.

一个API，一个新生态

在全新的制造业API服务经济模式中，API并非指单一的某应用软件的接口，而是立足应用开发基础，构建的硬件与软件结合的平台。具备API的特性，能够形成系统性的多应用开发和发行，以更好的开发和业务创新来提升用户的价值与体验。

譬如，国内某家新势力的汽车制造公司，制造的新能源汽车不仅全电动，还可以通过API提供对外服务通道，以此整合多家B2C平台服务，在业务上覆盖了车联网、车主全生命周期的手机APP，以及微信和自助服务的门户网站等。通过这样的API服务接口，整合了许多跨界的合作伙伴，打造了新的完整的API生态系统。一方面大幅降低了服务的运营成本，另一方面，为用户提供了更多的更高质量的增值服务。

由此，我们可以看到，API经济总体有三个特点，即开放平台、跨界资源整合，以及产品和服务价值体系的重塑[1]。也就是说，API经济意味着制造业企业需要把内部的制造工厂、产品等物理资产都数字化，把企业拥有的数据、服务和业务能力以API的开放接口的形式，面向生态系统各参与方开放使用，从而实现各方不同业务能力的互联互通，构建一个新的参与方共生共赢的价值网络体系。

通常情况下，这样的API经济的基本形式，还是要依托一个数字化系统或一个云计算环境下构建的API管理平台，形成一个由企业或组织、开发者、用户、合作伙伴共同组建的API生态圈。在这个生态圈里，新的价值网络将以用户的需求为中心来重新组织各类资源，用户需求是生产过程的核心。在这个核心的基础上，组织众多的服务商、供应商、经销商、产品或服务企业、售后服务机构、金融机构等，尽可能多的相关角色参与，形成平台式的价值互联网络。

---

[1] API经济为什么会兴起？是否真的存在AIP领域独角兽［EB/OL］. https://zhuanlan.zhihu.com/p/39860564.

产品API经济与物联混合云架构发展紧密相关

当前制造业企业打造和建设API方式的能力接口，正在打开"传统制造业+互联网"的发展的新出口。这种API服务云通常使用的是一种新型混合云架构，即"公有云+私有云"结合模式，公有云更多在服务接口，私有云在服务过程。这种模式被认为是一种具有特殊价值的系统架构。[1]

然而，对于企业用户来说，混合云的核心价值还是在于应用。因此，任何一个在推进混合云平台的供应商想要赢得更多的企业级用户，必须解决如何帮助企业安全且快速地构建各种应用，并实现灵活的部署的问题。当制造业企业把API作为企业连接互联网的数字化的接口方式，以API为核心做生态集成，它的产品和能力就可以接触更广大的群体及消费者，这就是API经济带来的颠覆性影响力。这种经济的基础系统架构就是"公有云+私有云"混合模式。

总结而言，API 经济的本质，是企业将自己的资源和能力通过API 暴露出去、被其他公司或者最终用户调用，然后根据一定方式计费，从而企业实现创收的一种服务模式。这种模式中，服务的界面不再只是代码接口或者是"桌面窗口"，企业的各种资产、数据、服务、能力都可以开放为API。正是基于数字化的服务界面的创新，使得原来不能作为服务的东西，如资源、能力等，都能够成为新的服务要素，而由此，越来越多的基于制造品的新型数字服务，也将不断涌现。

第四节　RPA——数字服务流程创新的亮点

机器人可谓是20世纪最伟大的技术发明之一，已经成为世界各国争相发展的高新技术。"无人工厂"的机器人代替工人从事繁重、危险的生产工作正逐渐在业内推广。即便如此，据有关研究表明，截至2018年，世界各地工

---

[1] 逐梦云计算：公有云与私有云行业分析［EB/OL］．http://www.woshipm.com/evaluating/4265960.html.

厂中的机器人拥有量也才勉强达到200万台。另一方面，近几年服务实体机器人大量进入一些服务场景，如餐厅、酒店，以及政务服务大厅。这些服务机器人还在不断演变发展之中，但其当前的表现使人们更多将之视为一种营销噱头。总而言之，拥有够用的实体机器人还得等待技术的深化发展，与此相对的是，一些非实体的机器人不断发展，正在成为现实的选项。

数字员工——RPA软件机器人

与看得见、摸得着的实体机器人相对应的是软件机器人。这里有一个关于机器人的定义问题。实际上，在数字服务经济时代，我们可以将任何一种拥有感知、分析、决策、执行能力的非生物智能体称为机器人。软件机器人是一种软件系统，可以理解为是在办公室的电脑里工作的机器人，现在也有很多企业将之称为"数字员工"[1]。RPA就是其中最耀眼的一种软件机器人。

RPA的英文全称是Robotic Process Automation，中文译为"流程自动化（软件）机器人"。RPA技术希望解决的主要问题是办公效率。近40年来，工业机器人在装配线上生产汽车，制造其他产品，使工厂的自动化程度提高了近七成。而同一时段的办公室自动化程度却只提高了不足一成。为了提高办公效率，企业引入了多种功能各异的办公应用系统。包括OA（协同管理软件）、ERP（企业资源计划系统）到CRM（客户管理系统），但结果都不理想。其中一个重要的原因是涉及办公的这些软件系统的核心操作仍然依赖于人工。这些程序和系统本身是无法自动运行，很多办公人员每天基本上淹没在大量的信息录入、数据合并、统计汇总以及流程确认与审批之中。

RPA的主要功能就是模仿企业员工完成一系列电脑操作，实现针对重复性工作的自动化以及高度智能处理的自动化。目前，RPA技术已经足够成熟，如果说实体机器人离我们还有段距离，RPA机器人则就在我们眼前。

---

[1] 机器人离我们很远？UiBot Store让人人都能用上机器人［EB/OL］. https://new.qq.com/omn/20191228/20191228A0DLTG00.html.

RPA技术发展路线

大家比较熟悉的RPA就是所谓"互联网爬虫",这是所有的搜索引擎都必须有的一个软件。这个软件的设计思路并不复杂,就是通过软件虚拟一台实际操作机器(不是必须),让原本人工操作的软件在其中运行,RPA软件获得这台虚拟机器的输入输出控制权(INPUT、OUTPUT),然后根据程序设计的处理规则,模拟并增强工作人员与虚拟机中软件运行时的交互过程,实现工作流程的自动化。

当然,这里的描述只是基本模式的RPA,复杂些的RPA不仅可以模拟人类,而且可以利用和融合现有各项技术,实现流程自动化的目标,如规则引擎、光学字符识别、语音识别、机器学习及人工智能等前沿技术。作者拥有的一项专利技术就是模拟常用的浏览器打开一个网址,待网页渲染完成后将整个屏幕截取下来作为页面的缩略图进行保存和检索,使用户可以在搜索引擎中直接看到网页的显示效果,这样就降低了人们打开那些"挂羊头卖狗肉"网站的概率了。

粗略来讲,RPA技术被认已经历过三代发展[1],进入了第四代发展期。

第一代的RPA 1.0(Assisted RPA,辅助性RPA),主要用于桌面自动化软件操作,用以提高工作效率,主要部署在员工的PC机上。

第二代的RPA 2.0(Unassisted RPA,非辅助性RPA),开始进入流程自动化领域,实现了自动化和成规模的虚拟劳动力,具有工作协调、机器人管理、机器人性能分析等功能。这些软件机器人的设计思路看似简单,但实际上开发难度并不小,不过其应用效果不错,可以应用于财务、税务、人事、保险、金融服务等众多领域。

第三代的RPA 3.0(Autonomous RPA,自主性RPA),一切又有了新的发展。最重要的一条是实现了云服务化,即在RPA2.0的基础上引入弹性伸缩、动态负载均衡、情景感知、高级分析和工作流等云化功能,部署在云服务器

---

[1] 机器人流程自动化(RPA)的全球市场预测2022[EB/OL]. http://kuaibao.qq.com/s/20180224G0SSKU00?refer=spider.

上，以Web Service服务的方式提供使用。这样，RPA能够进入企业的更完整的流程再造。

最新第四代的RPA 4.0，更侧重于使用人工智能AI和机器学习等技术，实现处理非结构化数据、预测规范分析、自动任务接受处理等功能。这一阶段是当前数字服务创新的重点内容。

RPA在数字服务创新中的应用场景与优势

RPA技术应用已经日趋成熟，其中应用最多的第二代RPA基本可以让企业员工实现通过配置计算器软件或"机器人"来捕获现有应用程序处理交易、操纵数据、驱动反应和实现互动，并与其他信息系统进行通信。

事实上，任何采用大规模人力执行的大量重复性工作，现在都可以由RPA软件机器人代劳。只要满足"大量重复，规则明确"这两个基本原则，RPA就可以应用于任何行业。也就是说，RPA的应用场景有两大特点：一是工作是大量重复的，唯有此，方有使用RPA的必要，二是工作的规则是明确可编程的，也唯有此，才能使RPA这种小规模程序有实现可能。

我们将RPA技术作为数字服务创新中流程创新的重要形式和技术支持，主要是利用其用于四个基本领域：一是进行即时情景记忆，即用于理解客户在沟通过程中想要表达的内容与诉求，以提供实时地回答；二是使用自然语言进行应答，即使用自然的语言与用户进行交流，而不是程序代码或者是功能选项；三是智能的流程操作，即根据用户的要求，自动地操作或执行流程，满足用户所需；四是用于用户情绪识别，通过感知用户情绪的变化，使用不同的应对方式，提升用户体验。

RPA相对于人工进行大量重复操作，有着非常明显的优势，主要体现在五个方面：一是总体效率高，一个RPA机器人的工作量可相当于2~5个正式员工；二是成本低，RPA的成本通常比人工便宜约50%；三是反馈速度快且没有情绪，RPA机器人能7×24小时且全年无休工作；四是安全较好，减少人为影响，RPA机器人不像人一样保存密码，因此密码泄露的风险较小；五是可以快速部署，对企业现有系统影响小。

虽然RPA在相对简单、明确重复的程序性工作上有较多优势，但也存在使用体验下降等问题。RPA的主要价值还是在于与人类员工相结合、释放人类员工的创造性方面，可将人类员工解放出来，用于更多需要情感、智慧和同理心的环节，同时激发人类员工自身的潜能。因此，RPA作为数字服务创新中流程创新的重要内容，具有特殊的价值。

随着RPA技术的流行，许多生产性服务的流程效率问题得到解决。以RPA机器人为代表的新一代软件机器人，就像工业生产车间的机械手臂，正在引领着新一轮企业办公方式的变革，同时也引领着新的生产性服务业企业服务流程的变革。

第五节　订阅——互联网数字服务模式的新变革

服务经济中，服务模式的变革是主要的创新方式。数字服务经济时代，数字化对服务模式的变革就更多了一层内容。基于数字化的服务模式乃至商业模式的创新，构成了数字服务创新的最多形式。在互联网数字内容服务中，订阅服务模式的创新，堪称经典的数字服务模式变革。

互联网服务模式的未来——订阅经济学

著名数字原生企业腾讯曾经主要的营收来源是QQ秀，相关数据显示其中5%的道具贡献了60%的营收，其他95%的道具只贡献了不到40%收入。这是传统管理中一种再正常不过的现象，但腾讯对此做出了应变，实行了一些重要的变革。腾讯将包月制的QQ会员作为用户付费的入口，然后不再单独销售包括QQ秀在内的大多数虚拟商品，统一归为QQ会员的独有权益，只要身处会员期，就能无限次享受所有增值道具。

事实证明，这一次的变革是成功的。它不只是体现在行为数据上——QQ会员的规模超过5000万，更在于从运营商品到运营用户的导向转变，让腾讯得以突破传统的"二八定律"观念桎梏，开拓了自己的互联网思维，探索了新型的数字内容服务模式。

把旗下众多服务打包装在一起，继而赋予一个远低于用户预期的价格，这种看似吃亏的做法背后其实意在激活用户的沉没成本，用户的确占了便宜。但爱奇艺、Spotify、Tinder却都是这场产品形态转变的受益者。

包括苹果公司，也将数字音乐的供应产品从iTunes变成了Apple Music，它不再鼓励按图索骥的购买歌曲，而是用户可买断听歌服务，以使用而非拥有的方式享受整个曲库的资源。订阅已经成为最有互联网特色的数字内容服务创新。

订阅模式不仅将主动权推送给用户，更重要的是，订阅模式具有化零为整的效果，用户在获得"通票"之后，将会更加自由且无负担地消费内容，而不必畏首畏尾考虑支出。

新的案例——来自移动音频行业的重量级玩家蜻蜓FM

订阅模式的创新，在数字内容服务业内得到持续的拓展。继2019年4月上线会员业务以来，蜻蜓FM又把9月1日起的3天设为"91倾听日"，力图在音频行业创造一个"双十一"式的消费节日，所有会员份额的销售均以买一赠一的形式让利，开通即可免费畅听上万本有声书以及部分付费专栏。这也相当于内容付费行业的一场供给侧改革，从喜马拉雅FM同类促销的"知识狂欢节"到知乎整合站内资源的"超级会员"，无不预示着新的季候变化即将来临。[1]

内容付费行业经过两年左右发展，供应端的温度已经超过需求端，尽管头部IP仍然具有极强的市场号召力，但从腰部往下已经渐有力不从心的趋势，不少负面评价以"买了很多道理，却依旧过不好一生"为由质疑它们的"收割吃相"。

如果从零售业的发展来看，从卖场制到会员制的升级其实象征着精细化运营的实现，并不是说前者必然会完全被后者取代和覆盖，任何服务都可以存在多元化的实验和前景，不同的策略可以收获不同的回报。

---

[1] 欢迎来到订阅时代：越来越多的互联网公司都开始采用订阅模式［EB/OL］. https://industry.zbj.com/detail/3487.

换句话说，当所谓"互联网的下半场"聚焦于时间资源的争夺，那么卸掉用户在消费时长方面的心理压力——听得越多，就要买得越多——就定然会有助于提高整体黏性，而蜻蜓FM的竞争优势，则装上了一台新的引擎。

美国最大的内容发行平台Medium取消了传统的媒体商业模式——以流量换广告，转而开通付费订阅的项目，用户在支付每月5美元的会员费后，就能畅读平台上的所有内容。

来自用户的付费亦非平摊给所有创作者，而是按照用户的点赞比例进行分成，在Medium的创始人Evan Williams看来，这种设计可以最大化的消耗库存，但又不至于引导内容供应方出于销售而沦为标题党的俘虏。

对于订阅模式的创新价值，美国分析师Ben Thompson曾这么说："如果没有订阅，企业必须每次都要赢得顾客的青睐。当有订阅时，即使可以随时取消订阅，默认选项也都是持续订阅。这是一个从人类惯性倾向中获益的定价方法的例子。生产者受益类型的公司喜欢自动续订正是因为惯性，并且经常会因为同意这种安排而给客户带来实质性的好处。流失的减少足以抵消说服客户接受自动续订的成本，更重要的是，内容商品的打包几乎没有边际成本。"这一分析可谓切中要害，充分地将订阅模式的创新点明确地阐述出来，也体现了数字服务创新中服务模式维度的创造经常可以快速入手的逻辑，具有相当的引导价值。同样，这一分析不仅适用于模式维度的数字服务创新，还可以适用于其他所有维度的数字服务创新，因为这其中包含了数字服务创新最需要面对的核心问题解决，那就是创新的价值分析与判断。让我们在下一章里，对此进行讨论。

第七章

全程增值——数字服务创新的价值来源

价值的增加，是持续创新的根本。

数字服务经济的本质就是通过数字化知识和技术对现有生产力实施变革，获得新的增长点，获取并强化竞争优势。在数字服务创新中，人们所从事的更多的是基于数据资源的挖掘与利用，充分利用物理产品和数字产品的融合，开展对智能化的、可持续实现的数字服务的设计。数字化创新的组合效应已使服务的设计和使用产生了新的价值创造形式，从而引发了向无形产品和服务实行创新的转变。

全链条效率提升是数字化创新的主要增值来源。深入了解数字服务创新的价值增长过程，无疑是把握数字服务创新的关键。通过对数字服务创新的价值增长过程进行分析，可以在全链条效率提升过程中，有重点地削减那些无法产生价值的应用程序/系统/流程，因为这些东西经常会野蛮生长。毕竟，一个企业并不需要大量的客户互动应用程序/系统/流程。

对于所有的数字服务创新决策者而言，有一句话说得好：如果SaaS服务不产生价值，那么应该关停它们。如果新的数字化服务不产生价值或增值，那么不管多么漂亮的创新，请停止他们！

第一节 不变的创新原则

创新与科学研究探索最大的不同之处，也许就是创新是由明确的目标性原则限定的。不变的商业原则，或者说是企业存在和创新的原则，至少包括三点：一是所有的企业都是为社会提供有价值的产品和服务的，并通过提供产品和服务产生的价值来盈利；二是所有的企业在发展中首先要解决生存的难点，没有生存就没有发展，商业的本质，首先是为了生存，而不是漂亮的概念；三是可持续发展和核心竞争力打造，能够可持续发展就能生存，可持续能力就是发展，核心竞争力就是团队如何在具体行业里做得更深入。[1]

其中，最核心的是第一条：为社会提供有价值的产品和服务。创新，其最基本的目的就是增加价值。"企业要做的，一定要和提高劳动生产率、市场占有率、利用率紧紧地结合起来。"无论是数字化、数字化转型还是数字化创新，站在今天发展的路上，按照目标的要求，找到前进的方向是非常重要的。

对于企业来说，数字化创新不仅是市场营销与数字技术部门之间的权力转移，也不只是关乎业务部门和职能部门的现代化，而是为了重构企业整体的产品和服务，是为了企业更好的现代化和生存。

开展数字服务创新，首先要找到问题的突破点，也就是要找到在所处的数字化时代企业面临的与以往不同的最重要的问题。数字服务经济的特点，就是要解决传统服务的多种特性问题：原子性、不可传递性、不可存储性等。归根到底，就是对时空边界压缩和主体限制的解除。

数字化时代和工业时代乃至以前任何时代最根本的区别就在于对时间的理解。农业时代，时间是以年为计量尺度的。农业时代的生产以主粮的种植为核心，大多数地方一年只能种一茬主粮，生产和管理都按这种节奏进行，都是自然的状态。工业时代，人们的生产和生活节奏大幅加速，提出了"时间就是金钱"的口号。要用最少的时间使产出最多，规模最大，时间就是效率，效率就是金钱。规模总量、每季度每月的产出，是工业时代竞争力的核心。20世纪70年代开始，人类进入信息社会，时间的尺度再一次被压缩，人们不仅谈规模，更谈产品和服务的附加值。

当今的数字化时代，时间和空间都出现了再一次压缩。[2] 百年大品牌企业在这个时代越来越少，世界500强企业越来越年轻。手机的设计最初是按使用15年的要求来进行的，但现在很少有人还用5年前的产品。甚至互联网之初流行的"风口期""红利期"概念也都淡化了。

---

[1] 杨学山. 数字经济不是数字的经济，是融合的经济［EB/OL］. https://dw.pcl.ac.cn/blog/detail/218.
[2] 陈春花. 数字化与新产业时代［J］. 企业管理，2019（10）.

唯有创新，按数字化时代的时空理念要求开展的创新，始终是这个时空不断被压缩的时代，所有行业、所有企业都要面对的现实要求。唯有对自己进行深化的数字化变革，重新思考和理解所处的产业和行业、产品地位，对之进行彻底的改变，以适应"时间维度变短"这一事实，才是生存之道。而这，换一个角度来思考，也是数字化创新的价值之根源所在。

数字化时代变化的，不只是时间，还有空间，以及影响时空变化的加速度。数字化通过数字技术将所有的业务和流程、内部的组织和外部的资源、生产厂与销售商、企业的员工和产品的用户、设计生产和使用统统连接在一起，保持竞争优势的时间变得更短了。近些年许多跨国公司的兴衰，使我们清晰地看到：即使是曾经非常强大的企业，如果不能围绕数字化这个时代主题做出相应的改变，就有被淘汰的可能，而这种可能有时会非常快地出现在我们眼前。

数字化时代与以往的时代有一个不完全一样的地方，那就是，不是企业有没有竞争优势的问题，而是保持竞争优势的条件和成本越来越高，企业本身难以承载的现实问题。[1] 这不仅表现在技术因素较重的领域，而是在几乎所有的产业领域都是一样。

第二节 数字服务创新为企业带来的价值增值

数字服务创新给企业业务带来的价值

数字服务创新给企业带来的价值不完全是产品或服务直接收益的增加，其增值是整体性的，其中最基础的增值主要体现在以下三个方面。

1. 产品和服务的重构

毋庸讳言，数字化创新对企业的产品和服务具有最直接的提升效应，即很多中低端产品被赋能智能化后，就会变得更高大上，更多的用户愿意以更

---

[1] 陈春花. 解读数字化战略与新产业时代［EB/OL］. http://i4.cechina.cn/19/1015/09/20191015093349.htm.

高的价格买单。[1]今后会有越来越多的产品和服务变得智能化。

2. 以用户为中心，重构用户体验

虽然所有企业、所有行业都在强调以用户为中心，但由于实际上一人千面、千人千面，传统服务创新难以实现真正的个性化服务。数字服务创新的核心，就是通过数字化为用户提供定制化的针对性服务，实现对用户体验的重构。

另外，利用数字化创新，可以减少部署新的业务支持和服务所需的时间，并将新产品和服务以更快速、更可靠的方式推向市场。有研究认为，由于数字平台的存在，新服务的上市时间平均缩短了41%，在一些情况下甚至能缩短80%。时间缩短的同时，还能获得更高的客户认可率，进而促进收入增长。数字化创新对业务规模的拓展有很多好处，还有利于开设新分支机构，这对缩短企业扩张时间至关重要。平均而言，企业新分支机构投入运营的时间缩短了约52%[2]。

3. 通过重构业务流程，提升企业整体的效率，降低了时间成本

当前中国的企业在业务流程效率提升方面，有非常大的空间。网络改进有助于提高利润，因此对于是否由网络升级而增设大量的分支机构，就像是涓滴效应。有分析报告认为，统一通信（语音、视频）和协作应用的性能提高了34%；基于云的SaaS业务应用的性能提升了37%；移动应用的性能提升了21%；物联网应用的性能提升了10%；业务交易的执行速度提升了23%，等等。[3]

系统化是基于数字技术的价值创造的前提

数字化创新为企业带来的宏观价值是毋庸置疑的，但是这些创新价值是

---

[1] 罗伯特·G. 多克特斯. 利润最大化战略精明的定价与品牌塑造[M]. 江林, 孟文强, 译. 北京：中国劳动社会保障出版社, 2005, 1.
[2] Vibhu Mitta. 关于企业生存的可怕真相[J]. 哈佛商业评论. 中文版2016（12）.
[3] 为什么企业应该部署全数字化就绪型网络[EB/OL]. https://www.cisco.com/c/dam/global/zh_cn/solutions/enterprise-networks/digital-network-architecture/pdfs/en_idcbusinessvalueofdnasolutionswhitepaper_whitepaper_sc.pdf.

如何在微观具体过程中得以体现的呢？简单讲，就是通过数字平台的效能来实现。也就是说，企业的外部和内部基于数字技术的价值创造建立在其对系统化的历史投资的基础上，并且有赖于其连接并编程到其当前的数字平台之中。这就是经常说的数字化资源积累与迭代。

对此，我们可以通过一个在线装修服务平台的实例来加以说明。

21世纪初，某装修公司就创建了一个内部的装修设计系统，这种标准化的系统使内部在设计时，能够方便地计算需要多少材料及每个订单所需的时间。标准化的模块设计对各种产品都进行了建模，形成了数据库。但这些数据都是用关系数据库的形式保存在公司的小型机里，每次设计师完成设计图后，还需要查这个库，来计算每个方案的价格和总体费用以及用时。

起初公司启动了数字化工程，使用了新设计的界面和框架，对访问数据库进行了WEB服务化的开发和编程，并用作内部网络门户。这些开发，包含了所有以前的系统的访问数据库。另外，这次开发还为开发人员创建了将每个文档相互连接以生成自动化功能的代码，解释了将文档中的人工手写数据系统化以及有关数据内部知识的前提。这些文档不是通过挑选和读取每个单独文档中的数据来管理工作，而是通过编码"合并"，从而形成了自动功能，这些功能如今已成为价值创造的主要功能点。

具体来说，这套系统和后期的深化数字化工作使得公司提供的数字服务实现了自助式选配装修服务，该系统可以同时实现基于内部和外部数字技术的价值创造。

当这个数字平台在内部完全成熟后，公司将这一平台进行了WEB化改造，使普通客户通过互联网就可以进行自助式装修设计，并快速计算出各材料的费用甚至工时。这个平台通过数字化计算建筑材料和管理客户订单中涉及的手工工作，并基于内部计算方法，可获得价格清单和物料清单数据。这一新的开发为客户提供了原来用于内部设计的计算系统，并采用了可视化呈现，具有很高的信息透明度和新颖性。

新的平台还采用了3D可视化设计，通过互联网进入平台的客户无须任何专用软件或特殊程序，就可以设计和配置自己的装修方案。客户不再需要在网站上浏览传统图片，而可以在不同视图中的建筑物图片之间滑动，还可以从头开始设计自己的建筑物,并在3D模式下查看外观,产生自我定制效果。与客户需求和预算相关的客户定制能力以及3D可视化在客户群体中产生了很大的影响。因为,这意味着不是销售代表推动客户去购买任何东西,而是客户自己有权选择、设计以及构建其希望的房屋装修。

数字平台的工作流程逻辑及其功能有助于提高客户满意度,3D可视化可以清楚地了解和指示建筑物的外观。客户实际上可以"走进"(放大)建筑物,以查看他们的产品选择如何体现。这种表现为顾客带来了视觉反馈,是一种自我保证。当客户在自定义过程中感到自信心时,对建筑物的兴趣就会增强,客户会感觉到他们在配置"他们自己的建筑物",而不是其他人的。此外,基于HTML的简单导航增强了服务的可用性,从而使客户可以轻松地了解其工作方式。例如,客户可以在社交媒体渠道共享其3D链接。

基于内部数字技术的价值创造动态

通过互联网,该在线装修平台的客户可享有所有原来内部数字平台才具有使用权。对企业方面,这一平台还以系统化为前提,根据公司的需求和工作流程进行了优化定制。平台的设计师通过与不同部门的员工不断沟通,对平台进行了多项改进以产生基于内部和外部数字技术的价值创造。

从数字平台的价值创造来看,这一平台首先实现基于内部数字技术的价值创造。这一平台实质上就是公司的内部门户,是传统CRM和ERP系统的混合体。该门户包含的内部关键数字平台是自动化订购系统,该系统能够为生产部门打印生产图纸和拣货清单,并通过销售部门为客户创建订单。另外,整个平台直接面向客户时,设计方案直接转化为服务订单,便获取客户生成的数据作为报价的基础。

数字平台在公司业务过程中的大量使用,证明了公司主要业务正在全链条地形成对数字平台的依赖。这意味着价值创造是动态的,平台的价值最终依赖于对客户的外部价值创造的实现。客户随后通过与内部数字技术协作来获取价值,产生了企业内部增值,从而产生了自动化流程。当客户在平台中创建房间并提出设计方案形成需求订单时,销售代表会仔细审视客户设计的建筑物，如果看起来不错，他们会将链接粘贴到订购系统之中。然后，链接中的嵌入数据将自动由业务软件机器人（RPA）转换为报价单。订购系统的自动化以及通过平台实现的可用性，以及跟客户的协作为销售部门创造了主要价值。

也就是说，将订购系统与在线装修服务平台连接在一起使用时，可以实现所有自动化功能。这种自动化改变了公司的工作方式，产生了更高的生产率，以及管理更多的客户订单。平台的自助式选配使销售代表经常感到棘手的销售过程，也就是传统的销售代表附加产品或服务的销售过程几乎消失了。而且平台是数字化的和免费的，这一服务的实现，使客户更倾向于在附加组件的备选方案之间进行选择，这也可以被称为先验的销售方式。

正是这样一种自助选配的方式，不仅为公司带来了财务利润，而且还与客户建立了更好的关系，使公司可以更专注于提供更有价值的新服务。更值得注意的是，客户开始不再关注讨价还价的交易过程，因为所有的产品和服务在网络上可以随时查找，并由客户自己进行选择。

另外，数字平台不仅与订购系统一起为销售部门创造了内部价值，还可以自动生成装修方案图纸、工程实施图纸，以及施工生产过程文档清单等一系列工程材料。

新的数字平台成为一个数字化的工作场所，它依靠其有效的内部数字技术和自动化效果，以及可直接连接客户的web服务来创造内部价值，并通过和订购系统的结合使用，使公司内部更加适应变化、数字化和敏捷性发展，从而通过内部互相协助，为客户提供更优质的服务和更多的价值。

总结这一案例，我们可以看到，数字化使整个企业在市场上具有更强的竞争力，并构建了实现外部价值获得的基础。数字平台实现了企业以前无法想象的价值创造状态，生成了基于数字平台系统的内部价值。而这些内部价值创造，又在很大程度上通过数字平台形成的面向客户的外部价值创造而得以变现。

一般传统的服务价值分析观点认为，内部价值不能出现在交换价值阶段。这意味着内部价值创造只有在企业内部经历了特定价值变现时才会体现出来。例如，一家公司可能拥有内部和看不见的ERP系统形式的先进的信息化系统用于管理工作。ERP系统的主要作用是提高公司内部工作的生产效率，产生内部价值。随着员工使用ERP系统，价值创造将通过员工获取的经验和收益（称为使用价值）借助外部价值得以变现。因此，我们可以认为，数字服务创新的使用价值在很大程度上取决于"连接"，连接外部的客户实现外部价值，进而使得那些因效率提升等实现的内部价值能够因为外部价值而变现，成为企业可以直接看到的收益。

由此，我们可以梳理出数字服务创新的价值创造逻辑，以及价值变现逻辑，从而为数字服务创新的设计提供完整的价值链实现支撑，为企业的投入产出提供数据分析基础，推动数字服务创新快速发展。

第三节　共创价值——数字服务创新的价值实现方式

从企业的角度，数字服务创新通过内外部价值的协同，实现了价值增值，也为企业获得收益提供了坚实的价值基础。但对于整个服务系统来说，这样的价值分析就比较困难了。

在数字服务创新的过程中，由于数字化变革使得原来的价值创造者网络在时间和空间上实现了解耦和重构，因此将带来全新的价值共创模式。服务主导逻辑中价值创造过程和价值创造主体都发生了转变，价值创造过程由线性的产生到流动再到消逝，转变为一个更为动态的、网络化的，以及系统的共创过程，也就是从创新模式的视角来说的"开放创新"的过程。价值创造的主体也从局限的、有边界的商业角色网络转变为更有普适性的、无边界的服务参与者网络。

在服务参与者网络中，深度数字化使得价值的共同创造，也就是"开放创新"的过程正在发生变化[1]。譬如，服务参与者主体的角色不再固定，主体之间通过深度数字化技术实现可追溯的"软合约"或"硬合约"形成更稳定的松散耦合关系；服务参与者主体之间自发地通过自身的"感受"去判断

---

[1]　任丽梅，黄斌. 块创新：云创新2.0的场景与展望［M］. 北京：首都经济贸易大学出版社，2018，1.

与回应，深度数字化使得这种感知力愈发自然；服务参与者网络中的每一个主体并非为其他的主体直接创造价值，但其通过有价值的主张提出来体现其存在的潜在价值，这一行为因为深度数字技术实现了可持续，等等。

价值共创是数字服务创新中最重要的创新

服务的价值共创是基于服务的分析理论提出来的，其本义指服务由多个参与者共同创建，而且总是包括所谓的服务受益人或消费者。价值共创的概念，在服务主导型创新逻辑视阈得到了广泛认同。这其中，价值共同创造实现的一个重要说法是供应商和受益者是相对市场的同一侧，且二者在互动。共同创造是一个因协作过程而实现的增值，因此称为"价值共创"。[1]

在价值共创过程中有两个方面需要关注，一方面是价值共同创造发生在相互作用的市场供应商和受益者之间；另一方面是在开放和协作创新的过程中，价值共同创造的重要性。之所以有这样的状况，首先是因为价值共同创造发生在互动市场的供应商和受益者之间。价值共同创造是一个积极的、创造性的和社会化的过程，它是基于企业、企业协作体系和终端用户之间的协作而建立的。其次，价值共创过程中，重点应在于该服务的受益者。要理解参与者之间的互动很重要，因为知识是通过互动才能共享和生成的。

支撑这样的价值共创过程的服务系统是整个服务创新的基础，其目标在于达到价值创造过程的改善。这些价值的共创者有可能不会被直接连接到相关的产品或数字服务，而更多是更广泛的连接关系。在这开放和协作的创新过程中，客户与平台之间的互动过程以及总体上的价值创造是主要考虑的对象。这种互动过程可以是服务创新，也可以是新产品开发中的协作创新。

这种互动过程反映了服务提供者配置（或开发）新服务的能力。对于这一价值共创过程，如果可以从学习的角度来看，其中服务的受益者本质上就是客户学习。这种互动是参与者价值观的实现过程。因为知识是通过互动才

---

[1] 刘宏，杨路芬. 基于DART模型的众包模式下顾客参与价值共创路径研究［J］. 河北工业大学学报（社会科学版），2017（3）.

能共享和生成的；如果从消费者的角度来看，这种价值可以被认为是随着时间而发展的动态概念；从组织的角度来看，客户价值导致客户忠诚度。

在数字化服务条件下，服务的供应商可以通过持续地服务以保持客户的黏性，同时还降低了长期销售成本。在传统模式下，供应商和客户的联系方式是"售卖产品+偶发的售后服务"，其与客户的接触在产品的售后且并不频繁，供应商也不太可能随时感知客户的需求，更难以提供持续的跟踪服务，一般的情况下，多是由当地销售机构或专业服务机构进行委托服务。

正如人们常说的那样，在所有的不确定性中只有一个是确定的，那就是客户。在数字化时代，客户/用户是解决战略思想分歧的唯一钥匙。数字化平台可以帮助企业与客户更紧密地连接起来。譬如，数字化之前，制造企业并不知道是谁买走了自己的产品，也不太了解用户的使用体验究竟如何；但到了数字化时代，企业就能知道这些，而且通过数字技术回到顾客端，让企业的战略逻辑更可靠，产品与服务的创新更有目的性[1]。

事实上，把这一思想放到现实的数字化服务创新中就更方便理解了。如在"一切皆服务"XaaS模式下，订阅模式提供了一个更新、发布和版本迭代永不停歇的服务流程，使企业和客户之间的联系也永不间断，从而也使得这一互动过程中的价值实现永不间断。企业通过持续、稳定的服务，将客户紧紧地吸附在自己的服务体系中，不仅能较高频率地主动（或被动）获知客户的需求，还有可能通过客户使用服务过程中产生的数据反馈来进行主动的分析，发掘客户自己都没意识到的潜在需求，从而更好地服务客户，保持黏性。通过订阅，构成持续的互动过程，使得企业有更多的机会向客户推出新的增值服务、交叉营销服务，提高客户生命周期内的客单价（ARPU）；更重要的是，从长期来看，还能大幅降低老客户的维护成本，以及口碑传播的营销成本。

为了更好地实现这种互动过程，人们极大地推进了智能实体产品的服务化。"产品即服务"提供给用户使用的是软硬件产品的使用权，而非出售所

---

[1] 数字化对产业、企业的6个根本性影响［EB/OL］. http://www.yayanconsulting.com/a/hlwyx/hlwyx/2019/1219/2683.html.

有权，从而将产品改造成为价值共创的连接平台。用户之所以愿意采用这种方式，一是"去物质化"的当代社会更倾向于此；二是"即时性的按需使用"需求，即人们希望能尽快获得所需的产品和服务，并且尽可能精确匹配[1]。这两个因素，也同时形成了对价值共创互动过程的完整支持。

当前的数字化创新实践也验证了这一分析模式的正确性。例如，随着滴滴模式的成功，出行服务业的数字化形成一种新模块，"滴滴化"已经成为共享经济的代名词之一。人们彼此有规则地共享资源，全面地参与整个价值网络的形成，使得一方面更多的资源分布在不同的时间、空间上流动，另一方面用户深入地参与整个价值体系的实现，使得这种服务的即时性得以保证。这种资源共享和互动过程，构成了价值共享的基础，同时为价值创造了条件与分配的导向。

核心的底层数字技术与产品技术仍将是数字服务创新的价值产生根源

互动的过程是价值共创的动力所在，数字技术和产品等构成的数字平台则是价值产生的根源。也就是说，没有深度数字化技术，就无法实现这种价值的产生、发展和持续。

之所以有这样的一个诊断，一是源于历史和现实的逻辑，二是基于数字化创新本身的技术性实现。数字服务创新的这种互动的价值共创过程，在数字化实现以前，虽然有一定程度上的存在，但却是间断的，不完整且难以持续的。正是深度数字化技术构成了完整的客户/用户全面参与的价值实现流程，才创造了条件。这也就是"没有连接，就没有增值"的基础。

数字化创新技术本身的发展，也是这种互动共创价值实现的发展过程。例如，数字化创新技术架构从最基础的IaaS、PaaS、SaaS诞生到"XaaS"等各种类型。这些技术的发展，本质上都要更好地支持这种共创价值的实现。

客户/用户在数字技术的理解和使用上，是与最基础的数字技术开发者

---

[1] 徐磊. 产业互联网的核心模式：XaaS之内涵、估值与赛道[EB/OL]. https://cloud.tencent.com/developer/article/1641269.

之间有着很深的鸿沟的。这也是客户／用户和消费者价值分配的有限性条件。各类数字服务技术创新的目的，很大程度上都是将客户／用户和消费者的心智或注意力从他们不擅长的底层系统技术中解放出来，从而让他们专注于其相对擅长的上层应用，实现经济社会的合理分工。这一过程有三大好处：其一，通过更容易让用户使用上手的过程来代替固化的、与用户分离的产品，从而增加用户的选择可能性；其二，让用户集中稀缺的注意力资源，运用于适合自己的心智能力，专注在合适的层面上，优化自身的产品或服务，同时也让产业链实现合理的分工；其三，让系统本身更易于理解和使用，从而降低平台的建设成本并提升整体的应用效率。

这些相对底层的系统技术通过"一切皆服务"使服务的供应商（底层技术开发者）既获得超过成本的收入，又能尽快地实现规模经济，使其收益表现更为健康且可持续。如前所述，与传统一次性出售软硬件、让用户在本地部署不同，"一切皆服务"所采用的订阅模式，从经济收益上来讲有三个小突破。其一，传统硬件厂商一次性出售硬件、软件厂商一次性出售使用许可，都是一笔确认"产品"的营业收入；"一切皆服务"供应商提供的是基于产品的"服务"，向客户按时间和使用量收费，确认营业收入，于是营业收入就从单笔大额转变为持续性的小额多笔，得到相对均衡且成本收益理想的收入。这样的收入虽然有时会使企业在短期内无法获得可观的利润，甚至表现为经常亏损——因为要将覆盖成本的收入分摊到多期实现，但服务商的"年可重复收入"（Annual Recurring Revenue, ARR）避免了财务的波动，使企业具备较为稳定可期的经营性现金流。而且，供应商往往会与客户签订一段时间的合约，先预收一笔年费，逐月确认收入，相当于形成"递延收入"（Deferred Revenue）。[1] 这些订了合同，却尚未收到的款项叫作"未入账递延收入"（Unbilled Deferred Revenue），会相对滞后地反映在利润表上，只要这些收入能到位，账面盈利更具有质量。其二，由于用户在较长一段时间内被粘在服务上，供应商往往会在客户的全生命周期内通过不断的增值服

---

[1] 徐磊. 产业互联网的核心模式：XaaS之内涵、估值与赛道［EB/OL］. https://cloud.tencent.com/developer/article/1641269.

务、交叉营销来获得额外的新增收入。时间越长，供应商的累计总收入越高。除了收入均衡，"一切皆服务"模式使供应商通过集中供应和管理运维基础设施取得规模效应，降低总成本。一般企业数据中心中的计算能力因集中化的云服务能大幅降低全社会的能源消耗和碳排放。其三，从交易成本的角度来看，这种模式有效降低了整个交易的过程成本，特别是有利于供应商与客户之间的持续交易成本和信用成本的降低。

服务创新的实现，更多地来自供给需求双方的商业驱动因素，以及其后深层次的经济社会变迁压力，这些压力最终还是需要基础设施和技术的日趋完善加以解决。"一切皆服务"的实现还体现了创新模式的转变。以云创新为代表的各种开放创新的新趋势，让数字平台的生态体系建构成为可能[1]。在开放创新中，有价值的创意可来自公司内外两个渠道。封闭体系内的创新，不仅难以独占成果，更难以有效整合资源。开放创新，经常是也被称为协同创新。开放的目的，是引进不同主体的资源，充分释放彼此间的要素活力，深度合作，以期产生"1+1>2"的效果。更重要的是，开放与协同的创新体系，在深度数字化的条件下，通过互联网、物联网等手段连接起来后，产生的实时、海量、多维、真实数据将直接导致更顺畅的持续创新。

正是开放、协同和持续创新的内外部要求，构筑了使用者参与的价值共创网络，从而使平台的生态体系成为产业界的主流创新模式。这些创新模式，又要求"一切皆服务"供应商开放自身的基础设施、应用开发平台、容器、开源框架等，为其他的协同创新者开展开放创新提供API接口、开发新应用的SDK工具包，以及高性能计算基础设施等。当然，这样的开放协同创新的接口要求，事实上是一种更细粒度的分工要求。"一切皆服务"实际上实现了这样的分工。可以设想，在未来，这样的分工又会产生大量的新的工作机会。"一切皆服务"在体系内的视角中，体现了云计算时代的数字体系协作的细化分工，塑造了专门的基础设施供应商、软件供应商、第三方应用开发者、开发平台提供者等。

最后需要强调的是，数字服务创新的价值形成虽然是全链条的，但在整

---

[1] Praveen Sawkar. 为何一切业务都转变为"万事皆服务"（XaaS）模式［J］. 网络安全和信息化，2018（9）.

个体系中,最大价值的分配仍然是以下层较为困难复杂、用户并不熟悉的"X"为基础。虽然包括用户在内的各个角色都在为覆盖在上面的服务提供价值,但是这一切的基础和根源还是那个"X",这也是数字服务生态中的核心企业获得最大价值分配或者是整个生态核心竞争力的根源。

第四节　全维度成本降低——数字服务创新对于产业发展的价值

数字服务创新的开展与数字技术的深入应用,不仅为企业提供新的服务模式和引入更多的价值共创者,还增加了企业的服务体验和收益来源,同时,还在产业层面上构造了产业升级转型的新机遇。通过数字服务创新,可以有效地全维度地降低体系成本,推动现代产业体系的构建,实现经济社会的高质量发展[1]。

从2015年开始,人们开始讨论"互联网上半场"和"下半场"的不同。通常认为,"互联网上半场"改变了消费端和零售渠道端,构建了消费互联网,到2015年左右,人们讨论"互联网下半场"的时候,更多是要求实体产业必须融合数字技术以满足顾客需求,需要建设和发展"产业互联网"。

数字化融入产业价值,融入产业服务的实现,就是数字服务创新升级产业的开始,就是"产业互联网"建设的开始。这种建设,更多是将数字化资源以各种形式源源不断渗透进产业链的每一个环节,诞生无限可能的"新产业组合",并在最初的时间里,以降低产业各个层面的成本为最主要的价值体现方式来推动产业的进步与发展。

从整体和部分的关系来看,数字服务创新的价值链创造包含两部分的内容。一是各组成部分的价值创造,即各组成环节的价值创造,包括供应商价值链的价值创造、制造商价值链的价值创造、销售商价值链的价值创造。二

---

[1] 陈春花. 解读数字化战略与新产业时代[EB/OL]. https://new.qq.com/omn/20191013/20191013A03DWU00.html.

是自身独有的价值创造，即产业价值链整体的价值再创造。

数字服务创新支持下的产业价值链中价值增值将创造新的产业优势[1]。譬如，数字技术促进文化创作、传播和接受方式的创新，让精品内容实现多元化衍生发展，而不再需要投入新的更多的研发成本；网络文学作品最初的价值是其不需要印刷，却因传播成本的降低带来了传播速度与效率的大幅提升；数字化旅游虽然最基本的价值体现只是出行成本的节省，却因诸如低成本无人机的"上帝视角"，使公众能够享受全方位的数字游览新体验；"智慧医疗"有效降低全科医生的培养成本和诊断成本，提供诊疗建议，才能体现人工智能和医疗产业之间的价值变革，等等。

数字服务创新在各传统产业中的应用，起源大多数是通过对数字化资源进行重组的活动，以产生新的产品、服务、流程、商业模式。现代产业体系是对传统产业体系内涵和形态的新突破，是现代化经济体系的主要内涵和战略支点。在不同的产业领域内，产业融合以不同的方式演进，最终将促成整个产业结构的高度化、合理化，并构架出融合型的现代产业体系。现代产业体系下的构建更多地表现为以数字化技术为纽带的、产业链上下游产业的重组与融合，以及融合后生产的新产品表现出数字化、智能化和网络化的发展趋势，等等。这些数字服务创新引致了产业的提升，而提升基本都是以全维度的成本降低作为创新价值的实现方式。

数字服务创新对产业层面的作用，还体现了各个实体工业领域的数据基础强化后，极大地促进了研发设计、检测维修、物流配送等高端生产性服务业的过程成本降低和服务能力提升。正是数字服务创新，才使得制造端技术同工业软件、数据分析、物联网平台等数字端技术实现相互渗透，最终达到以创新技术为引领、以生产性服务业为纽带，驱动制造商走向更低成本的综合服务系统解决方案。

正是数字服务创新，把产业的成本变得更低，生产效率变得更高，与此同时，还把成长的加速度变得更快，这些都可以说是数字化带给产业的最初的最基本的变化。即使是在to C模式下，数字服务创新也更多地依赖于全维

---

[1] 张耀中.产业价值链中的价值创造研究[D].南京：江西财经大学，2010.

度地为用户降低成本。

当然，数字服务创新进入各个产业当中，还会产生更多的价值体现形式。譬如，形成更多的新业态和新产业组合。这些业态和组合与以前的时代是完全不一样的，那就是获得了更多的价值生长空间。现在许多情况下，当人们讨论新旧动能转换时，新的价值获得，很大程度上来源于数字化对产业的推动，来源于其对产业层面的成本降低的作用。

第三篇
数字服务创新管理篇

  数字服务创新的开展，不同于单纯的产品研发，是伴随着数字服务不断开拓的持续性变革，经常是整个企业的重大战略转变。然而，创新从来都是一件有风险的事，想让创新战略落地，需要做尽可能多的准备工作。在某种程度上，数字服务创新的过程和企业创新管理是同一件事的不同侧面。因此需要我们从人才到基础设备，从操作技术到管理流程，都做好相应的准备。对于选择的主要数字支撑技术，如大数据、云计算、物联网、移动互联网、人工智能（AI）、区块链，都要有相当深刻的了解。这些准备工作说起来简单，但真做起来却不是易事。

  所幸的是，人们已经为数字化的创新准备了一些成熟的工具，如数字成熟度分析，归纳总结了一些基本的原则，以作为数字服务创新管理的要求。企业面对数字服务经济时代的发展，开展持续的数字服务创新，也需要对创新过程中不断变革的环境进行有效管理，并在不断探索的过程中，实现创新的目标。

  企业在数字服务创新中不仅改变自己的产品和服务，也在改变自身。数字服务创新很多时候都是在构建一个新的数字化平台，中台作为最重要的企业架构形式，其建设需要企业进行配套的组织与机制变革，也就是数字服务创新在某种程度上就是企业自身创新。

最后，数字服务创新不同于以往各种形式的创新之处在于：它的行为主体越来越依赖生态共同体，而不只是某个单独的企业来完成这一新的任务。创新的生态化的数字服务平台在建设和发展中，需要按照生态体发展的要求来设计和构建服务于生态体的新型生态中台。

第八章

深度变革——数字服务创新对企业能力与机制的要求

第一节 数字服务创新的一般实施过程

数字服务创新的实施，需要有较强的总体战略策划与组织，不能按照一般的工程简单化地进行。

当前，企业完成数字化变革的成功案例不绝于耳，这证明了企业进行变革和发展的决心。数字化创新发展，首要的是一个整体性战略。数字化创新不同于一般的产品或服务创新的地方在于，它是整个企业的行为。

但是，每个企业的目标不尽相同。且为了达成各自的目标，企业已经在各自的细分目标上投入不同层级的资源。虽然每个企业的成功故事都不可复制，但是世界上也没有任何一家企业是一座孤岛。特别是在现代社会的产业链中，一家企业经营所需的80%数据存在于企业之外。如今，一个产品从想法形成到制造上架，需要无数个供应商、贸易伙伴以及物流公司的支持[1]。数字化创新不只是企业组织内部结构的升级，更是与业务伙伴合作能力的提升。

任何一家企业的数字化创新，首要的是战略发起，细分化目标的工作开展，成果的体现和反馈后的再利用等，正是所谓"谋定而后动"。这些过程和方式，看起来并没有特殊之处，但在实际实施过程中，却处处体现了精益的要求。

---

[1] 鹿崇.数字化转型的四个阶段［J］.智能制造，2018（6）.

数字服务创新

数字化创新开展的四个阶段

在过去几年中，数字化创新话题的热度高居不下。现在，行业对数字化创新有了更为深刻的理解。特别是2018年以来，许多企业在这一领域取得的巨大进展。虽然每个企业面临的挑战以及转型道路各不相同，企业还是能借鉴已经部署的技术以及现有的成果，并从中获得经验。

我们可以将企业实施数字化创新分为四个阶段，即发起、开发、实行和迭代使用。四个阶段都需要对内部组织环境和外部竞争环境快速反应，从而在最终的数字创新成果也就是服务产品流程中有所体现。如图8-1所示。

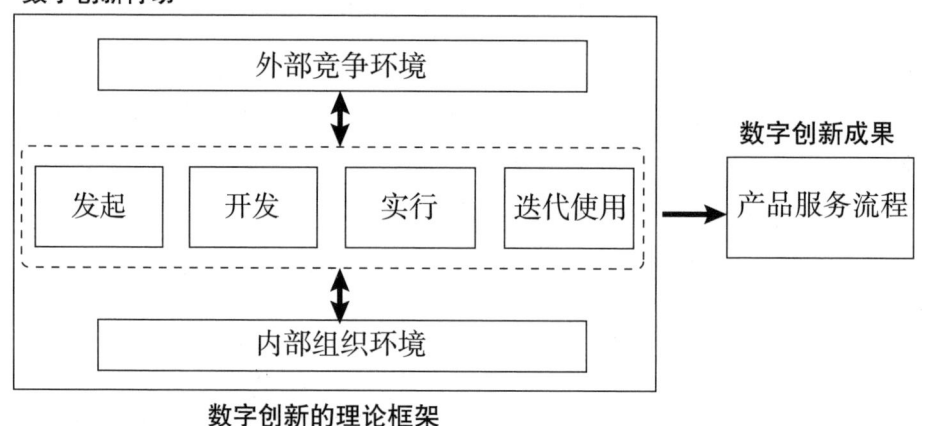

图8-1 数字化创新开展的四个阶段

阶段一：发起——不只是启动工程，更多的是协同企业内部的信息传递

从公司内部和外部识别，吸收和应用与数字创新相关的问题和机会的宝贵知识。在这一过程中，需要了解的核心内容是企业内部的数字成熟度（有时这项工作是在整个数字服务创新项目启动之前就完成了的），需要重点关注把握企业内部的透明度。数字化创新始于交流。而其中，企业内部的交流又显得尤其关键。因此，数字化创新的第一步就是要协调企业内部的体系与流程，发现需要数字化创新解决的问题以及新的机会，以消除部门与运转的冗余。许多企业管理层可能会觉得内部评估无济于事，事实证明企业评估将大大减少企业所面临的内部挑战。

阶段二：开发——不只是开发数字平台的代码，更多的是平台流程的再造

在第二个阶段里，也就是数字化创新设计开发的阶段。重点的工作是设计和开发新的信息系统（数字平台），定制现有解决方案，并实施这些方案。如表8-1所示。在这一阶段中，通常需要强调改善并简化流程，将洞察力转换为行动。另外需要关注的重点是透明的端对端供应链对创新的设计。

许多企业在这一阶段都需要利用前期信息化的成果来开展工作，一是为了降低成本，更重要的是为了充分发挥数据积累的作用。在这一过程中，通过体系自动化程度的加深、企业资源规划（ERP）以及产品生命周期管理（PLM）等体系的有效扩张，智能化水平突出的企业能有效将其愿景转化成现实。

表8-1　理论框架构造

构造	描述
发起	从公司内部和外部识别、吸收和应用与数字创新相关的问题、机会和知识
开发	设计和开发新的信息系统，定制现有解决方案，采用现有解决方案
实行	从技术和组织角度安装和维修IS，包括新的治理系统、培训和流程
利用	利用现有的IS获得最大价值，重用现有系统、数据等用于新目的
内部组织环境	组织背景，包括业务战略、文化、知识管理和做事方式
外部竞争环境	公司所处的竞争市场，包括时尚和消费
结果	由于数字创新，计划的实际新业务流程、产品和服务

阶段三：实行——不只是平台系统的试运行，更多的是"三件"融合

这一阶段，主要是从技术和组织角度安装和维护新开发的信息化系统（数字平台），同时配合以新的治理系统、培训和流程再造。在这一阶段，所做的事情要远超一般项目的试运行，事实上是将新的企业治理系统，即内部组织环境，包括业务战略、企业文化、知识管理和做事方式与开发的数字化平台进行融合，即"硬、软、脑三件整合"，需要各方面都要在运行中做出相应的调整。

在实行阶段，外部竞争环境中的因素也在这一阶段着重影响着数字化创新。例如，制度理论和社会传播性可能会对企业发起基于竞争环境的数字创新机制要求。同样，数字创新本身可以改变公司经营的竞争环境，等等。

阶段四：迭代使用——不只是项目的评估，更多的是准备下一次迭代的数据

最后，新的信息系统（数字平台）引导的创新活动最终旨在实现某些成果，例如新产品、服务和流程。企业需要利用新的信息系统（数字平台）获得最大价值，重用现有系统、数据等，并用于新的一轮创新，即准备新的迭代。

我们可以看到，对于一个企业来说，数字化创新基本可以抽象地分为发起、开发、实行和迭代使用四个阶段，这些工作都可以看作是基于一个数字化平台系统所做的相关工作。但是，需要强调的是，没有任何单一的软件或硬件能够推动一个公司的数字化创新。

事实上，通常的情况是，经过一轮有效的变革后，那些重大的变革的意义才刚刚显现。数字化创新不是一夜造就的神话，经常是一个又一个的"发起、开发、实行和利用"循环。

开展数字服务创新的一些基本原则

数字服务创新无疑正在成为时代的主题。数字服务创新的思想、理念，乃至内容都是全新的总结，同时，对任何创新活动本身而言，又有许多原则和价值体现是共性的。

我们可以基于数字服务创新过程中的价值共创理论，从整个创新价值网络的构建出发，总结出许多有效的原则。

第一项，在数字服务创新的价值认定时，强调服务受益人在内的各种行为体（参与者）的参与和授权原则。

第二项，在确定数字服务创新的架构时，积极把握组织间协作的原则。

第三项，在创建数字服务创新的连接时，在知识共享和翻译中使用边界对象原则。

第四项，在数字服务创新的实现时，集中体现以人为本的服务原则。

第五项，在建立数字服务创新的组织时，主要基于参与者对组织中价值的感知探索、描述和调整价值水平的原则。

对于这些原则，我们可以做出这样的分析：第一项原则重点强调不同的参与者，包括服务的受益者，都有参与和授权的权利，也就是说，需要参与者明确自己参与的创新，提供必要的有可能是超越一般条件的数据和信息。第二项原则指在数字服务创新中，需要开展一些重要的有活力的协作，如设计（场景、原型等）模拟、头脑风暴和集体反思等。第三项原则是说数字服务创新中的知识共享原则以及有效的知识传播原则。第四项原则强调要在明确的价值判断的基础上开展相关工作的重要性，数字服务创新是为了创造一个更广阔的以人为本的服务系统，人的价值判断是系统成功与否的关键标准。第五项原则在于通过强关系之间的成员进行社区化组织，并促成影响成员的事件发生。

当然，数字服务创新的原则、标准和规范并不是一成不变，放之四海皆准的。这些原则需要在更多的数字服务创新项目中得到测试或评估，并不断修改完善，就像数字平台的建设那样。

第二节　成熟度分析——企业走向数字服务创新之前

数字化创新的"原因"通常是很清楚的，不仅涉及捍卫当前的市场地位，还涉及新的市场开拓、开发现代产品和服务。想要启动数字化创新，需要做很多准备工作，从人才到基础设备，从操作技术到管理，等等。当然，最重要的是做好资金的准备。

数字化创新需要相当规模的投入，因此，在制订规划和设计数字化方案之前，应制订清晰的目标、方法与标准，持续评估投资回报，评估数字化投入对盈利能力提升带来的影响，并及时调整投入方向。

这些准备工作说来简单，但做起来实为不易。特别是对中小型企业而言，初期经常会受困于无法建立专业内部团队、缺乏数字化创新战略实施的经验等基本条件。为此，有必要通过对企业的数字化成熟度进行评估，获得本企业实际情况的专业性意见，然后再确定如何展开数字化创新。"磨刀不误砍柴工"，做好成熟度评估，通常是事半功倍的好事。

数字化成熟度模型

数字成熟度模型（Digital Maturity Model）被定义为一个组织面向持续改善的数字化领域能力发展程度的度量模型。越高的成熟度，就意味着组织在数字化过程中将失误转化为进步的能力越强。也就是说，成熟度越高，对数字化创新的风险承担能力越强。

数字成熟度模型到目前为止仍然在很大程度上是一种依赖判断的定性分析（当然包括一些定量的数据项）。它通常将成熟度分为若干个由低到高的级别，低级别通常是高级别的基础，且很难实现跨越式发展。

华为曾提出了一个数字化成熟度模型方案来度量一个公司的数字化程度，这个模型称为ODMM（Open Digital Maturity Model）[1]。这个模型将企业的数字化状态分成六个方面分析。第一，战略方面。包括对行业和生态的贡献程度、业务和技术的协同程度、对新的机会和业务的投资程度等指标。第二，客户方面。包括口碑黏性和口碑传播的能力、客户体验管理和度量、客户通过线上渠道和企业互动的活跃度等指标。第三，组织方面。包括跨团队协同和主动创新的能力、利用外部资源和社会化资源的能力、团队持续学习和数字化能力建设的能力等指标。第四，创新与精益方面。包括应用设计思维的能力、持续交付的能力、应对变化的能力等指标。第五，数据与智能方面。包括关键数据的元数据管理能力、数据集成和互操作能力、数据科学与人工智能（比如智能客服解答客户问题的成功率），等等。第六，技术领先性方面，包括数据安全与风险控制、API First与微服务的架构、基于RPA（Robotic Process Automation）的流程自动化等应用指标。

华为的ODMM设计了一套问题，每个问题有四个选项，分值由低到高。企业可以根据自身情况回答每一个问题进行测评，ODMM会给出一个分数。更重要的是，ODMM会给出一个业界的标准水平，通过与这个标准水平的对比，可以看出本企业在数字化方面在业界的水平。

西门子也有一套自己定义的数字化成熟度模型。这套模型看上去更符合

---

[1] 数字化成熟度模型［EB/OL］. https://www.jianshu.com/p/f2b07193db6b.

制造业企业的情况。其基本内容包括六个层次的描述，企业通过对比实际情况，来判断哪个层次的描述更符合自己的现实，由此判断企业所在的层级。具体的分层如下。[1]

Level 1——资产管理。数字化的第一个基础前提，是对资产的管理，其中包括设备、物料、产品、系统、标准等。这是企业能正常运转的基本条件，把这些信息纳入管理，意味着企业的经营管理基本能正常进行。

Level 2——资产维修维护。企业正常运转后，相关的资产会发生折旧、消耗、转变，这时企业需要对其进行维修或维护，以确保企业有足够的良性资产以支撑企业的持续运转。对于这些资产的维修维护是否有一套完善的体系进行管理，标志着企业的第二个成熟度水平。比如设备维护维修、原材料补料、质量体系更新、产品规格标准升级等。

Level 3——能源优化。在对资产进行成体系的维护维修的基础上，企业要考虑效率问题，能源消耗是一个重要的指标。可以把能源消耗从单纯的水电气能消耗，扩展到人员工作负荷。对这些能源消耗的优化，不仅是降低成本的需要，更是提高效率的需要，这将触发对整个体系的优化。此时，企业是否拥有一套支撑持续改进的体系，标志着其数字化成熟度是否达到第三个层次。

Level 4——数字孪生。企业数字化成熟度的第四个层次，是对数字孪生的应用，这意味着企业是否实现了信息流和物料流的有机整合，从产品设计到工艺设计到生产制造到售后服务，企业的整个价值链是否形成了完善的闭环体系。在这个闭环体系中，产品设计周期缩短、产品生产周期缩短、质量水平空前提高、服务质量赢得用户的高满意度、品牌效应形成，企业得以长足发展。

Level 5——万物互联。企业数字化达到更高的成熟度，物料、产品、设备、系统、客户、供应商、外协厂商、监管部门……所有与该企业经营相关联的部分均实现互联互通，并在一个无缝的有机网络下高效运行。全球范围的标准得以统一、透明化的运行过程、对各种变化快速的响应、更低的能源消耗，是这个层次的重要特征。

---

[1] 为企业数字化转型"拨云见日"——西门子流程行业数字化咨询业务解读［EB/OL］. http:// i4.cechina.cn/20/1102/09/20201102095716.htm.

Level 6——自主运行。企业数字化成熟度达到最高层级，意味着整个工厂体系具备自适应能力，借助人工智能的手段，通过机器学习算法，整个体系能做出自我调整，以适应外界环境的变化。这时，数字化企业成为智能化企业。

各个公司提出的数字化成熟度模型不尽相同，一方面是各自对数字化成熟度的理解各有差异，另一方面也与其重点关注的对象不同有关，如华为更侧重信息服务企业，西门子更关注制造业企业。

数字服务创新成熟度模型

基于对数字服务创新的理论分析和实施要求、价值的创造原理理解，以及参考许多类似的模型优点，我们可以提出一个面向数字服务创新需求的数字成熟度评估的五维框架，包括：数字化领导力、数字平台连接的便利性、数字社区的自组织、企业的创新生态系统、企业对外界变化的反应机制和数据分析算法。如图8-2所示。

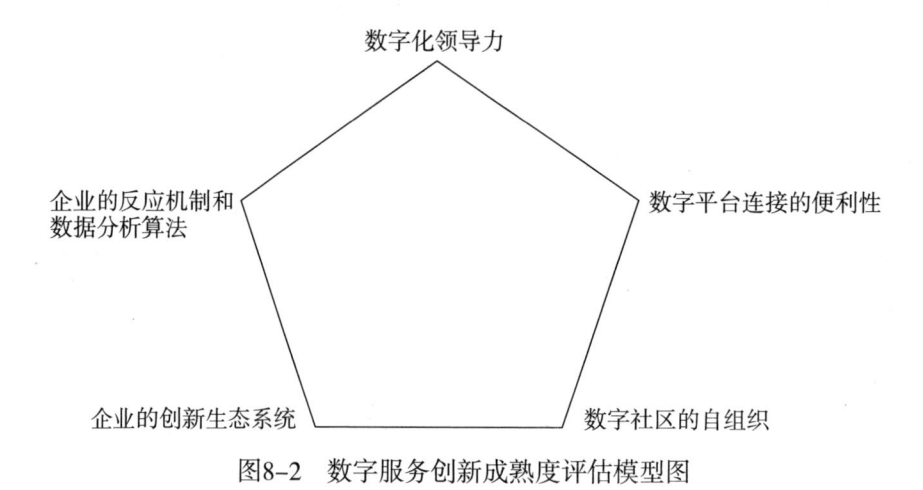

图8-2　数字服务创新成熟度评估模型图

1. 数字化领导力

在数字服务创新成熟度模型中，我们将企业的数字化领导力作为首要因素。不仅是因为数字化创新一定要从企业的顶层设计做起，更重要的是，企业的数字化创新最重要的是要从企业主要负责人开始达标。

与传统企业的运营逻辑不同，数字化企业的运营逻辑是要用技术，特别是数字技术来解决企业的运营问题。数字化创新是企业运行基本逻辑的变革，涉及企业的组织变革、流程变革等方方面面。企业的数字化变革，首先是企业负责人要拥有数字化的思维。只有企业的主要管理者基本弄清楚未来企业的数字化发展方向，学习掌握一定的数字化基础知识，并开始拥有新的数字化管理理念之后，数字化创新才具备启动条件。

简单地讲，企业负责人不变革、不真正理解数字化创新，企业根本无法实现数字化创新。并且，整个企业的数字化创新必须由企业负责人亲自参与规划、组织、指挥创新的全程。

2. 数字平台连接的便利性

数字服务创新所有形成的新体验，第一条要求就是与数字平台及服务资源链接的便利性。如今，随着消费者行为的改变，我们正在迅速走向接入型经济。共享经济意味着共享劳动力、工作空间、甚至知识。随着这种转变，企业也正在吸收流程和技术以适应接入经济。相关的影响因素主要有三，即协同工作的生态系统、资源的最佳利用、更快的流程。

"未使用的价值是浪费"，这代表着年轻一代人的文化意识向重视体验而非商品所有权转变。出租车服务公司Uber没有车辆，Airbnb没有房地产，阿里巴巴也没有存货，共享经济时代的到来确实改变了游戏规则。

另外，访问便利性有助于提高资源效率并优化资源使用以提高生产率。WeWork之类的协同工作空间公司正在帮助企业优化其固定空间成本，Upwork之类的平台正在帮助组织根据需要招聘资源。

3. 数字社区的自组织

在数字服务创新体系中，消费者是重要的参与角色，他们不仅寻求定制化以及服务的灵活性和自治性，更重要的是要能够喜欢利用数字平台上可用的有关产品或服务的所有信息做出明智的决策。企业必须发挥自己的引导能力，利用数字平台构造虚拟社区来促使消费者有能力做出更明智的选择。这种数字虚拟社区的建设需要从以下几个方面评价。

（1）现有的企业架构。企业系统架构需要有助于业务与IT的融合，能够构建业务与IT的桥梁。数字化创新所需的核心能力之一就是"统一的数据及流程"，这样的企业架构将数据与流程实现统一，赋予了数据在整个业务架构中更大的设计权重，对于数字服务创新的开展具有特殊的价值。

（2）数字化创新需要一种更新的组织机制来加以保障才有成功可能。这种新组织机制虽无绝对标准，但其中一些基本原则是通用的，如基于业务实际、以用户需求为核心等。

（3）具备建立企业生态系统的能力。数字化创新将会逐步打破制造商、渠道商、零售商的界限，企业需要具备构建生态化的企业能力。比如，孚润智能路由器与各类智能家居制造商合作，以确保其销售的联网家庭产品与自己的物链网家庭系统兼容，从而创建自己的联网家庭生态系统，并提供易于安装的广泛服务。

（4）企业具备直接服务消费者、影响消费者和连接消费者的实际能力。企业需要能够借助互联网，用多种数字化手段和方法，构建企业生态化系统。这种生态系统，就是以消费者需求（用户需求）为中心，以企业的核心资源和能力为依托，整合各种资源，建立的生态化的企业协同体系。

尽管消费者更喜欢自治，但他们不希望完全失去人与人之间的联系。他们在购买之前和之后向消费者群体寻求建议并寻求帮助，对人为因素的需求促使企业通过机器学习，人工智能（AI），NLP等技术来定制机器人。

还需要认识到，自组织不仅是客户想要的东西，也是员工追求的东西。在创建数字化成熟的组织时，跨利益相关者创建内部和外部协同的自主流程是关键。

4. 企业的创新生态系统

西谚有云："如果你想快点走，那就一个人走。如果你想走远，那就一起去。"企业着力创建的创新生态系统在数字化成熟度方面，同样须具备对有关企业数字化创新关键能力的描述指标。

（1）企业现有的数字化人才情况。开展数字化创新，必须要拥有相应的数字化人才。这样的人才，要求与纯粹的数字技术人才还不一样，要既懂得行业逻辑，又具有比较全面的数字化思维和一定的数字化实现能力。核心要求是能把企业的运营模式，用数字化手段、工具和技术实现出来。企业必须要高度重视这种复合型的数字化人才的引进和培养，只有既懂数字化又懂业务的复合型专业人才，才能完成企业数字化创新的重任。

（2）企业具备较强的市场业务资源整合能力。数字化企业是要打通服务体系，建立以数字化技术为连接手段，实现企业内部资源与外部资源链接的新型体系，实现企业各个业务流程的全面连接新型架构。数字化企业不仅要打破以往封闭的、以企业自己为中心的运行模式，还要构建以用户为中心，开放实现体系高效运行的新型模式。

需要明确的是，这种打通连接并不是通过收购等方式把企业的外部资源纳入内部体系，更不像以往那样自行投资构建自己的"产业帝国""产业王国"。需要用互联网的方式，连接各种需要的服务资源，并打通与所有企业资源的连接。也就是说，企业需要具备在数字技术支撑下连接环境资源的市场整合能力，需要具备用数字技术连接整合各种价值资源，并把各种价值资源整合到企业的运行体系当中，推动企业更好地适应机制发展的能力。

5. 企业对外界变化的反应机制和数据分析算法

在数字服务创新的构架体系中，通畅的流程、对外部需求和意见的快速反应机制，是数字化成熟度的重要指标，是数字服务创新应关注的重要方面。具体如下。

（1）要具备对市场的快速反应能力。企业数字化创新针对的重要问题就是企业运行的效率问题，也就是快速反馈用户需求的能力问题。很多线下企业要改变以往的企业基因，提升快速反应能力。数字化创新，其本质就是要帮助企业提升这种快速反应能力，用数字化技术打通与用户的连接，并在企业内外部借助数字化手段，提升快速反应能力。

（2）快速行动能力。灵活而强大的企业能够对意外的挑战、事件和机会做出快速反应。敏捷企业使用分散的权限和扁平化的组织结构来加快不同部门之间的信息流动，并与客户和供应商建立紧密的，基于信任的关系。

（3）敏捷的业务模型应该是无所不包的。IT体系结构必须具有适应性和变革性以响应市场趋势。内部团队需要即时性操作，不会被过时的层级结构和不良的数字工具困扰。

在数字化创新视野中，数据是新的"石油"。企业的数字化成熟度分析需要评估企业的数据分析是否具备相应的能力，即是否拥有处理数据并解决问题的算法以及算力。具体如下。

（1）企业的数据获得能力。数据的获得能力是企业数字化创新的基础，也是建立数字化企业模式的一种最终目标和成果的表现形式。企业的数据获得能力将会帮助企业进一步提升数字化环境下的企业运行效率，并借助企业实施数字化创新之后形成的更高价值的数据进一步提升企业的运行效率。

（2）企业利用数据的算法。仅有数据是不够的，我们需要对数据进行挖掘分析以增加其价值，进而充分利用。也就是说，企业要有自己独特的算法。因此，数据处理的算法比以往任何时候都变得更加重要。我们需要算法来分析数据并将相关的结果带到最前沿。

（3）企业开展计算的算力。算法的发展水平，以及算法上进行投资的强度，将取决于其所处的行业、业务目标以及其在数字化发展进程中所处的位置。必要的算力是基础，可以通过很多方式获得，如云计算服务能力购买等。

综合这五个维度的分析，我们可以勾画出一个企业的数字化成熟度画像，获得其成熟度评价，从而为深入的数字化创新行动提供参考，并为未来的行动效果提供考核标准。当然，我们必须强调的是，在制订数字化创新策略时，任何"一刀切"、教条化的方法都是行不通的。每个组织在走向数字化时都会有自己的发展轨迹。数字服务创新成熟度分析模型更多的只是提供一个思考的参考框架。

第三节　数字服务创新与企业架构

在我们的数字服务创新成熟度模型中，企业的数字化成熟度与企业架构联系极为紧密。数字服务创新经常是企业的主导业务的数字化创新，其运行与实施的基础是企业数字平台。因此，在数字服务创新设计与实施中，首先要考虑的是企业架构问题。

企业架构的基本概念与认知历程

企业架构指企业数字系统的基础组织方式，包括各系统组成部分、关系（组成部分之间、组成部分与系统环境之间），以及指导系统设计和演进的管理控制原则。企业架构包括企业的业务架构、数据架构、应用架构和技术架构等四个基本部分。企业架构从整体上体现了一个企业的关键业务、数据信息和应用能力等，并比较清晰地体现了各个部分对一个企业的业务功能和流程的影响。

与企业架构相对应的是企业的系统架构，其主要关注信息的概念、逻辑和物理设计，定义信息系统的执行、开发和运行环境，是企业架构在业务、应用、数据和技术四个架构领域针对具体信息系统或项目形成的方案视图和设计细化[1]。

当企业的业务越来越依赖于信息技术或者说是数字技术，那么信息系统就会与业务的连接越来越紧密，甚至合而为一。而在此时，整个组织就需要一个全体人员都能沟通明白的共同语言来阐述、分析和解决问题，这个共同语言就是企业架构所应提供的基础。

企业架构的具体体现有时如同企业的战略规划，可以辅助企业完成业务及信息化数字化发展战略规划。当前，对于企业架构已有一些成熟的成果可以加以利用。比如，在业务战略方面，可以使用TOGAF及其架构开发方法（Architecture Development Method，ADM）[2]来定义企业的愿景／使命、目标／目的／驱动力、组织架构、职能和角色。而且，TOGAF及ADM还可以在数字化过程中详细地描述如何定义业务架构、数据架构、应用架构和技术架构，是企业信息化发展战略规划的最佳工具。

在实际运用中，企业架构的真正价值在于使全体员工都知晓应该如何以信息化的方式来思考、沟通和决策，以及怎样去控制项目的实施等。企业架构可以让不同层面的人员看到一个更宏观的蓝图，仿佛有"宇宙视角"，从

---

[1] 谢志刚. 企业架构赋能数字化转型［EB/OL］. http://www.ciotimes.com/ea/150639.html.
[2] 周金根. 企业架构框架［EB/OL］. https://www.docin.com/p-44662029.html.

而能够系统地开展自己的工作,避免日常工作中"只见树木,不见森林"。

形象地讲,企业架构就是现代信息化企业的DNA,是一个能够整合各种方法、工具和资源的机制,是企业应对各种挑战和问题的核心手段。

对企业架构的认识,已经经过了三代发展。[1]

第一代:EA方法框架,项目是各部门的项目。

第二代:研发部架构项目。

第三代:IT部门架构项目。强调与IT解决方案架构方法的衔接、需求管理、SOA+MSA。核心在于解决战略、企业架构、项目组合管理、IT解决方案衔接问题。

在整个企业架构的设计过程中,信息/数据的交互分析贯穿整个研发环节。一般的企业架构设计,都是以信息/数据为核心,通过适当的处理信息交互流程,来优化整个体系的信息/数据交互,进而改进产品、流程和组织的架构。

数字化进程与企业架构变革

企业数字化进程与企业架构变革是息息相关的。处在不同的数字化进程阶段,就会有不同的企业架构。我们可以从某企业2001年的网络架构分析当时的企业信息化进程。如图8-3所示。这是当时大多数企业的网络状态,也是符合当时企业系统的应用架构。[2]

---

[1] 企业架构EA[EB/OL]. https://blog.csdn.net/cissyring/article/details/1764654?utm_source=blogxgwz3.

[2] 陈果. 构造实时企业:数字化转型之企业架构转型[EB/OL]. http://www.360doc.com/content/20/0823/14/71113766_931787696.shtml.

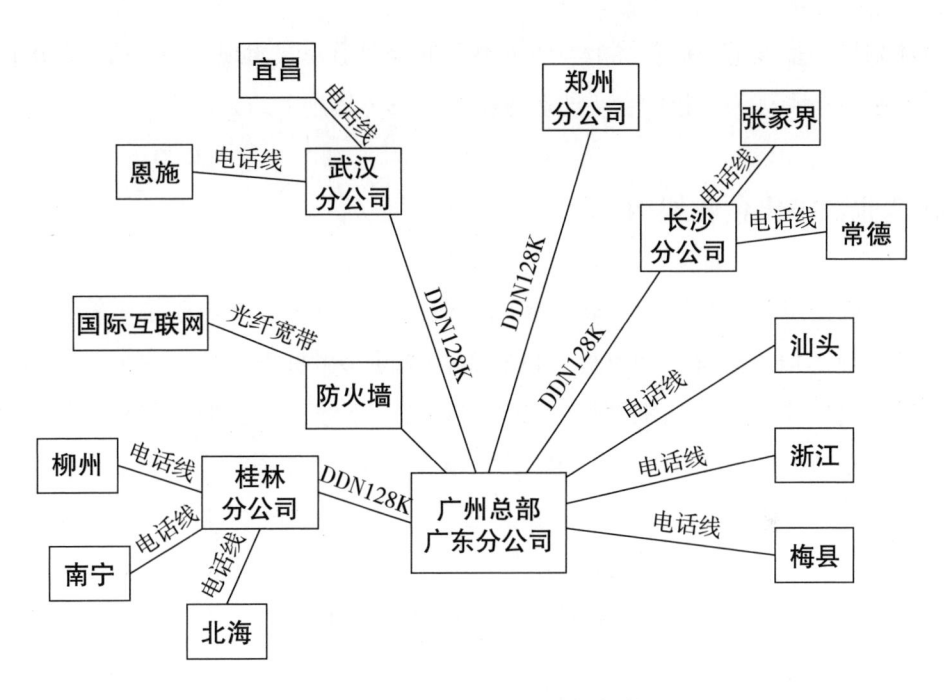

图8-3　21世纪初的企业网络架构图

我们可以看到，各个分公司的系统与总公司的系统实际上是两个系统之间的连接。二者不仅没有实现实时的业务连接，连数据的交换都会有较长时间间隔。这样的架构应用还是比较多的，如零售行业中的跨区域运营连锁系统。这样的架构被称为C/S（Client客户端—Server服务端）架构体系，这样的体系从20世纪90年代末期到21世纪前10年，是连锁零售业的主流架构。其后，随着信息化和数字化的深入发展，企业架构的紧密性与实时性得到了加强。[1] 主要的表现是前端实时在线、整体基于B/S（浏览器——服务器）架构，这样的系统在2010年后得到了全面普及。实际上，当今很多连锁零售企业还在应用这样的系统。与连锁零售类似的有连锁服务业、汽车经销商管理系统（DMS）等的企业级信息系统。

事实上，B/S（浏览器—服务器）架构支持的实体零售与在线电商系统对企业而言其实质是一样的，只不过是销售的渠道不同。不同的模式形成的渠

---

[1] 钟华.企业IT架构转型之道［M］.北京：机械工业出版社，2017，5.

道体系称为多渠道。随着线上、线下整合的全渠道模式出现，系统后台和电商后台都整合到称为零售中台（即业务中台的具体体现）的架构之上。

制造业数字化企业架构

传统信息化视野下，不同领域的企业，其企业架构差异还是比较大的。如制造业的信息系统，拥有称为ISA-95的国际参考标准。[1] 在这个标准中，按照信息的实时性，从细到粗，分为自动化设备级、工艺控制和制造数据管理、制造执行系统（MES）、ERP系统等若干级。[2] 如图8-4所示。

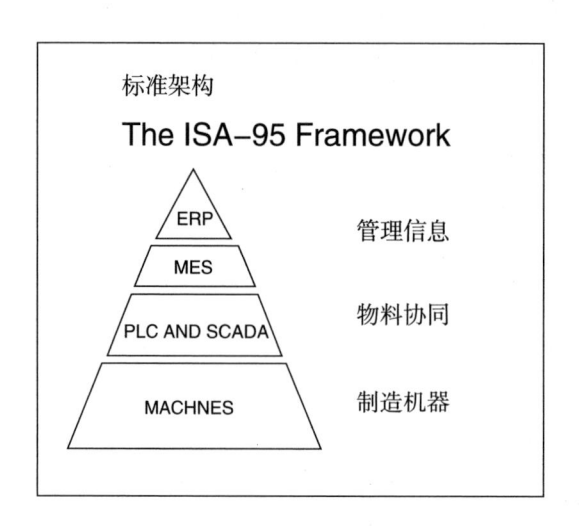

图8-4 标准架构ISA-95国际参考标准

事实上，几乎所有行业的制造信息系统架构都是按照实时性要求不同，分为公司级、工厂/车间级和设备级等多层级。越到底层，实时性越高，数据量越大，亦即"物联网"架构。相应地，数据库和应用集成架构也分层处理。

当前，数字孪生的概念已经开始推出，但在现实中还没有达到预期的状态，相关的标准还不是太完善，但工业互联网等基于云计算的新型制造业数

---

[1] 陈果. 构造实时企业：数字化转型之企业架构转型［EB/OL］. http://www.360doc.com/content/20/0823/14/71113766_931787696.shtml.

[2] 钟华. 企业IT架构转型之道［M］. 北京：机械工业出版社，2017，5.

字化体系相对已基本成熟。工业互联网是将设备层的数据和数字化管理实现云化，建立工业PaaS层；通过标准化的设备通信模块或网关，将不同制造商的设备接入工业云，如图8-5所示的某工业互联网架构。"工业PaaS服务"就是"制造业中台"（即数字中台之业务中台的制造业对应），和传统的ISA-95分级系统架构相比，区别是制造信息和业务处理的实时化。

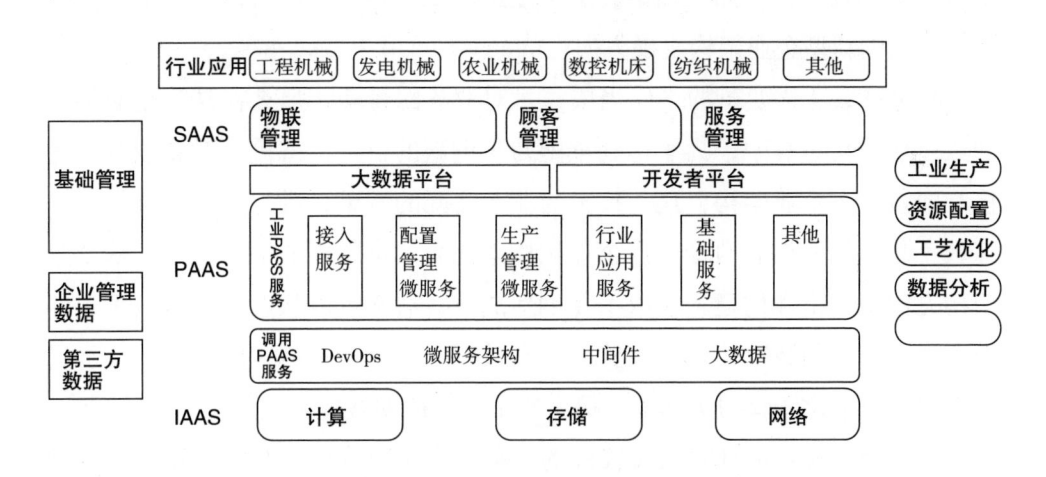

图8-5　某工业互联网架构示意图

企业架构实现制造中台是带有革命性特点的架构变化。这种变化带来的最直接效应就是由于业务组件的微服务化，使企业间交互的成本大大降低。

事实上，不仅是零售业、制造业，在云时代，金融机构也同样面临着企业架构创新的需要。在这一领域，和其他开始数字化创新的行业一样，渠道层、流程层、业务逻辑层、数据层等各层分级日益明确，相互解耦，业务处理逻辑实现的封装越来越明显。

综上所述，我们可以看到，企业数字化创新需要完成企业架构的创新，企业架构的变化路径也为每个力图实现数字化创新的企业提供发展的路径参考。当前，以中台为主要架构的新型企业架构，正在成为潮流，其基本的实现方式就是利用资源弹性，利用基础设施云，搭建模块化的数据和数字化平台，在云端使用支持DevOps的开发工具和管理技术，最终，以"云+端"的方式向用户呈现，实现实时的企业管理和开放的企业生态。

数字服务创新

强调数据中台的数字化创新为企业架构指出新方向

数字化创新的中台战略是最有特色的部分之一。三大中台之数据中台随着数字化创新的深化，正越来越多地受到企业的重视。通过数据算法来优化产品架构的设计，通过数据算法来优化人与人的交互，通过数据算法来优化研发流程，以及利用知识图谱技术来改进研发过程等，都可以称得上是数据中台特色的新型企业架构发展方向。[1]

如果将数字化变革的本质当成技术对业务的重塑，那么在基于企业架构的数字化演化过程中，为了达到重塑乃至创新的目标，就需要对企业数字化核心力量——企业架构，这一技术与业务之间的桥梁，进行重点变革。在提高数字化创新的核心力量中，企业架构承担着非常重要的助力作用。从企业架构方向来分析和构建企业数字化创新战略，通常可以从四个方面入手，即企业架构设计与数字化客户体验、提高数据分析洞察力的速度和灵活性、提高客户对数字化体验的满意度、提高数字化转换的敏捷性。[2]

通常最容易入手且效果又较好的，是从企业架构设计与数字化客户体验开始着力。正如很多企业忽略企业架构的作用一样，很多企业也忽略了客户体验在数字化体系中的作用。事实上，改善客户体验会为数字化创新的企业带来实实在在的好处。各个行业对服务质量持满意态度的客户不仅会为企业带来更高的业务额，还会对企业表现出更牢固的客户忠诚度，这一点在这个数字化创新的时代正在成为改变各个行业的行动标杆。客户群体的体验越好，为企业创造的有利外部环境也越好，对企业降低成本和提高员工敬业度等充满活力的价值创造过程来说，具有特殊的价值和作用。

以企业架构为基础的数字化解决方案，受到许多数字化前沿公司认同。在这个变革迅速的环境中，增加收入、深化客户体验和降低成本的需求，推动了数字化创新解决方案的发展和完善。通过企业架构的方法重新思考企业实现善治的运营模式，将数字技术和运营能力、业务需求深度结合，可以创

---

[1] 钟华. 企业IT架构转型之道 [M]. 北京：机械工业出版社，2017，5.
[2] 企业架构与数字化转型的实践方法 [EB/OL]. https://blog.csdn.net/u012921921/article/details/107606830.

建以用户为中心的可持续创新方式，并且这一方式在速度、灵活性以及成本等各方面，都能迈上一个新的台阶。

数字化创新是一项复杂的多维任务，数字化创新的成功案例大多甚为艰辛。从企业架构入手的数字化创新，有助于结合传统的创新要素，同时发挥诸如数字化创新跨部门团队合作等更多的数字要素（包括敏捷的技术交付）的作用，并且这样的数字化创新努力通常可以获得更丰厚的回报！

第四节　数字化创新中的企业文化变革

抵制变革和企业文化障碍，对企业的发展来说从来都是最难以克服的，对于数字化变革来讲，其影响更甚。有关研究表明，数字化变革中的公司所面临的最重要的难题之一，就是"抵制变革及办公室政治、骄傲自满、故意破坏、恐惧不安等人为因素"，其作用占比达到26%[1]。且这一因素的影响还在近几年里有日趋上升的势头。

随着数字化不断发展，创新的领域很快超越技术和市场营销的范围。数字化企业需要企业具备数字化领导力，需要发挥企业数字技术人力资源来实施，需要企业全体人员提升数字素养，共同面对时代的挑战。通常情况下，企业文化作为企业长期发展的产物，并不需要强调灵活性。加之，企业内部使用数字化系统和流程中，员工的初期体验都是相对滞后的。因此，要在不同的环境和要求下，为不同类型的工作而设计的系统走向内外统一，企业文化随着数字化创新的到来，要展现自身应有的活力，从而加速企业从内及外的数字化变革。

很多企业在数字化创新过程中，采取一个常见的做法，就是引入技术型"空降"人才，力图借助这些人才带动企业的全面数字化。在这一过程中，经常出现的一个问题就是技术型"空降"人才对企业文化的不适应。这些技术型"空降"人才虽然熟悉数字化创新的流程、需求，但对于已有的企业文化相

---

[1]　2019年全球数字化转型现状研究报告［EB/OL］. https://www.sohu.com/a/318195885_650579.

对较难融入，更难以从企业文化层面着手企业数字化。

然而，无论什么时候，业务与品牌的增长都根植于企业内部能力与良好的工作文化。数字化时代同样如此。一个公司的组织架构、人员能力和团队文化都需要在面对数字化时代的新要求时，体现更多的敏捷性和适应能力。毕竟，再好的数字化"硬件"和"系统"，也必须要配备优秀团队（心）、思维模式（灵）、新的运营模式（身），并基于明确的愿景（更深意义上的"为什么"、企业的DNA），才能发挥真正的效能，确保企业赢得数字化创新。

迎接数字化时代企业文化变革的挑战，可以从以下几个方面入手。

1. 塑造新的数字化企业愿景，将数字化融入企业文化

围绕企业文化应开展的创新常常在数字化创新过程中被企业忽略。传统的企业往往是管理导向型的，强调的是自上而下地进行决策及执行，讲究的就是执行力。数字化的逻辑是细致洞察用户（企业内外的）需求、科学调整企业策略，理解和接触用户的平台、技术和人员都在第一线，因而数字化的企业往往是自下而上的，人员之间经常是扁平化的网络，这些，都要求企业在数字化之初，就要设计并塑造新的数字化企业愿景，将这些新的数字化因素融入企业文化，改进发展企业文化。

2. 关注客户体验的个性化，构造有利于数字化服务的思维模式

数字化企业需要专注于客户，根据其需求定制服务，建立聚焦客户的反馈机制。技术是手段，而不是目的。大力投入IT或者数据系统的确重要，但是如果缺乏对目标受众的深入理解，极有可能导致为了数字化而数字化。

如何巧妙地利用数字手段与数据战略更加敏捷和深度地发现、了解和服务客户才是制胜的关键。大规模的、新的数据和移动设备的运用能够使个性化服务水平提升。比如，某大型信用卡供应商与零售商伙伴合作，通过一个手机移动应用程序对产品和服务实现个性化实时折扣。手机移动应用程序通过匹配客户（从客户的智能手机确定）提供适合其购买习惯和喜好的产品和服务。信用卡供应商还与社交播放媒体合作，利用参与客户的喜好，用"爱好"等标记来完善其服务。上述个性化体验与服务有助于企业加强与其他商户的关系，同时也有助于吸引和维护那些钟爱数字化产品的年轻客户群体。

3. 服务创新的制度化，推动数字创新模式协同

服务如产品一样具有保质期。随着客户需求、服务预期的变化，技术进步为这些变化提供了更多新的可能性。研发实验室采取"端到端"（End to End）的方式关注商户运作流程的各方面，包括从客户结账到货品存储流程。实验室还分析优化员工职责，从而帮助其提高服务水平和效率，等等。然而，最重要的是，一旦服务创新成为一种日常行为和要求，跨过这道坎，企业将获得创新的基因而比肩所谓"原生数字企业"。

4. 服务方式的简单化，构造有利于数字化服务创新的行为模式

许多企业将流程改进与新技术巧妙结合，使服务变得简单化，更容易满足客户的需求。比如，某大型欧洲银行运用技术简化服务，改善按揭申请流程。公司组成以项目经理、抵押贷款专家和软件开发人员为主的团队，重新设计"端到端"的工作流程，取消不必要的切换，简化客户体验，同时让所有的流程与公司传统的IT系统保持兼容。革新的网络解决方案受到客户欢迎，审批时间由几天减少为15分钟。此外，该银行的分析表明，贷款决策执行的质量也由此改善，平均一次按揭申请过程成本降低了75%。

5. 通过外部视角制订企业"未来战略"，培养适合数字创新的组织文化

无论是宣传还是实际运营，先进的数字化公司都比较注重数字化变革中的人文因素，而非一味崇尚技术，或者是技术的变革力量。企业文化作为数字化创新的主要内容和创新过程的主要障碍，都不断被提及和改变。许多数字化领先的企业，都将适应数字创新的组织文化作为优先事项，以令其更为快速迭代、灵活和创新。

传统企业必须跟随这些先进企业的脚步，注重营造组织创新文化，现代化数字化对任何一家企业的未来发展都具有重大的意义，这要求企业的管理者们在推动创新的过程中扮演更加重要的角色，尤其是在带领团队明确数字化创新战略、促进内部跨部门的协作与资源协调、数字化创新的关键节点推动决策等方面。

数字化创新的实施是一个谨慎的变革过程，需要"谋定而后动"。在整个过程中，首先要做的是战略分析，不仅分析企业未来的战略走向，更重要的是把握当前企业的数字化成熟度，同时，要分析内外部因素，甚至要分析

周边区域、行政区域乃至城市发展在未来一段时间的走向,结合外部商业环境与内部发展逻辑来制订企业的数字化创新方案。在这些重大的战略方向设定中,平台化是一个在战略策划时常常被忽视,而在实施时又常常让人不知如何着手的关键战略。

第九章

平台化——企业走向数字服务经济的当前战略

"要么建平台,要么成为平台的一分子",这句话过于直白,但基本上是数字经济时代企业面对的最重要的发展战略选择。平台化、生态化,是当前企业的基本战略。

走在数字化潮流前端的企业,如亚马逊、海尔和华为,我们发现在其快速响应力、持续进行复杂创新的背后,是一整套数字平台——顾客触点平台全方位洞察顾客所需、资源服务平台快速供给数字化服务、数据自服务平台支持基于数据的决策分析、创新实验平台快速赋能新业务。这样的数字平台帮助企业构建了强大的数字化生态系统,助力企业的快速发展。

得益于API、云服务等数字技术不断推陈出新,企业很早就已经明白无论是经营管理、市场营销或是持续服务,都将逐渐以数字平台为中心。更重要的是,企业除了将数字化接触点视为消费者渠道,还开始大规模提高与供应商和分销商互动分享成效。分销商也希望能将市场数据与专业技能联系起来。

因此,数字化平台的建设与以前的信息化的区别就在于不再将数据视为"内部机密",而是利用数据与伙伴们展开协作,甚至是围绕伙伴的工作行动。

第一节 数字平台——企业走向数字服务经济的中枢

数字平台是企业进行经营管理、市场营销和持续服务的中心,更是融合技术、聚合数据、赋能应用的数字服务中枢。这样的中枢是以智能数字技术为部件、以数据为生产资源、以标准数字服务为产出物的企业经营中心环节。对内而言,数字平台能够使企业实现业务创新和高效运营,助力企业数据管理和价值挖掘,降低机构技术运营和技术管理复杂度。对企业协作而言，数字平台能够对外提供可调用、松耦合、弹性的标准化数字服务，通过数字服务横向连接产业链上下游，纵向连接企业各机构部门，为其提供快速、灵活的数字化能力。[1]

因此，我们提出，好的数字平台需要具备"3I特性"。[2]

Integrated，融合。在充分注意资源利旧和系统向上兼容的基础上的深度数字技术融合。这种融合主要包括三个层面。一是面向原有信息系统的融合，许多企业已经在信息化方面投入了大量的资金和资源，形成了一些系统和设备设施。深入开展数字化创新需要实现与现有系统的兼容。二是面向外部生态体系的数字服务的融合，使企业能够快速接入外部数字服务资源，体现企业的数字化生态体系作用。三是面向新型的深度数字化技术的融合，即企业的数字化平台或者是基于数字创新的企业架构，要充分发展深度数字化技术，充分考虑系统一体化的条件下，以实际效果和体验为优先，对云计算、大数据、物联网和人工智能等新技术的采用进行考量。

Intelligent，智能。数字化创新平台不同于信息化初期以数据为驱动资源要素的创新系统，其核心变革是实现了数智智能。这种数智智能体现三个方面的特质。一是平台面向全数据生命周期，也就是能够对从数据的采集、处理、存储、分析使用，以及最后的废除的全流程进行能力支撑。二是能够面向全业务维度的数据进行构建，包括对历史维度的企业数据（ERP等经营数据）、实时维度的新技术采集数据（传感器、视频等）、线上线下企业内和互联网数据（客户画像等）进行全方面融合共享。三是面向全程的数据分析构建，也就是在前述基础上进行数据价值的挖掘，而且在挖掘的过程中不断积累最佳实践，形成模型的沉淀和复用。面向数据生命周期、全维度数据处理、全流程数据价值挖掘的数智智能特性是构建新型数字平台的核心考量要素。

Inheritable，可传承。平台系统的核心能力能够灵活地强化，不需要间隔性地重构。在数字化进入快速发展的时期，必须把握住一些基本的可持续的核心资源，并且能不断夯实这些核心资源和能力，让这些核心资源和能力成

---

[1] 数字平台破局企业数字化转型［EB/OL］. https://www.doc88.com/p-6923817054337.html.
[2] 创新：数字平台将成为企业数字化服务的中枢［EB/OL］. https://cloud.tencent.com/developer/article/1583697.

为"压舱石",使平台能够保持一定稳定性。在未来10年,数字化将是时代的主题,新的数字化产品、新的数字化服务和新的数字化服务模式都将呈现爆发式的增长。因此,构建的数字化平台要在软硬数三个层面都具备松耦合可伸缩的特性,通过解耦和再组合,实现基于核心能力的平台加强,以保障数字化创新所需投资的回报可控性,确保平台建设在财务上考量的核心因素达标。

数字化营销倒逼平台化企业

数字平台之所以需要拥有如此强大的功能和特性,很多时候是因为需要应对当今企业营销的数字化压力。也就是说,社会整体经济的数字化,特别是电子商务等全渠道数字交易场景的快速发展,使企业的信息系统必须顺应形势的需要进行调整和创新。

实现全渠道(Omni-Channel)交易场景建设,就是企业为了满足消费者任何时候、任何地点、任意方式的购买需求,采取实体线下渠道、电子商务线上渠道和移动电子商务在线渠道等全面融合的方式实现营销销售,为顾客提供无差别无缝的购买体验[1]。全渠道交易场景满足用户即时性、随机性的消费体验。当前电子商务的发展,使用户可以线上选择,到门店消费或在APP中下单配送到家;也可以到门店体验后,在线扫码,由门店配送到家;甚至天气炎热不想出门时,或者看到某个群主的使用体验视频时,通过APP下单,由门店配送到家。

通常而言,企业主要面对的全渠道交易场景有线下购物、线上购物、线上订单门店配送、线上订单门店自提、线下扫码总仓发货、线下扫码门店发货、云货架下单、A店下单B店发货、线上领券门店消费等。[2] 不同的场景会带给用户不同的体验。如图9-1、9-2所示。

---

[1] 陈新宇,罗家鹰,邓通,等. 中台战略:中台建设与数字商业 [M]. 北京:机械工业出版社,2019,8.
[2] 陈新宇. 决胜中台 [EB/OL]. https://www.sohu.com/a/349215339_479780.

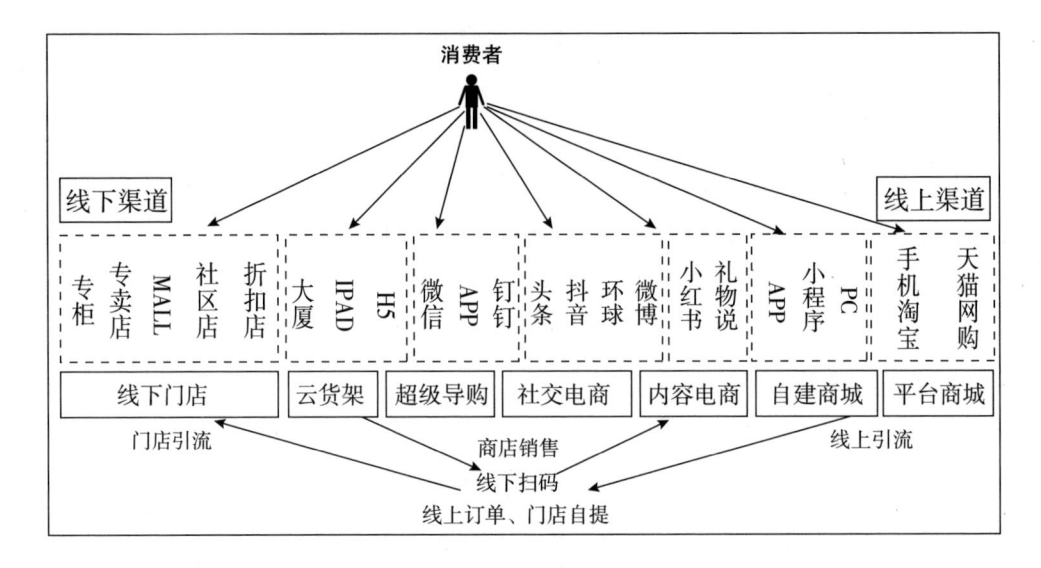

图9-1 全渠道交易示意图

图9-2 全渠道业务场景

全渠道的销售需要全场景接入

企业准备开展全渠道业务时，需要具备全渠道运营和技术实现的能力，企业要从组织、政策、运营、绩效上，培养适合全渠道业务发展的土壤，要敢于打破企业的原有利益体，实现用户在各渠道体验一致，线上线下无缝融合。

在线客服的全渠道指企业为了满足消费者在任何场景咨询客服的需求，为用户提供多沟通媒介、多途径的接入方式，包括Web网页、APP、手机网页、微信、微博和类似邮件、呼叫中心等多种自定义渠道等，所有咨询入口都支持实时连接客服的功能。如图9-3所示。

客户体验全服务场景

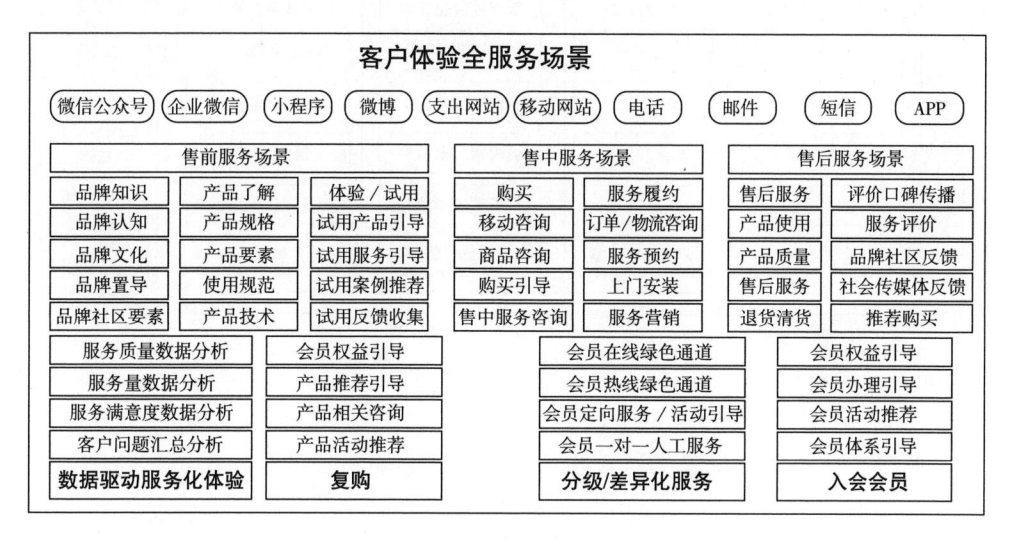

| 微信公众号 | 企业微信 | 小程序 | 微博 | 支出网站 | 移动网站 | 电话 | 邮件 | 短信 | APP |

售前服务场景	售中服务场景	售后服务场景
品牌知识 / 产品了解 / 体验/试用	购买 / 服务履约	售后服务 / 评价口碑传播
品牌认知 / 产品规格 / 试用产品引导	移动咨询 / 订单/物流咨询	产品使用 / 服务评价
品牌文化 / 产品要素 / 试用服务引导	商品咨询 / 服务预约	产品质量 / 品牌社区反馈
品牌置导 / 使用规范 / 试用案例推荐	购买引导 / 上门安装	售后服务 / 社会传媒体反馈
品牌社区要素 / 产品技术 / 试用反馈收集	售中服务咨询 / 服务营销	退货清货 / 推荐购买
服务质量数据分析 / 会员权益引导	会员在线绿色通道	会员权益引导
服务量数据分析 / 产品推荐引导	会员热线绿色通道	会员办理引导
服务满意度数据分析 / 产品相关咨询	会员定向服务/活动引导	会员活动推荐
客户问题汇总分析 / 产品活动推荐	会员一对一人工服务	会员体系引导
数据驱动服务化体验 / **复购**	**分级/差异化服务**	**入会会员**

图9-3　客户体验全服务场景

移动互联时代，绝大多数客户已经迁移至移动端。因此在场景方面，还要支撑全流程的客户服务场景。从最初的品牌认知到对产品的了解、体验与试用、购买、订单/服务的履约、售后服务、交易后的口碑传播，覆盖整个产品销售周期。在消费者运营层面，从会员入会到后续的分级/差异化服务、复购的促进，再到整个数据驱动的客户体验优化，同样要能够无缝支撑。最终，用户可以在不同时间、不同地点，使用不同设备、不同浏览器及不同渠道入口很轻松地连接客服、享受服务，不受时间、地域、渠道等因素的限制。如图9-4所示。

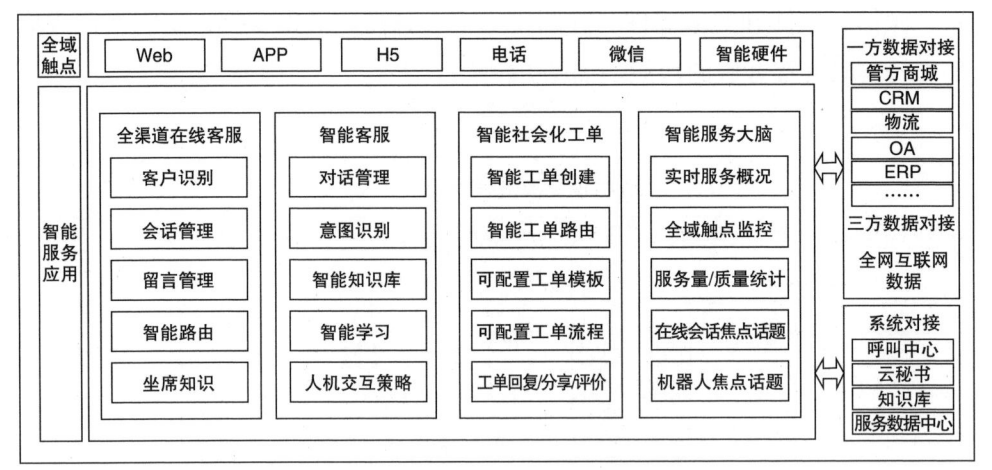

全域触点	Web	APP	H5	电话	微信	智能硬件	一方数据对接
							官方商城
							CRM
	全渠道在线客服	智能客服	智能社会化工单	智能服务大脑			物流
	客户识别	对话管理	智能工单创建	实时服务概况			OA
智能服务应用	会话管理	意图识别	智能工单路由	全域触点监控			ERP ……
	留言管理	智能知识库	可配置工单模板	服务量/质量统计			三方数据对接
	智能路由	智能学习	可配置工单流程	在线会话焦点话题			全网互联网数据
	坐席知识	人机交互策略	工单回复/分享/评价	机器人焦点话题			系统对接 呼叫中心 云秘书 知识库 服务数据中心

图9-4 全场景客服产品形态

此外，全渠道全场景的接入不单是能接入，更重要的是跨渠道、跨场景的消费者统一识别与服务。任何一个触点服务客户时，均能够了解客户与整个企业接触中的体验跟踪与记录，给消费者营造整体、连续的体验。

要应对如此大量的接入，企业正经受着技术和人力两个层面的并发挑战。首先客服平台在技术层面要能够支撑高并发的咨询请求，对交易咨询请求的回应对成交至关重要。

企业的第一价值就是销售产品或提供服务。正是这种全渠道的时代营销特点，要求企业在完成自己的核心价值的时候，必须构建一个平台，一个数字化平台，一个以管理和运营全渠道营销为基本功能的数字化平台。而且这种全渠道营销与全场景接入，必然要求这样的数字平台具备强大的融合能力，这种融合能力又反过来影响和塑造企业的新的核心能力——数字化能力。

数字平台将全面塑造企业的数字化能力

数字平台是企业在面对数字化变革的时代要求时的战略切入点和变革抓手，建设企业的数字平台的工作，可以分解为打造企业的智慧运营中心、生态塑造中心、智慧大脑、能力创新中心和持续迭代发展中心等几大企业关键数字化着手点，实现全渠道营销与全场景接入，最终构建企业数字服务的中枢。[1]其基本内容如下。

1. 智慧运营中心

也就是前述的全渠道营销管理部分。通常的企业数字化平台是一个企业数字化能力的生产与输出平台，不仅用于支持重塑用户体验，也是协同内部员工和生态合作伙伴的枢纽。因此，建设数字化平台的一个首要内容就是建设企业的智慧运营中心。

2. 生态塑造中心

也就是前述的全场景接入的实现部分。数字化平台是企业数字化能力与企业生态协同体系结合的开放平台，对内整合各后台的系统能力，对外连接各生态企业的数字服务能力，以及跨领域的大型平台电商、O2O平台与社交平台等公共平台。因此，建设企业的数字平台，就是建设企业的生态塑造中心。

3. 智慧大脑

数字化平台是企业数字化运营的信息平台，需要整合企业多年来形成的复杂庞大的内部数据和丰富多样的外部数据，并能支持开展基于大数据的洞察分析、业务应用与创新，是企业的智慧大脑。

4. 能力创新中心

数字化平台不仅是企业的智慧运营平台，更重要的是企业快速数字化创新的平台。数字平台建设与传统的信息化平台不同的功能之处就在于这里是创新之核心。数字平台不仅支持向各类型用户提供敏捷的数字化服务和业务应用支持，更重要的是实现平台的快速响应和敏捷创新。建设数字化平台，就是建设企业的能力创新中心。

5. 持续迭代发展中心

数字化平台是企业数字化能力持续发展的平台，要保障全业务应用能力、创新能力的持续迭代、持续发展，成为企业数字化平台创新的加速器。

从资源的使用价值角度来讲，数字平台对传统企业的运行和商业模式都进行了重构和创新，使传统企业不再依靠对资源的控制、信息不完全和行业

---

[1] 创新：数字平台将成为企业数字化服务的中枢［EB/OL］. https://cloud.tencent.com/developer/article/1583697.

准入壁垒等获取巨额利益，而是站在更高的层面上，以数据形成的智能去赋能员工、企业和合作伙伴，通过数据资源的再创新和创造来创造更大的社会价值从而获得更高的收益。

全局数据打通的平台架构促进数字平台的智能水平

新时期的数字化平台是数智智能平台。这种基于数智智能的服务平台，继承了中台数据共享的优势，可助力企业将流量、营销、用户、交易、商品、渠道、物流、评价等主题域的数据进行全局打通。以某游戏手柄智能客服平台为例，借助标签平台和AI智能服务组件ID-Mapping技术，识别用户多平台、多终端、多账号、登录与否等情况，将用户的账号、设备等信息通过One-ID关联以确定是不是同一个用户，从而打通了客户全局数据，使用户画像、精准营销、客户服务等分析更加准确。如图9-5所示。

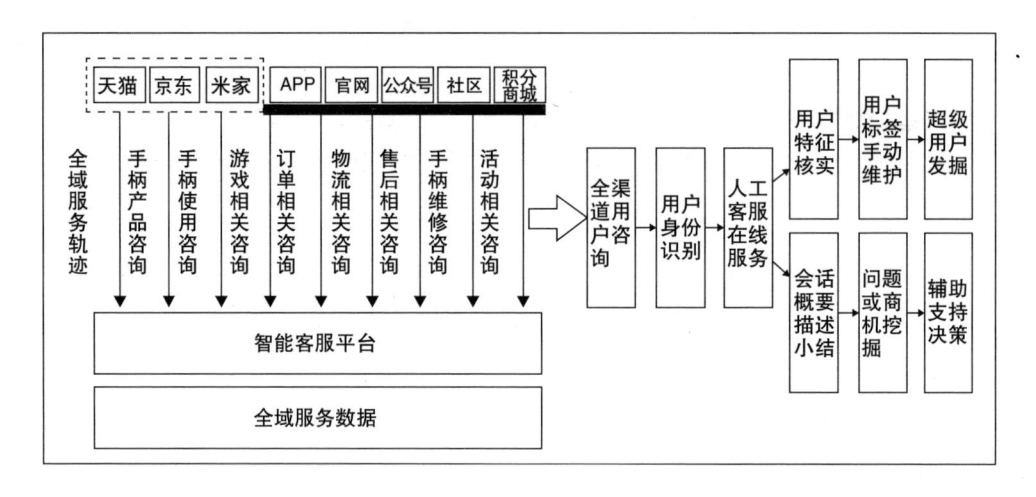

图9-5 某游戏手柄智能客服平台案例

除了赋能客服人员，数据打通带来的更大价值是让企业能够敏锐地获得消费者对企业、品牌、产品、服务的反馈，以便及时了解市场反馈。这些数据的有效全局整合，使平台对外呈现了相当的智能性，同时数字平台深化拓展服务能力，二者形成正向的激励。

第二节　所有与所用——企业数字化创新方式的选择

数字服务经济以数字化技术为核心要素，作为数字时代的企业，不论是否是数字原生企业，数字化能力都将是企业的核心能力之一，企业都需构建这种能力。但是，这不是说每个企业都必须在自己企业内部建立完整的数字化团队，也可以说这样的数字化能力并非必须以自有控制为存在形式。

事实上，数字技术能力的获得，有很多种方式可以选择。通过自主组成团队进行研发，只是选项之一。基于对传统企业数字化创新的能力、架构和文化的全方面考虑，在专业ICT咨询服务提供商的协助下，针对企业实际情况给予专业性的意见，可以有多种选择。主要包括自建研发团队、开放式云创新、内部风险投资、收购数字化企业、与原生数字公司战略合作、风险投资外部团队、举办数据竞赛等，也有BCG DV探索的大企业创业模式等。

与任何决策选项一样，这些方式各有利弊，并无简单意义上的好坏之分。如何选择，还是基于企业自身的情况。让我们把这些基本的方式一一分析如下。

自建研发团队：利在高回报，弊在组队难

自建研发团队是数字化创新最常见的一种方式。自建研发团队是一种高投入、高风险、高回报的活动，也是企业数字化创新最难把握的一种方式。这其中的优势是明确的，除了成功后的高回报高收益，最大的收获是让企业有了自生的数字化力量，提高了企业在市场上的核心竞争能力，为企业的可持续数字化创新发展提供了坚实的保障。

作为一种高风险的策略，其难处除了初始启动阶段很难获得资金支持，最大的一个问题就是组织团队殊为不易。据清华经管学院、互联网发展与治理研究中心发布的"数字经济与中国市场的数字化创新"报告所述，中国目前85%的数字人才都在产品研发类企业（即本书说的原生数字化企业）之中。这些人才基本上都已进入互联网科技类公司以及一些提供数字化解决方案的公司，也即所谓的信息服务业企业，能够分流到其他职能、其他行业的

很少。而且这些人才基本上都分布在北上广深这些所谓"一线"城市，其他城市数字化人才基本是净流出。《2018数据人才白皮书》报告显示，数据人才主要集中在数据需求较高的互联网和科技行业。从地域分布来看，数据人才集中在高科技企业较为集中的城市，如北京、上海、深圳、杭州、广州。

虽然这些年出现了所谓"逃离北上广"现象，呈现了一定程度上的人才溢出。但实际上，找几个核心人才易，建一支团队难。对许多非数字化原生企业而言，即使是找到了一位首席科学家，也很难组建完整的团队。

不过，这样的情况正在好转。有关报道显示，自2016年首批3所高校获批数据科学与大数据技术专业以来，全国许多省市地方高校都开设了数据科学与大数据技术专业，截至2019年6月，共有29个省市的481所院校成功新增备案数据科学与大数据技术专业，其中不乏同时开设两个专业的院校。[1]人才的问题逐渐得到缓解。

开放式云创新模式：利在整合力量性价比高，弊在协同实施组织困难

开放式云创新（Cloud Innovation）是一种大范围（通常是全球）的创新活动，是群体智慧的体现，它通过各种形式的网络平台（从一般性的机构间协作网络、企业内部研发协同平台到互联网社区）形成的大规模的、成本低廉的、高度畅通的、极易扩展的网络基础，将大范围内的各种技术知识人才连接到一起，把分散的、自发的、海量的创新资源聚合起来，形成一个充分体现群体智慧的、规范化的创新共同体，为企业、团队或个人提供持续创新发展的"营养源"。这是一种"全方位、全流程、全角色"的创新模式，并且这一创新模式体现了消费者就是生产者和创新者的商业理念，围绕企业目标营造了浓郁的创新生态，具有低成本的鲜明优点。[2]

作为一种典型的开放式创新模式，众包协同的研究模式，使科学发现不再是专业学者独自埋头于实验室的苦差事，而是全球科学家、工程师、学生

---

[1] 283所高校获批数据科学与大数据专业［EB/OL］.https://www.sohu.com/a/226098777_308467.
[2] 任丽梅，黄斌.云创新：21世纪的创新模式［M］.北京：中共中央党校出版社，2012，12.

和感兴趣的民众都可以参与的大众性协作活动。国内的K68、猪八戒，美国的InnoCentive、IBM等公司都在这个领域做了许多工作。它们都在利用这种高端人力资源的"长尾效应"来解决一些过去一直无法展开研究的科学难题，特别是一些需要大量科研人力投入的研究内容。

开放式云创新模式不仅是一种虚拟社会，还建立了一种互联、互动与反馈的创新机制。在这个机制中，互联网社区提供了平台、载体和机遇。互联网让创新不再平面化和线性化，它所提供的虚拟的现实空间让创新立体起来，冲破了传统创新的边界，走向互通。

但是，在现实的实际运作过程中，开放式云创新模式也遇到了许多困难，如在信用机制不健全的条件下，这种创新模式的组织成本较高，通过互联网临时组织起来的团队的信任度差，磨合是一个很大的问题。另外，开放式云创新模式实施过程中知识产权的保护和重要信息的管理，都有待发展完善。

数字化创新的开展，完全可以运用开放式云创新的模式，以企业自有力量为基础，最大范围地借助互联网平台，聚集全球范围内的各类各级数字化人才，以较高的性价比来完成企业的数字化创新。

内部风险投资：利在激励机制足够，弊在资源运用视野有限

内部风险投资的方式指在企业成立内部风险投资基金，鼓励数字化相关的技术部门和业务部门的人员重新组团，开展创新活动。企业从中择优投资，成立股权由企业和创新团队共同拥有的风险性初创企业，并进一步向其他风险投资基金融资，待初创企业发展成熟时将之剥离上市或出售。[1] 这种方式与传统的研发项目承包等不同。一是目标定位不同，传统的研发活动主要是利用企业现有的技术和市场竞争力，内部风险投资的目标则是为了获取全新的竞争力，是对新的技术和新的市场所做的创新性探索，寻找企业发展新机遇。二是实施的组织方式不同，内部风险投资的方式一般要成立相对独立的新初创企业。

---

[1] 主子元, 张峰. 基于内部风险投资视角建立企业自主创新机制研究[J]. 技术与创新管理, 2009(6).

内部风险投资的方式具有以下独有的优点。

（1）可以通过组建风险投资促进企业技术创新，新的资金来源可以更多样，对于解决创新资金不足问题有特殊价值。

（2）具有独特的激励作用。参与项目的员工不需要与企业完全脱钩，不用冒太大的失业风险就可以参与创业，获得创业的超额收益。这种风险投资对促进内部技术创新和技术发展的窗口作用具有重要价值，对企业的自主创新具有很大的激励作用。

（3）这种风险投资对内部人才的培育具有特殊的价值，可以让技术型人才和专业知识和经验丰富的业务人才直接协作，以更具挑战的方式一起推动企业快速发展，既可以提升现有创新团队的工作热情，也可以吸引企业内其他员工积极参与企业的自主创新。

（4）企业是数字化创新的主体，但从本质上讲人更是企业创新的第一要素。内部风险投资的过程中，也把人看作投资的关键要素。在投资的过程中，要考察人员的企业家精神和团队的协作状态，这些都是内部风险投资关注的重要指标。从人力资源角度来看，内部风险资不仅是对于数字化创新项目的选择，同样是对于人力资源的重构和优化，对企业的长青发展具有特殊作用。

当然，内部风险投资也存在一定的不足，典型的就是选择的对象是企业内部人员，必然存在选择范围受限、考察视野不够宽等限制。

收购数字化企业：利在速度快，弊在投入高；优在成熟高，难在管理杂

对于一些资金比较宽裕的传统企业，收购数字化企业是一个经常的选项。收购数字化企业方式的好处就在于可以在短时间内解决"技术""人才"以及团队成型等问题。但是，其中的困难还是在于企业在战略层、需求层要考虑这种收购对整个企业的数字化创新的价值和作用，以及收购后的整合融合再协同等问题。

在收购数字化企业以实现企业数字化创新时，企业常常没有办法真真正正把战略层面的数字化需求梳理清楚。而这种战略层面的不清晰，常常给企

业收购带来误判的风险。经常出现实施数据化创新之时，收购来的技术团队与原来的业务团队难以有效协作，数据资源的能力建设存在困难的问题。加之运营层面的磨合和融入不够，有时花高价收购来的企业不能很好地融入整体企业架构。

耐克公司曾收购过一家位于波士顿的预测分析公司Celect，在收购技术公司上又走了一步。在购买Celect之前，耐克已经收购了位于纽约的数字设计工作室Virgin MEGA等不少数字原生企业。Celect是一家零售分析公司，主要利用人工智能预测购买行为并储存顾客行为。耐克认为，通过收购，将Celect的技术融入，耐克将更好地预测客户想要什么款式的运动鞋和服装，帮助耐克控制库存并降低缺货率，同时提高利润率。

类似的为了响应数字化发展需要实施的收购行为近几年很多，都是一些传统的大型企业期望通过收购获得原生数字化企业的能力，提升自己的数字化水平。有一些很成功，但失败的也不少。总体来讲，这是一个不错的快速解决问题的方式。

大企业创业模式：BCG DV探索的企业内部创新与外部孵化投资以外的第三条路[1]

面对数字化创新的要求，企业内部创新的方式，仍然具有大企业自身流程冗长、推进缓慢等问题；外部投资或孵化模式，往往很难与企业自身业务达到深度融合。著名的BCG DV进行了一个新的模式探索，这种模式不能简单理解为孵化器、风投，或者创新平台，而是这几种模式的结合。

确切地讲，这种模式更像是"创业工厂"，其中很多员工都有创业背景，所做的事情是帮助大企业创建新的数字化公司，并在创业的过程中深度陪伴并参与。

其总体的工作主要有三点。第一是Innovation，包括技术创新和商业模式创新；第二是Incubation，从0到1创立一家公司；第三是Commercialization，即

---

[1] 胡仲杰. 对话BCG Digital Ventures［EB/OL］. https://36kr.com/p/1723716780033.

把这个工厂与服务企业共同孵化的公司推向市场，推进商业化和规模化。

这种模式的核心点在于四个方面。一是"创新+企业孵化+跟投"模式对传统大企业创新模式的颠覆，该模式有自己的运作方式及盈利模式。二是创业经验及领悟分享，包括团队与运营能力对创业公司的重要性、风险控制在创业过程中的重要性。三是创业项目案例分享，如面向老龄化家庭的IoT智能家居项目。四是国内创业的两大趋势：大企业创业和出海。

在创建新企业的每一个阶段（Innovation、Incubation和Commercialization），BCG DV都会与合作伙伴共同探索、分担风险和分享回报。每个创业公司都有所不同，这取决于其所在的产业、公司的需求、合作伙伴的战略等。另外，DV建立了一个"55 Degree"早期发展平台，帮助早期创业公司构建能适应市场的产品、提供第一批客户、招募合适的团队、扩大资本规模并实现盈利。最重要的是，分担风险和分享回报的方式是与资本投资、人力投入、技术投入、绩效费用等相协调的。

这种模式的优势在于发挥大企业在创新方面的优势。大企业有资源，同时也逐渐意识到创新的重要性。当前已经进入一个固有商业模式被快速打破的时代。面对反应快速、科技驱动的创业公司，大企业仅在思想层面上数字化是远远不够的。为了更好地适应未来，大企业必须创造新的增长，与外部力量协作，同时通过刺破固有的商业模式对自己重新定位，并建立技术驱动的新型商业模式。

与科技公司建立战略合作关系：利在便捷，弊在松散

自建团队与收购，都需要进行比较繁杂的操作。与数字科技公司建立战略合作关系，获得战略级的支持，在某种程度上是比收购风险低，比单纯业务外包来得实的方式。这种战略合作，实际上就是找一个靠谱的、信得过的外包公司，做深度的利益交换。毕竟数字化创新是长期的持续的工作，除了一些相对简单清晰的模块化项目，基本上都倾向于建立长期合作关系。

实施这种策略的大型公司很多。这样的协作有一个特点，就是需要双方在各自领域中具备类似的地位。

在实施过程中，这样的合作往往周期较长，成果的延展性与可实现性也并不一定让双方满意。通常的方法是建立一个稳定的对接团队，对于双方工作的执行落地，需要进行大量的协调、沟通，以及实施组织工作。

成立风险投资基金，投资科技企业或团队：利在综合有效，弊在时间不可控

对许多有实力的大型传统企业而言，成立专门的风险投资基金，投资合适的数字化科技企业或团队，是一种综合性价比相对较高的方式。这种方式，比起收购成熟的数字化公司投入相对较小，对团队的激励较强，对本企业的连带风险影响不大。一般情况下，在经历半年到一年的项目选择后，花费比收购数字化公司更少，就可以让科技团队以企业的真实业务场景为课题进行相应的数字化创新研发了。

当然，采用这样的方式风险相对更大，不确定性更高。加之风险投资需要专业团队来实施专业性操作，会对企业提出风险投资能力的要求。

这种方式是一种总体较优的方式。需要注意的是，这种风险投资的投后管理是以本企业数字化创新进展为战略总体设计的，因此，需要从战略层面上注意将这种投资最终与本企业业务有效融合发展。当然，作为风险投资，除了存在较高的投资失败风险，有时也会有比较大的惊喜。

举办数据竞赛：利在便捷，优在影响；弊在不确定，难在落地

数据竞赛可以说是时下火热的数字创新促进活动。作者曾参与建设的国家科技基础条件平台从2012年就开始举办这样的竞赛，为科研数据挖掘做出了一些探索。有数据统计[1]，2014年至今，全球范围内的各类数据竞赛总量超过1000余场。其中，仅中国市场发布逾400场数据竞赛，年均增长率高达108.8%。236家企业、政务部门、高校和科研机构作为赛事主办方参与其中；

---

[1] 和鲸科技2019年数据竞赛白皮书［EB/OL］. https://www.dx2025.com/archives/58335.html.

吸引约36万支团队、120万人次参赛；奖金合计高达2.8亿元人民币，赛题覆盖33个行业应用场景。既然热度这么高，一定有内在的合理性。

这么多企业、机构、政府举办数据竞赛，最主要的考虑因素有两点：一是这是最容易着手的一种数字化创新方式，决策需要考虑的因素少，费用可控；二是有利于扩大企业或机构的知名度。二者兼得，优点突出。加之组织团队要求也不高，较适合传统企业进行数字化创新一时无可着手的情况。

当然，数据竞赛并不能作为企业数字化创新发展的主要手段，因为其缺点也很突出。一场数据竞赛，犹如沙里淘金，获得高价值成果直接用于企业数字化创新的可能性很低。这种方式更多是作为企业开展数字化创新的启动活动，一方面扩大影响，另一方面也获得一些策略、思想，甚至团队信息。举办数据挖掘大赛，是一个比较巧妙的企业数字化破局点。

总结以上几种企业数字化创新可选策略，我们可以看到，企业实施数字化创新、获得数字化能力，除了可以根据企业自身的数字化成熟度和发展战略进行选择，在具体的实施方式上，还会因条件不同、选择不同、利弊各异，收获多样。有时，数字化能力对传统企业是"所有"还是"所用"的考虑是一个战略性的问题。

第三节　企业数字平台技术体系的构建

企业数字平台建设中的中台是关键，其技术路径有许多不同的方向，学者们根据平台规模的大小、用户的涵盖面、承载的业务量大小，分为三个类型——小平台、中平台、大平台。事实上，这三个类型的平台也可以看作数字平台建设的三个不同阶段。

小平台主要是整合企业自身的资源和能力为自身服务，主要目的大多是降低增效、盘活存量。中平台为产业级平台，本质上是企业在整合自身资源的基础上，再整合产业的资源和能力，为用户服务，其目的是赋能创收、发展增量。[1] 平台发展的终极就是生态级的大平台，大多是在孵化变量、体系共创共赢的阶段，其目的是整合社会化的资源和能力为全社会服务。

企业数字平台技术体系的要求与原则

企业数字平台技术体系指企业数字平台中各种技术相互作用、相互联系，按一定目的、一定结构方式组成的技术整体。企业数字平台的建设，主要就是数字中台的形式。数字中台用一个技术平台打通企业所有的业务和流程，在此基础上得以汇聚和打通企业所有的数据。

企业数字平台技术体系的构建需要围绕企业数字平台的特性来进行。对于当今的企业数字平台而言，需要具备"3I"特性，即Integrated—融合、Intelligent—智能、Inheritable—可传承，这几个特性体现在平台技术体系中。融合关注未来创新技术，保障持续创新；智能强调平台能够对外提供智能化能力，包括AI计算能力、AI分析能力等；可传承关注功能复用、可配置等理念打造架构。

云计算是数字服务创新的"启动引擎"[2]

新经济需要新的数字基础技术。新经济下，数字技术的使用效率、运营水平决定着业务创新能力和服务体验。在平台技术体系中，云计算是数字服务创新的"启动引擎"，尤其要注意其使用过程中的通用价值发挥。事实上，正是云计算让用户能够按需迅捷获得数字技术资源、根据业务需求动态升级扩展，保证高动态并发性能的同时，经济地实现业务连续性，并能够通过无缝技术升级满足业务扩展需求，是各种数字平台构建的一个中心设施，构成数字服务创新的基础。

在新的数字经济要求下，云计算不再只局限于以公共云的方式服务中小

---

[1] 智能经济时代，IBM揭秘数字化重塑与认知型企业的成功之道［EB/OL］. https://baijiahao.baidu.com/s?id=1630418265027992778&wfr=spider&for=pc.

[2] 云成为新经济IT新常态［EB/OL］. https://www.sohu.com/a/232717297_465914.

企业和创新公司。越来越多的企业级用户选择云计算作为核心数字技术资源，来加速应用开发部署、简化升级运维、保证业务稳定。而且，随着数字化的深入发展，云计算更大的价值在于让用户快速将物联网、人工智能、大数据转化为新经济的业务价值，以实现服务创新的突破，从而提高企业在新形势下的生存能力和发展空间。

当然，云计算技术本身也是持续发展的。从2006年推出云计算这个概念，云计算已经进入了第二个10年。随着云计算的不断发展，云计算的服务模式也在不断调整。企业级云计算需要弹性、直观、深入的管理方式，并以标准化、通用化的形式将服务提供给内外客户。与以前的企业系统架构不同的是，企业级云计算发展至今主要呈现虚拟化服务、规模化整合、高可靠性、高可扩展性和按需服务等特点。

企业级云计算能够大幅降低企业数字化建设成本，有效节约企业的时间成本和资源成本，颠覆传统的IT部署方式。云计算能够帮助企业优化运营管理流程，实现弹性扩张，解决企业业务量波动性强的需求变化问题，对于帮助企业实现降低运营支出具有特殊意义。

混合多云与未来计算：创新消费体验和企业体验的"底座"

随着深度数字化技术的发展，为发挥5G、XR、区块链、AI等新技术的全部潜能，提升用户体验与企业体验，需要在云计算的基础上发展一个更强大的技术承载"底座"，这就是现在的混合云和云边协同等新的计算模式。

出现这样的要求原因也很简单，5G、区块链、人工智能（AI）等要求计算无处不在，从公共云到私有云再到边缘节点和站点，企业需要更协同的技术平台模式来适当地完成数据的采集和承载应用，同时能够实现计算协同以提供更快速的服务。有研究表明，超过一半的IT专业人员认为必须采用混合多云架构来连接5G和非5G设备，从而让企业能够抓住5G的商业价值。

随着这些混合云为代表的新一代企业计算架构发展，人们需要更多地面向全球部署新应用、新功能和安全补丁等，并保持所有地方的数据一致性。企业级技术和业务已经快速发展的新时代，5G、区块链、AI等相互融合，将带来全新的企业数字平台发展机遇。

企业级AI：数字平台的新热点

在混合云、云边协同等新型云计算和区块链新技术快速发展并应用到企业平台建设的时候，企业级人工智能（AI）作为一项新的突破性数字化技术也在企业平台建设中快速发展。

人工智能被作为最有价值的深度数字化技术得到了全世界的关注，吸引了大量的研究人员深入其中。虽然企业管理者都认可人工智能会帮助企业获得业务竞争优势，但人工智能的企业平台应用仍然缺乏场景。

如今，随着人工智能技术壁垒的不断降低，人工智能正在业务分析领域迅速发展，人工智能技术正在触及商业的每个角落，进而影响企业发展的各个方面。

人工智能技术的普及有赖于三大基础：技能、信任和数据。企业管理者已经认识到人工智能所形成的数智智能对于业务的重要性。数据作为人工智能成败的关键，也在人工智能技术与区块链和XR等技术结合起来时，形成了数据、信任和执行的循环，从而推动消费体验与企业体验的深度融合，为企业人工智能的发展提供了数据基础。[1]

从目前来看，当人工智能（AI）、区块链和XR技术的企业化应用成熟度已经就绪时，易用性成为最优先考虑的内容。这种易用性，就是要在企业组织内部建立一种信任人工智能技术和利用其改变工作方式的企业文化。有时候，人才是技术成功实施的关键。

第四节 企业数字中台的构建策略与趋势

数字服务创新的开展基本分为四个阶段，其中的中心任务是建设数字平

---

[1] 5G+云+AI：数字经济新时代的引擎［EB/OL］. https://www.518doc.com/p-5155.html.

台。数字平台是由数字技术为构件、以数据为生产资源、以强调体验的数字服务为产出物的新型信息化系统，在数字化企业的运营中是融合技术、聚合数据、赋能应用的服务中枢。在这里，我们将着重谈谈近年来被作为数字平台建设的准标准架构——中台架构——的建设策略与趋势。

中台包含技术中台、业务中台和数据中台，其设计思想是将企业的数字化创新共性需求进行抽象，并打造成标准化、组件化的系统能力，以接口、组件等形式共享给企业数字平台的各业务单元使用，从而降低开发成本，提升整体效率。以中台为核心，形成完整的数字化创新战略安排是企业数字平台建设的基本思路。

显然，中台的建设不只是技术开发的过程，而是业务、组织和企业新能力的全新构建过程。那么，如何实现对数字服务创新核心平台的开发，开展以中台为核心的企业数字平台建设呢？对此，我们可以将整个基于中台的数字平台建设实施分为四大步骤。

1. 设定新的企业数字化生存发展愿景，而不仅是设立某个业务、产品或服务的创新目标

首先要建立一个企业数字化生存发展的新愿景，比如要变成一个数字化原生企业。数字化创新的精髓是以客户需求为"主导者"，从外部需求"倒逼"内部变革，以前所述的数字化全渠道营销全接入等，深入贯彻"互联网+"战略实施。相应，企业发展的价值观和战略导向要从过去的产能驱动转变为数据驱动。

在这个大愿景下，企业就可以把自己的产品和服务按照数字服务创新的五维模型来模仿式设计，产生一个又一个的具体的实施方案。如汽车厂商从商业模式创新的角度，在推出一款新设备时，定位不仅是车本身，也可以是一个移动的广告设施或街头的一个零售店，或者其他任何东西。服务有时看起来相似，但如果定位不一样，未来的发展机会就会有截然不同。

2. 选择合适的数字技术路线建立数字平台

需要充分利用适合企业愿景和企业实际情况的数字技术来建立数字平台。云计算、大数据、移动社交、人工智能（AI）、机器人、区块链、3D打印等新技术很多，但并不都真正适合某个企业。一个好的数字平台并不一定技术非常先进，而是最适合企业的现状和愿景，能够让新技术与业务变革最大化地相结合，产生最大化的价值。譬如，SaaS云服务是很好的模式，它适合自身IT能力有限的企业；如果企业已有规模，有自己较完备的部门，则企业级云计算才是首选。

客户的全方位体验变革是数字化创新的重要转变，因此要根据客户的数字素养来安排服务界面的变革。中台的设计虽然主要面向内部和协同生态体系的机构或人员，但同样需要对体验设计的极致追求，因为中台代表的是效率和成本。

另外，数字平台的中台并不只是一些简单的数字业务集成，而是通过集成服务、开发服务，把中间的有价值的共用数据有效收集起来，实现数据智能归一、数据统一治理与服务、数据实体化融合、数据资产化，对内产生洞察，对外产生新的服务变革。

3. 建立与数字化创新相匹配的组织架构、人力资源和绩效考评体系

对企业而言，中台的建设，关键是业务与技术、数据的协同，要破除传统上业务与数字技术之间存在的界限和"鸿沟"。通常的手段是成立新型的数字化机构（而不是依赖原有的信息化部门），作为企业数字化创新的"推动者"，实现"融合创新"，重构企业的业务组合、协同方式和管理层级，真正体现数字化创新的变革要求。当然，有了组织架构变化，员工的绩效考评还得跟进，人力资源也需跟上。

4. 调整合作伙伴，构建新的生态

企业的数字化创新发展，需要整个企业生态的调整。因为在这一过程中，需要从伙伴的数字化成熟度出发考虑整个生态中的数据的安全性保障、系统的易用性、实施与部署的容易性等。当然，数字化创新还需要企业在发展的思维逻辑上进行变革，要从控制和占有物质资源（股权、资金、技术和市场）转变到共享"数字"、共创"数字生态"上来。

企业级中台构建策略

中台的价值核心是能力的复用，那么在建设数字平台和新的业务时，这

种能力的复用是如何体现的呢？也就是说，这些可复用的能力具体是以什么样的形式提供的呢？

这里的思想其实还是源自软件工程：在程序设计中，函数是将一段经常使用的代码封装起来的功能子集，然后在需要使用时直接调用，而不是在每一段程序中都将这个功能写一遍。这样，使用函数就体现了程序设计模块化的指导思想，即将大问题分解为小问题，通过解决小问题来解决大问题。函数的使用不仅实现大问题的解决，更重要的是，函数的使用大大减少了重复编写程序段的工作量。相关的通用函数集，可以编译成动态链接库及类库，这再次提升了复用的可能。这样的可重用，甚至成了某种语言是否强大的决定性要素。[1]

同理，既然我们可以使用函数、类库的方式将一些可复用的功能封装起来，那么也就可以将可复用的功能（能力）作为服务来提供。如图9-6所示。这样，以服务的方式提供共享能力的平台，就是中台架构的平台。也就是说，中台其实就是比函数和类库更高一层次的复用封装，它不是封装代码，而是封装能力，从而更好地服务于平台业务。

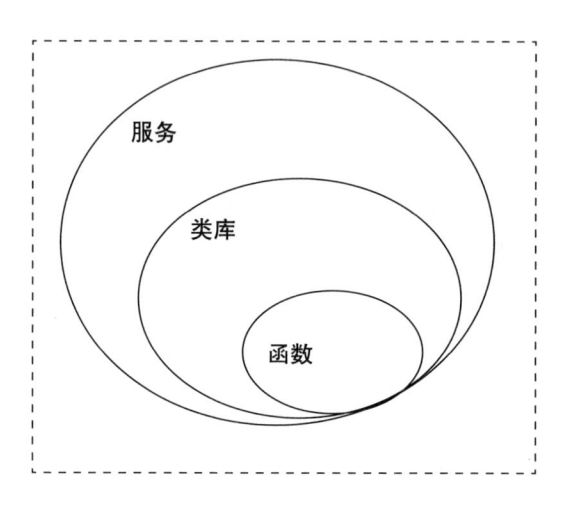

图9-6 共享封装的三个层次

---

[1] 陈新宇，罗家鹰，邓通，等.中台战略——中台是什么？为什么要建中台？中台该怎么建？[J].商业评论，2019（10）.

数字中台由数字创新的技术维度中的三个细分方向构成，即对应数字支撑技术、数据技术和业务技术的是数字支撑技术中台、数据中台和业务中台。基于这样的能力封装思想构建的中台，在技术中台、数据中台和业务中台的建设中，"能力"的定义是各不相同的。技术中台更多是数字技术的逻辑（近似于代码）；数据中台更多是数据采集、分析和管理等数据处理能力逻辑；业务中台更多是商业业务流程逻辑中的能力逻辑。具体的基本方式和原则可以做以下基础性分析与罗列。

业务中台

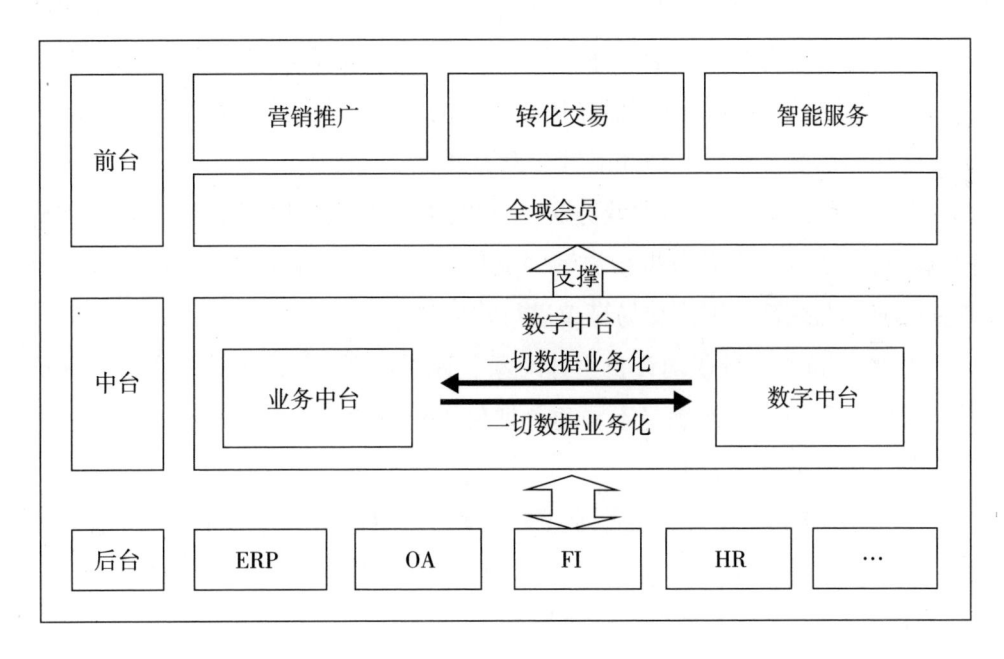

图9-7　数字中台示意

不同的企业有不同的业务，因此难以形成业务中台标准。但我们可以从一些典型的数字平台的业务中台构成中寻找一些封装业务中台服务的方式、方法以及原则。如图9-7所示。

图9-8所示为一个典型的数字平台的业务中台。

数字服务创新

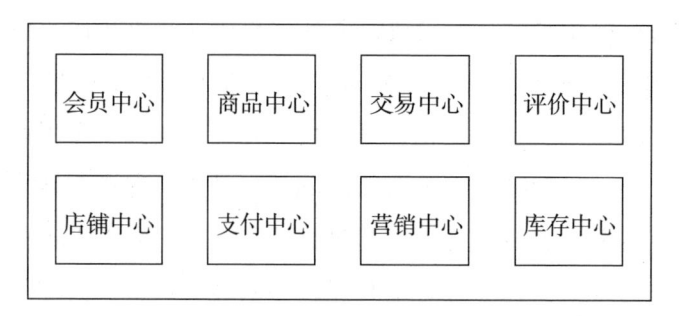

```
┌─────────────────────────────────────────┐
│  ┌──────┐  ┌──────┐  ┌──────┐  ┌──────┐ │
│  │会员中心│  │商品中心│  │交易中心│  │评价中心│ │
│  └──────┘  └──────┘  └──────┘  └──────┘ │
│  ┌──────┐  ┌──────┐  ┌──────┐  ┌──────┐ │
│  │店铺中心│  │支付中心│  │营销中心│  │库存中心│ │
│  └──────┘  └──────┘  └──────┘  └──────┘ │
└─────────────────────────────────────────┘
```

图9-8　一个典型的由服务中心组成的业务中台

（1）会员中心服务于用户的消费全生命周期，为用户提供特定的权益和服务，企业可以通过会员中心与用户进行互动，培养用户忠诚度。其主要能力包括：会员运营管理、会员体系管理、客户服务管理和积分交易管理等。

（2）商品中心提供管理商品核心数据的能力，围绕商品构建商品关联数据，诸如商品版本信息、商品品牌、商品属性、商品类目等。

（3）交易中心负责企业业务交易订单的整体生命周期管理，包括加入购物车→订单生成→合并分拆→流转→支付→发货→退换货→完成。所有电商业务的核心系统都是围绕交易订单进行构建的。

（4）评价中心提供对评价主体对象、评价规则/等级、评价内容、评价操作的管理能力，从而满足不同角色评价用户对评价内容的发布、追加、平台审核、平台申诉等需求。

（5）店铺中心提供企业店铺主体管理、店铺管理、类型管理、经营对象管理等能力以支持企业为商户提供线上门店，同时也支持商户管理、店铺会员、管理店铺会员等级管理、店铺装修等能力。

（6）营销中心提供商家的活动计划、申报、审批、执行、核销的全链路管理能力，也提供基本的促销能力，如优惠券活动、满减买赠等。

建设一套中台系统，可同时运用在多个业务平台的开发设计和服务中。因此，中台可以为同时建设、运营多套类似业务平台的互联网企业节省系统建设和运营成本。中台既可以避免功能重复建设，又可以通过全渠道打通会员系统来增加流量、互相促进，还可以减少运营成本和人员。有了中台，再发展业务相关应用就会变得更加容易，比如阿里巴巴的聚划算。

如果使用传统的系统思维来设计业务中台，很有可能只是将原先隔离的各业务系统强行集成在一起。这种方式构建的微服务不是纯粹基于领域进行建设，而是从一个系统的粒度层次进行建设。比如PMS会涉及用户和订单，OMS也需要关注会员和订单，CRM同样涉及会员。因此，按此方式建设的所谓中台，其各组成部分还是互相交叉重叠的，并不能体现中台是能力共享平台的核心理念。所以，只对企业业务系统做大一统的集成并不是中台。

数据中台

实际中，对于什么是数据中台，目前还没有形成统一的规范和定义。通常而言，数据中台指数字平台建设中对内外部海量数据进行统一采集、计算、存储，并使用统一的数据规范进行管理形成的服务能力。这些数据规范包括数据口径、数据模型、元数据规范、参考数据标准、主数据标准、业务规则等。对这些规范和能力封装形成体系就构成了数据中台的内容。这些内容可以包括一些企业长期积累下来与业务有较强关联性的一些数据组件，如业务标签，算法模型，数据产品等。

虽然数据中台的定义没有统一，但对其作用和价值却有相近的看法。一般认为，数据中台的主要作用在于将所有数据统一处理形成标准化数据，进而挖掘出对企业最有价值的数据，构建企业的数据资产库和服务接口，对内对外提供高可用的数据服务。数据中台的价值在于通过数据引领业务，其建设目标是高效满足前台数据分析和应用的需求。因此，数据中台从内容上，基本概括了数据资产、数据治理、数据模型、垂直数据中心、全域数据中心、萃取数据中心、数据服务等基本内容。

数据资产和全域数据中心就是数据中台首先应该是一个"业务矿产"，即业务数据资源汇集地，在这里汇聚来自不同业务系统的，不同数据结构、不同数据格式的数据。汇集的目的是利用，因此还需要有数据治理和数据模型，能够把这些业务矿产进行统一化规范处理，即统一采集、建模、管理等，便于通过加工与提纯，形成企业的数据资产，成为垂直数据中心。加工提纯后的业务矿产需要对数据进行服务化，即实现数据服务，实现业务数据化与数据业务化，构建数据循环的同时，创造新的收益增长。

数据中台的建设过程大多分三个阶段。

第一个阶段是起步阶段，重在建设基础设施，这里的建设不是简单的系统开发，而是建立连接。数据中台首先是一个用技术连接大数据计算、存储能力，用业务连接数据应用场景能力的平台。这种连接能力是数据中台的精髓。"连接"是其首要任务：在业务层面，要尽可能连接各种数据源作为生产原料；要求连接的场景覆盖线上、线下等多渠道，各数据生产原料之间形成全域的数据；数据中台按照标准的模型对这些数据原料进行规范加工处理后需要服务于多种场景，因此，数据服务的标准接口是关键。连接是数据中台的首要能力，也是数据中台的第一价值所在。

第二个阶段是积累阶段，重在汇集数据，确立数据中台的核心地位。在这一阶段，数据中台要在接入业务中台、后台和其他第三方数据，实现对海量数据的存储、清洗、计算、汇总等核心数据处理能力，为前台基于数据的定制化创新和业务中台基于数据反馈的持续演进提供强大支撑。

第三阶段是发力阶段，重在基于丰富的数据集和完善的分析模型，产出大量有价值的分析结果，推动业务增长。就是要求数据中台在提供的数据处理能力之上，建设新的数据分析产品，形成新的数据业务。通常除了通用的数据分析以外，经常包含一些"个性化推荐""风险评估""预警监控"数据赋能业务的应用。

建设符合以上目标的数据中台，从实现上要求需要系统具有以下几种能力，即：自如的水平伸缩能力，从容应对海量数据；对资源拥有细粒度的控制能力，支持多任务、多用户下的作业处理；强大的实时处理能力；参与业务请求处理的能力；具备人工智能及机器学习的数据分析能力；以适当的数据组织方法来管理各类数据；能对外提供强大的数据服务，支持多种协议的数据传输与交互；拥有完善的数据治理体系，能够有效保障数据质量；精准的细粒度安全控制[1]，等等。

当前，Hadoop、Spark等大数据技术是构建数据中台的主流方案。这些

---

[1] 耿立超. "数据中台"有何不同[EB/OL]. https://www.infoq.cn/article/8WSJOXkbzGyLP2wMPKHg.

方案在实施过程中，仍然较多地采用数据仓库的方法和理论对数据进行组织和处理，在最上层封装为数据服务的形式去支持前台和业务中台对数据的需求。需要指出的是，这些大数据技术构建的数据中台，与一般的大数据平台有一定的区别，数据中台更强调连接之外，距离业务更近，要求能更快速地响应业务和满足应用开发变化的需求，能够快速实现数据产品和服务的迭代。

在这里需要特别强调一点的是，数据中台与数据仓库既有关联又相区别。其中的关联主要在于二者的建构方法论是相通的，数据中台的数据组织方法、理论大多仍然是数据仓库的方法与理论。二者的区别主要在于，数据中台要更加贴近业务，其建设的目标首要是为业务提供服务。就以大家比较熟悉的"千人千面"案例来说，除了要整合业务系统产生的用户基础属性、订单、评价、加入购物车等行为数据，还要通过埋点的方式实时获取用户偏好浏览、搜索、分享商品等行为数据，经过数据中台对一系列的数据进行加工处理，最终以微服务等技术中台调用形式提供支持。如图9-9所示。

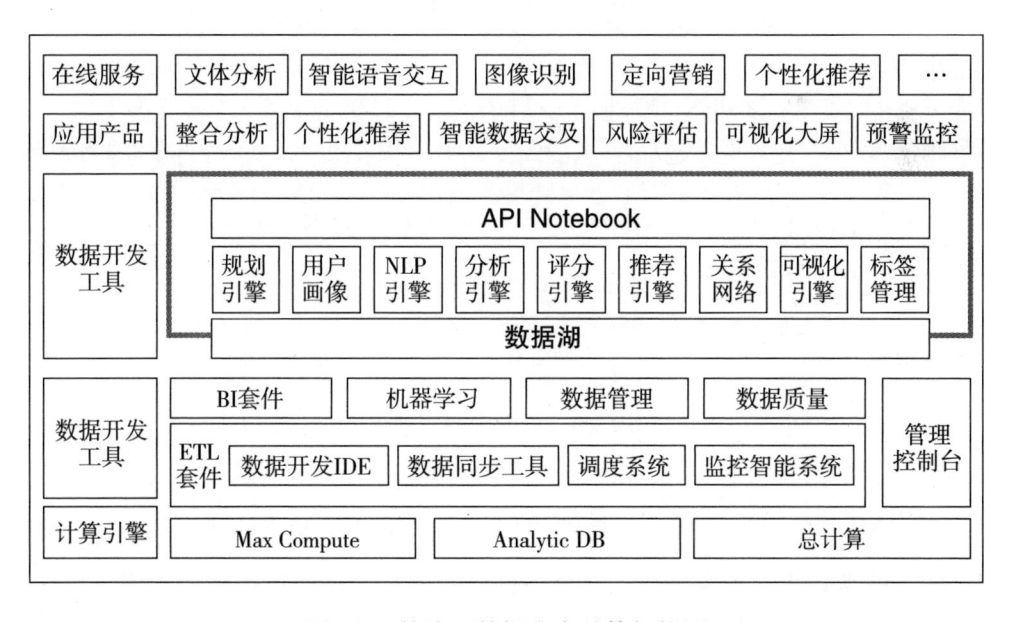

图9-9　某公司数据中台总体架构图

基于微服务的技术中台

中台事实上是一种服务的封装，这种封装要实现有效的共同和重用，颗粒度就一定是要受控制的。在业务中台、数据中台的层面，我们为了解决企业大平台技术组织结构垂直化、业务线又多又复杂等问题，将技术中台（简单讲就是有关写代码的事情）从整个平台建设理念中独立出来。技术中台强调系统基础设施和中间件的抽象整合，为业务中台、数据中台提供通用基础能力的支撑，让业务中台、数据中台的应用服务能够专注于自己的业务领域或数据资源的逻辑开发，减少对通用计算与存储基础能力的关注。如图9-10所示。

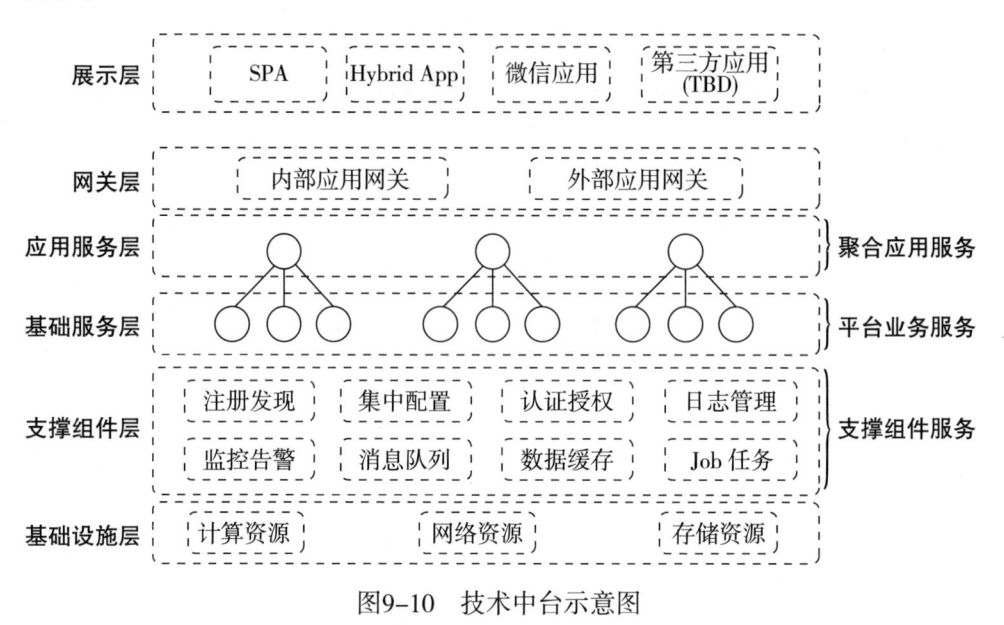

图9-10 技术中台示意图

经过几年的发展，技术中台的最佳解决路线已基本获得共识，形成"微服务"技术思想。微服务是一种将应用构建成一系列按业务领域划分模块的、较小的自治服务的软件架构方式。这种软件架构倡导将复杂的单体应用拆分成若干个功能单一、松耦合的服务，这样可以降低开发难度、增强扩展性、便于敏捷开发、持续集成与交付活动。[1]

中台是技术层面的能力封装，这种封装的标准主要有两条：一是要"小"，二是要"独"，就是独立做一件事情，完成单一的原子业务。单一的功能要拆分出来，因为如果耦合在一起就会影响另外一个模块。微服务作为将应用构建成一系列按业务领域划分模块的、较小的自治服务的软件架构方式，具有远超以前企业架构的优势。在传统的IOE架构中，业务应用和数据库是在一起的，业务逻辑只会跟数据库交互。这样的架构不足之处首先就是业务之间的联系与沟通极为不便；其他的SOA架构，已经有了一定的微服务思想，但由于采用企业服务总线进行关联，企业服务总线的使用易陷入瓶颈。如图9-11所示。

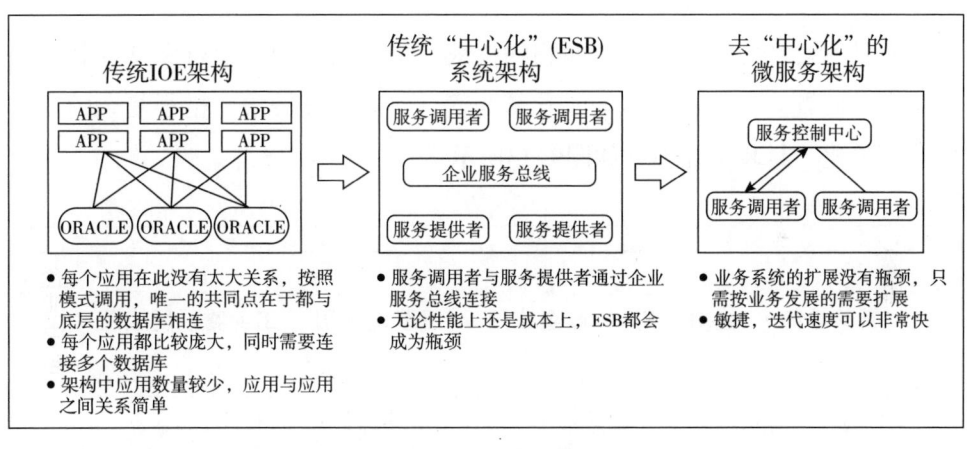

图9-11 企业IT架构的变迁

微服务的应用，最初产生于数字服务创新的两项基本变化。如图9-12所示。

（1）互联网的高速发展使传统的企业业务快速演化，不断拓展新的领域，这必然要求企业架构的演进。

（2）业务发展要求持续迭代和价值特性的小批量快速交付，基于云计算的基础设施发展，降低了应用部署、升级和管理成本，为微服务的实现提供了条件。

---

[1] 韩欣. 企业微服务技术中台落地实践［EB/OL］. https://www.infoq.cn/article/G4OCvvcQuK0jit3Fp0Ti.

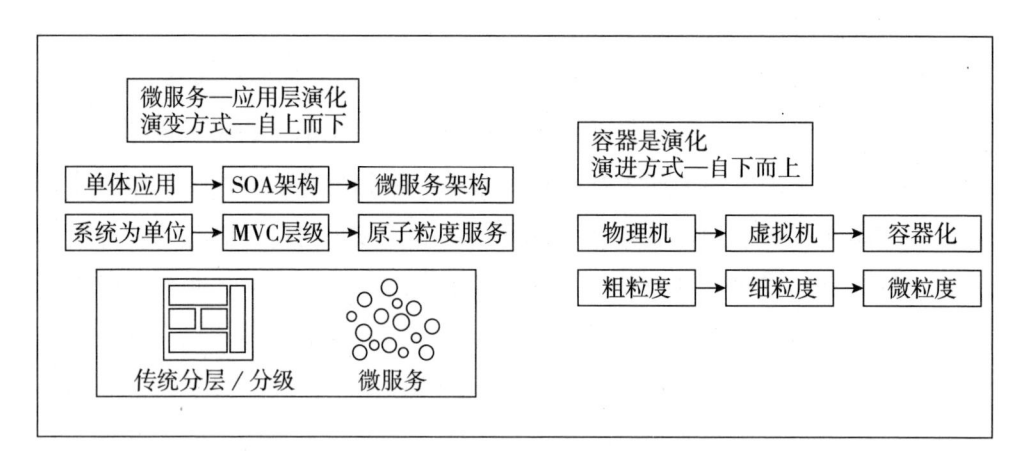

图9-12 微服务与容器

微服务架构的技术中台所面临的挑战，主要是框架、运行和支撑怎么联合起来的问题。其解决方法一是化繁为简，二是深度抽象，把很复杂的东西尽量简单化、封装化处理。如图9-13所示。

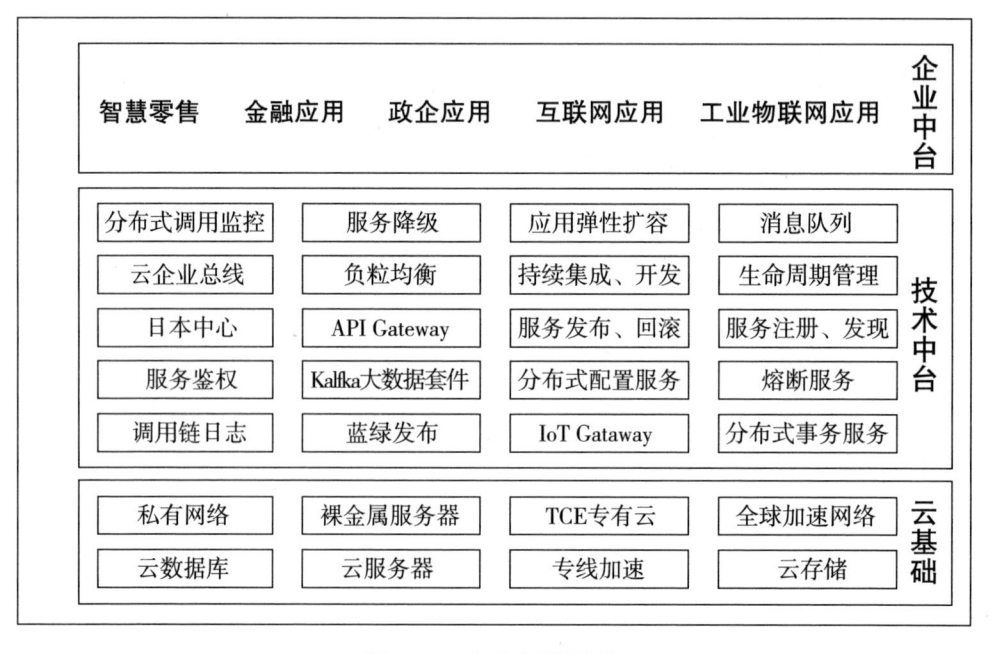

图9-13 中台架构层次

微服务架构理念的实现，有三个关键，即容器、RPC和微服务治理。其中容器是微服务理论的代码级实现落地；RPC框架的协调使微服务的构建能力得以提升；微服务治理是微服务框架中的关键内容，其实施主要包括有五个方面，即服务鉴权、服务路由、服务限流、服务容量和服务熔断，以及服务降级。这些具体的实现，支撑了微服务理念的不断发展与创新。

企业中台的未来展望

中台策略是新的理念与方案的探索，企业数字化平台中台的建设更是系统性的工程，很难一步到位，更不是一蹴而就的冲刺。某公司的中台建设很成功，某个新的中台方案很不错，这些都只能是可借鉴的案例和方法。别人的成功并不意味着自己的成功，企业中台的落地，首要是公司治理的变化，是企业架构的与时俱进和不断迭代升级。

在企业中台的建设过程中，需要在整体上系统把握四项核心原则。

（1）中台建设与平台战略要协调。确保企业的业务战略和数字化战略的协调，数字化创新对企业战略、业务输出有实现战略层面的结构性支撑和技术支撑。

（2）企业架构"没有最好"。企业架构的选择需要考察产业环境与产业链条的变迁，预见企业运营发展的方向与战略，建立合理的业务架构和数字化平台架构，管理好数字平台和业务的关系，梳理好数字平台与组织优化的关系，从而保证企业数字化战略的统一与协调。

（3）数字资源尽可能复用。这种复用不仅指设备设施层面的复用，更多是要破除部门之间、业务之间、数据之间，甚至是企业之间的隔阂，通过开放与共享，实现资源"可复用"这一中台建设的基本原则。

（4）保证中台体系的灵活可扩展，保持对于DevOps等先进技术和理念的敏感，在企业中台建设中优先开展技术性创新，应对企业中台这一快速发展的新领域的变化。

总体而言，中台的建设是服务于前台业务的创新，只有不断地进行业务迭代和持续创新，才能通过对中台的需求激励，让中台发展得更好。中台也必须不断发展自己的技术体系、产品化路径以及构建理念，才能满足前台需求，成为企业新服务的创新中枢。

中台还需要建设成开放的体系，开放的创新理念对中台的建设是至关重要的。这种开放不仅是对企业内部开放，也要对企业外部以及平台用户开放。这种开放思想，是整个数字化服务创新的关键理念。只有将中台变成开放创新平台，企业才能将自有的数字化平台变成开放式的生态体系平台，从而为其他协作生态体系内的企业提供更好的第三方数据和服务。事实上，数字化平台的中台本身就是通过开放接口集成其他部门、系统和企业的第三方数据和服务，来支持前台开展的个性化需求服务和业务创新。

总之，好的技术架构能够为中台的建设提供更好的支持，快速、高效地为解决实际业务问题和开展服务创新提供坚实的技术支撑。

第五节　规避陷阱——企业数字化创新实施的五大警示

数字化创新不仅指技术、数据和服务的创新及实施，更多是从技术能力的视角来看待经营战略，改变企业的运营方式和创造收入。

在以前的信息化过程中，每个部门可能已经有了自己的一套信息系统。但各个系统从技术体系到数据规范都基本被全部规定固化，而且复杂烦琐，难以跨部门、跨领域有效利用数据。企业数字化变革，就是要对整个企业的数字体系优化，这通常意味着必须梳理整个工作流程。改革必然带来不安全感，必然要受到原有习惯的反对。[1]因此，数字化创新的成功实施必须以一种整体的、战略性的方式进行。

在企业数字化创新过程中，新的流程或机制一旦建立，不仅是技术，企业文化和思维方式也必须随之转变，与外部企业的协同与联合也要改变。企业数字化创新的业务变革，或者说数字服务创新的过程，是极为艰巨的。成

---

[1] 共同创新加速数字化转型［EB/OL］. https://www.yokogawa.com/special/planet-zh/stories/digital_transformation_accelerated_by_co-innovation/.

功的案例不少，失败的也不鲜见。在实施数字服务创新的过程中，有一些共性的问题，或者称之为"陷阱"，可以提出来作为警示。

陷阱一：服务引入越多越好——梦断代码

尽管客户的需求越来越复杂多样，但这并不意味服务项目越多越好，因为客户更看重服务的功能和质量，而不是服务的数量，就好像如果制造企业盲目扩大产品线只会使企业陷入资源浪费的窘境。

陷阱二：产品设计追求各种新功能——多不一定好

一台具备各种新功能和应用的设备不一定受到客户欢迎，客户只会为他们认为有价值的功能买单。关于应该有多少智能应用部署在产品里、有多少部署在云端，也要根据产品的特点分别对待。需要快速响应的产品，最好把功能放在产品里，而数据分析、远程维护、用户界面的改善功能则应放在云端。

陷阱三：偏离核心竞争力——企业存在的核心

创新不是"灵光乍现"或"聪明的创意"，创新时要综合考虑相关因素。其中，企业的核心竞争力是关键，偏离了核心竞争力，也会导致创新的失败。

陷阱四：固守自主开发——策略的选择

很多实力雄厚的企业完全自主开发，但随着市场应用和新的进入者越来越多，这些企业也面临更多选择。

陷阱五：体系排斥——新旧动能不协同

一些公司采取相对独立的新组织开展创新服务，但在新的服务与整体体系融合过程中，新的动能已成长起来，很容易出现体系性的排斥。

第十章

数字服务生态体——数字服务经济的主体进化

谈到数字平台的类型,我们提出,现在的数字平台经常以"大平台、中平台、小平台"来分类,并且将中平台、小平台作为企业级平台。那么大平台如何建设呢?事实上,大平台通常是跨企业的,是生态级的。也就是说,运营大平台的是新型的超越传统企业思维的生态体。因此,我们先从生态体,也就是生态系统的角度探索数字服务大平台的建设与运营规律。

第一节 创新生态系统

硅谷作为最受瞩目的技术创新聚集地,是世界各地竞相模仿复制的标杆。但人们逐渐认识到,单纯的模仿复制一些方法或措施是很难把握其真正精髓的,"要从生态学的角度来思考",把硅谷当作一个系统性的生态体系来研究,才能解释其难以复制性[1]。因此,"创新生态系统"概念被提出——建立强有力的知识经济体系,必须学会如何创建(而非单纯模仿)强有力的创新生态系统。

这种创新生态系统指由各类创新主体、创新种群、创新簇群与其存在环境之间,不断进行能量流动和物质循环而形成的复杂统一体。这种创新生态系统本身也可以看作是涵盖创新物种、创新种群和创新群落三个层次的复杂结构体。也许是因为生态系统的有机性,创新生态系统至今仍然是缺乏明确定义的生态系统的概念。这是一个从生物学借来的概念。用生态系统的概念来描述商业环境源于詹姆斯·穆尔,他在1996年版的《竞争之死》中提出商

---

[1] 陈颖,石妍妍.硅谷创新生态系统的演变历程[J].中关村,2016(2).

业生态系统的说法。

创新生态系统充分考虑了创新过程和创新系统的高度动态特性，借助技术领域（生态学）的思维与组织模型，把创新要素间的动态复杂交互型关系及组合看作一个有"生命"活力的生态系统[1]。事实上，我们可以将硅谷创新生态系统与信息技术发展相结合来讨论，从而得出硅谷创新生态系统经历了四个阶段的历程，即：半导体时代、个人电脑时代、互联网时代、社交媒体与多元化时代。

对于这一"活的"系统，我们采用"活力指数"来表现一个区域的创新生态系统的活跃程度。集群效应、创新文化、知识产权保护、资本市场的成熟度以及政府与市场的关系等影响着创新生态系统的发展，影响着生态系统的活力。但这些因素更多是生态系统活力指数的结果性表现，真正影响活力指数的是生态的丰度、系统的块化程度和系统环境的湿度这三个指标。

1. 生态的丰度

生态的丰度即生态系统中各个"物种"在系统的占比，即要求生态系统中各种角色都应有一定的存在，而不是单一或简单的几个物种的存在。创新生态系统要求，各类型、各行业，以及各种体量的企业、机构等有一定的适应的比例。

2. 系统的块化程度

创新生态系统借用生态学的基本属性来研究创新体系问题，用生态学的规律和方法来研究创新体系，从而发现、解决原有体系存在的问题。块化的创新生态系统是一种更具象化的系统描述，它更明确地体现了系统内的结构特征，即"条块融合"。其中的"块"化程度，就是这种融合的紧密度、协同度的一种测量。

3. 环境的湿度

区域创新生态系统是湿的。这里并不是指全球变暖、两极融化、海平面上升导致环境变湿，而是指借由茶会、书友会、论坛、对话会等线下形式和QQ、博客、维基百科这样的线上社会性软件，人与人之间充满了人情味。在

---

[1] 朱学彦，吴颖颖. 创新生态系统：动因、内涵与演化机制［R］. 中国科技政策与管理学术年会，2014.

"湿"的系统里，人们不再因为制度强制待在一起，而是可以轻易地在线上线下组建各种群体，发现志同道合的人，以从前无法想象的方式一起从事某个项目。

创新生态系统的核心思想是，在这种内容背景下，一种激进的开放性和分享性的协作。更重要的是，在这个活的系统中，不仅包容所有构成创新过程的环节和参与主体，还包含它们之间的关联关系以及它们之间复杂的动态交互过程，包括在愈加复杂动态的开放的世界经济环境中，各个部分与主体之间的自组织、自平衡、自生长，各要素之间共生存、共适应、共进化，从而不断创新，创造新的繁荣的创新型经济。创新生态系统可能会导致新的增长机会，为企业和所有周围的实体提供助力。

第二节　数字服务生态体

数字经济时代，要求一切都要以生态为主要的创新业务载体。数字经济时代的用户需求越来越复杂，技术与应用越来越复杂，没有任何一家公司能够提供所有的解决方案，基于生态的创新变得日益重要。数字服务平台构造的生态体系，就是一个新型的创新生态系统。

这样的创新生态系统随着新一代基础架构和下一代应用的出现，将重塑ICT产业乃至整个数字经济的新格局。各种各样的数字化生态系统将和知识产权池一样重要——要么建设生态，要么加入生态。这些生态体将组织和协调各个经济和社会角色，政府机构、平台、企业、用户和消费者等都共同参与到数字服务体系中来，构成复杂的数字服务创新生态系统，为经济活动提供巨大载体。

这种新型的数字服务创新生态系统，也就是我们所称的"数字服务生态体"，是一种全新的创新共同体。事实上，在本书的观点看来，各种产业互联网、行业互联网、工业互联网的本质都是构建这种新型的数字服务创新生态体。

这种生态体不同于以前的各种经济组织，也有别于以前的各类产业联盟、托拉斯以及企业集团。其最重要的特点有三，一是用户和消费者的参与；二是整个体系的组织工具是数字化平台；三是共同围绕核心主题即数字服务创新开展活动。

对于这样的数字服务生态体的理解，我们首先可以从数字服务创新作为一种新型的开放创新模式说起。

数字服务生态体是一种开放创新的共同体

提起技术创新，不得不让人想起20世纪20年代约瑟夫·熊彼特提出的创造性的破坏（Creative Destruction）。每一次创新都是对既有的观念与模式的"破坏"，21世纪的创新也是对此前创新观念与模式的"破坏"。

20世纪80年代以前，企业对研发信息的保密几乎上升到了国家机密的程度，每个企业都对外保持高度的神秘感。研发一般集中在精英人物手中，由他们带领自己的专业团队进行技术开发，并最终由企业将其产业化，著名的贝尔实验室就是典型的例子。大多数人都认为只有建自己的研发部、研发中心，甚至是研究院，才有资格进行技术创新，只有"人、权、物"都是自己的才能享受创新的成果，此即传统的"中央研究院式创新"。不可否认，在这种模式下，的确取得了许多辉煌成就。但是，20世纪80年代以来发生的以下变化导致了企业竞争规则的演变。

（1）知识配置自然化。由于高等教育的普及以及学术机构研究能力和研究质量的迅速提高，知识不再富集于企业研究部门和科研单位，而是广泛分布于产品价值网络的各个节点中，只有富裕的企业和富裕的国家才能开展创新的垄断局面被知识的自然配置打破。

（2）创新型人才从以前的忠诚于企业转变为更忠诚于职业。人力资源流动性的增强，导致了企业对创新的控制日益困难；高素质人才的就业观念发生了根本性的变化，他们更忠诚于职业而非企业；企业想要获取高素质人才必须付出高昂代价。

（3）小企业的蓬勃发展。随着经济的发展，风险投资产业开始走向成熟，越来越多小而专的企业由于能够提供更完善的风险管理机制和回报机制，因而获得了发展机会。表现为拥有了更多的资本与人力，技术市场的资源供应也得到了丰富和完善，等等。这些机会大大加快了众多商品和服务向市场推广的速度。硅谷企业的发展，说明了小而专的企业，甚至是带有个性化色彩的企业备受推崇。

（4）互联网的产生及发展，加速了企业竞争规则演变的进程。以前图书馆是知识的一个重要来源，图书馆的藏书越多越全，说明其对知识的垄断程度就越大。互联网的极速发展使知识的流动性越来越大，人们获取知识的途径越来越多，知识平民化时代逐渐到来。

正是这些变化推动了创新模式的创新，开放创新成为新的创新模式的主流。开放式创新分为三个层级，即开放创新、网络创新、云创新。

最顶层的云创新（Cloud Innovation）是一种大范围（通常是全球）内的创新活动，是群体智慧的体现，它通过各种形式的网络平台（从一般性的机构间协作网络、企业内部研发协同平台到互联网社区）所形成的大规模的、成本低廉的、高度畅通的、极易扩展的网络基础，将大范围内的各种技术知识人才连接到一起，把分散的、自发的、海量的创新资源聚合起来，形成一个充分体现群体智慧的、规范化的创新共同体，为企业、团队或个人提供持续创新发展的"营养源"。这是一种"全方位、全流程、全角色"的创新模式。并且这一创新模式体现了消费者就是生产者和创新者的商业理念，围绕企业目标营造了浓郁的创新生态，具有低成本的鲜明优点。

云创新是在互联网技术和云计算应用基础之上的一种高层次的开放创新模式。传统的创新理论与实践可能更关注创新的结果，即获取新的产品。实际上，如何进行创新、如何管理创新这些行为本身也属于创新的范畴，只不过它是模式创新。相对于那些纯技术性创新而言，模式创新更具影响力。云创新，就是互联网时代应用数字技术对创新模式进行的一次具有划时代意义的变革。

无论是普通的开放创新还是高端的云创新，这些创新活动都有一个特点，那就是它们是由创新共同体来完成的。共同体指人们在共同条件下或因共同的需要与目的结成的集体。传统的共同体包括政治共同体、科学共同体、区域共同体等，都是遵从特定契约，有着共同利益的集体组织。与传统科学共同体和无形学院不同，云创新共同体有自己的特征与活动方式。自由软件业公司不同于传统公司的关键就在于它拥有一个大规模群体参与的极具创新能力的研发团队（独立的创新共同体）。共同体成员可以既是用户又是开发人员，他们之间的合作意愿以共同的理念为核心却又独具优势，由此可以开发出最符合实际需求的产品。"共同体成员可以既是用户又是开发人员"，这是开放创新共同体最为鲜明的一个特点。

综纵观数字服务创新，我们曾指出数字服务创新三个最大的特点：用户和消费者的参与；组织工具是数字化平台；共同围绕核心主题即数字服务创新开展活动。我们完全可以说，不仅数字服务创新是一种开放式创新，而且数字服务创新生态体就是一种开放创新共同体。

数字服务生态体就是数字服务创新的生态系统

借助技术领域的思维与组织模型，充分考虑创新过程和创新系统的高度动态特性，我们可以把创新要素间的动态的复杂交互型的关系——创新共同体看作一个有"生命"活力的生态系统，即创新生态系统。这个系统中包容了所有构成创新过程的环节和参与主体，包括它们之间的关联关系以及它们之间复杂的动态的交互过程。正是这些主体在愈加复杂动态的开放环境中进行自组织、自平衡、自生长，推动各种要素共存、共荣、共进化，从而不断创新产品和服务，构造了新的繁荣的创新型经济。

在创新生态系统理论看来，从创生到不断演进，实际上是一个开放的耗散结构不断演化、自组织的过程。实现"创新链"功效是最重要的动力，专业化分工、竞争合作、交易成本降低等是创新生态系统演化的内在动力[1]。

近年来，随着以云创新为典型范式的开放式创新在全球范围的扩散，创新生态系统的发展也呈现出更多的开放性特征。特别是在互联网和云计算的推动下，创新生态系统打破了传统的地域、产业乃至国家的限制，向互联网虚拟空间发展。这种发展，又适应了当今世界的产品和研发供应链的发展要求。一些知名企业，如苹果公司通过苹果手机的APP市场，打造了以企业为

---

[1] 郭利平.产业群落的空间演化模式研究[M].北京：经济管理出版社，2006，9.

核心的全球软件开放创新云平台。

开放式创新生态系统是在开放式创新范式下涵盖创新主体范围更广、创新资源流动更加频繁、创新链条运行更加生态化的创新生态系统。数字服务生态体本质上就是一种开放式创新生态系统。[1] 正是在这种开放式创新环境之下，通过数字化的服务平台，吸收内外创新思想，提升生态系统整体的创新能力，支撑新产品新服务的持续迭代发展，不断满足用户的需求变化，以数字技术、人才、创意、资本等各类创新资源要素的跨界流动为主要特征，以良好的创新文化为支撑，各创新主体基于创意产生、研发到市场化的创新全过程交互竞合形成创新生态系统。[2]

运用建设开放创新生态系统的方法建设数字服务生态体

有时候，数字化更多地表现为一种思维方式和认知模式的革命，而不仅是技术革命。数字化被看作信息化2.0，其更重要的变化是业务活动的数据化，以及整个经营管理活动的数字化变革。这些变革体现在企业与业务变革的各个方面，即：企业有没有数字化的战略思维与商业模式；有没有数字化的领导力；企业与人的关系有没有数字化重构；企业是否要构建数字化的运营平台体系；是否塑造了客户需求连接与数字化的营销；是否有数字化人才管理与人才社区，等等。

在这样的整体数字化的生态体系中，消费者不再只是听众和观众，他们也是体系信息和内容的生产者和传播者，以及服务创新的参与者。数字服务生态不再只是生产者的结合，更是生产者与消费者的结合。数字服务生态体的建设本质上是创新生态系统的建设，是创新共同体的建设，只有深刻明白这种"互联网+"时代的创新基本原则，才能真正建设有价值的数字服务生态体，才能建设有活力的数字服务平台，才能开展有效益的数字服务创新。

将开放创新生态系统的理念用于数字服务生态体的建设，将使数字服务

---

[1] 朱学彦，吴颖颖. 创新生态系统：动因、内涵与演化机制［R］. 中国科技政策与管理学术年会，2014.
[2] 蓝清. 开放式创新生态系统运行的驱动因素研究［D］. 大连：大连理工大学，2015.

发生根本性的变化。一是数字服务的重心从"物"转移到"人";二是数字服务的驱动力从"流量"转换为"关系";三是数字服务成功的衡量标准从"价值"转换为"价值观"。

当前,我国消费升级将从商品消费驱动转向服务消费驱动,从传统消费驱动转向新兴消费驱动。行业和大企业业绩分化推动产业结构优化升级,消费升级倒逼企业产品和服务提质。我们必须以开放创新生态系统的视野,重新审视数字服务创新生态的建设,推动传统企业从单纯的生产者创新,走向数字服务生态体的创新。

数字服务生态体的理念推广,有利于这种跨界经营和企业生态圈的构建。生态体的理念不仅使传统的产业边界日益模糊,企业可以基于核心能力借助数字平台实现产业链延伸,更便于大规模的数据积累,有效地拓展产业边界。在此基础上,基于数智智能对用户需求的分析,可实现更高层次的服务能力与资源整合以及价值的重构。数字服务业务生态体,就是数字服务创新生态体,也就是可持续的创新产品和服务的生态化数字大体系。打造一个多主体共赢互利的生态圈,既是数字平台模式的精髓,也是生态体理念的核心。平台之间的竞争,其实就是生态体系之间的竞争。

第三节　从供应链开始构建数字服务生态共同体

数字服务生态体无疑将成为未来数字经济中的主角,其表现各式各样,建设方式也不尽相同。由于数字服务生态体是众多主体的联合体,企业的供应商、消费者、销售渠道、技术合作伙伴、其他社会团体等,都是数字服务生态体的有机组成部分。但是,数字服务生态又具有明确的目标,那就是满足顾客现有及潜在的价值,而不仅是满足顾客需求。需求不等于价值,因而数字服务生态体本质上是价值生态系统。构建数字服务生态共同体,其实质就是按照价值链来构建协作体系,这种价值链的组成方式包括与同行构成的横向价值链、与上下游构成的纵向价值链,以及更为重要的产业跨界整合形成的斜向价值链。

对于一般的"非数字原生企业"而言，按价值链来构建生态体，最简单的做法就是从企业已有的产品或服务的供应链开始，通过供应商切入供应链的数字化，一方面提升体系的效能，另一方面又是一种新的业务模式。在这里需要强调的是，从供应链开始构建数字服务生态体，并不是简单地将原有的供应链信息化强化，而是按照数字经济的发展要求和数字服务生态体的要求，重构其中的逻辑和原则。

数字经济不等于互联网经济，而是数字化的新经济

为什么有些企业拥有众多IT人才和各领域专家，但还是没有成功实现数字化变革呢？这是因为它们的数字化创新出现了断层。沿着互联网思维往前走，会断层，沿着工业的思路往前走，也会断层。一旦路径不能延续，断层的前面就是悬崖。

近年来，互联网一路顺风，形成了一种思维定式，就是互联网思维就等于数字化。但实际上，传统企业往往认为互联网人讲的东西和自己要解决的问题挂不上钩，导致"鸡同鸭讲"，企业要解决的问题、数字化过程中的问题和互联网思维根本不在一个平台和轨道上。

企业数字化，拓展数字经济，与互联网经济并不完全是一回事。通常，从供应链入手，构建数字服务生态共同体，建立合适的伙伴关系可以促进企业的创新和增长，进而扩大数字化价值网络，实现群体创新和增长，是企业数字化、发展数字经济的重要初涉路径[1]。然后，在此基础之上，通过打造开放式创新社区、打造以数字平台为基础的新业务模式，不断开展数字服务创新，以保持生态共同体能力的领先。譬如在商业模式上打造以开放平台为基础的新数字业务；在运营模式上通过合作提升自身的相关性；在产品研发上通过开放式创新联通上下游以及消费者，构建价值网络，创造协同价值，等等。如图10-1所示。[2] 在商业实例中，如北汽集团以北汽新能源汽车为基

---

[1] 朱伟.企业如何才能成功应对经济周期和行业颠覆[J].IT经理世界，2018（10）.
[2] 埃森哲.创新驱动　高质发展[J].软件和集成电路，2018（10）.

础，构建智能化综合交通服务数字平台，融合网约车、出租车、共享物流车等全业态，打造新生态的绿色出行服务体系，同时为集团开拓了全新的收益来源和发展空间。

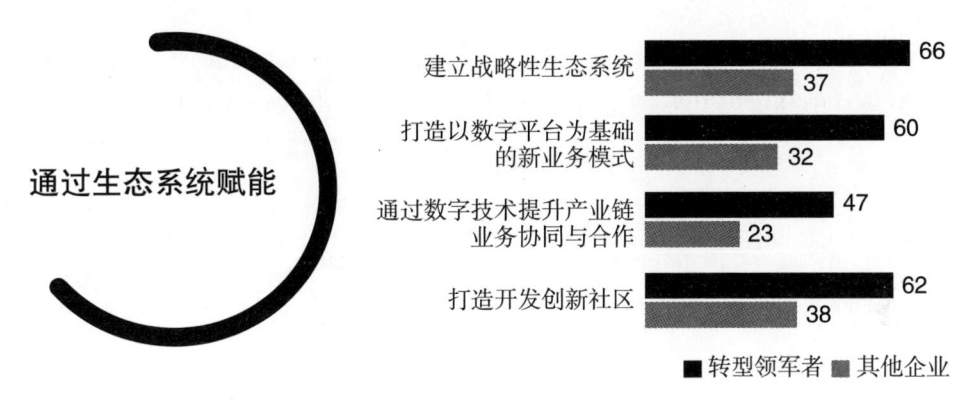

通过生态系统赋能

类别	转型领军者	其他企业
建立战略性生态系统	66	37
打造以数字平台为基础的新业务模式	60	32
通过数字技术提升产业链业务协同与合作	47	23
打造开发创新社区	62	38

图10-1　企业拓展数字经济

生态体的建设理念要求从满足需求逻辑转向创造价值逻辑

数字服务生态共同体不同于以往的组织形式，一个主要因素是其存在的基本逻辑发生了改变。这是非常重要的底层逻辑的变化。面对数字化和新产业时代，需要企业在战略底层逻辑上实现彻底的改变。

这样的改变，首先是源于数字化时代企业核心竞争力能不能为用户价值创造需求。创建数字服务生态共同体，就是要打造基于用户价值的"合作共赢服务生态圈"。而这样的和谐共赢的生态圈必将是一个多方互利、相互促进的生态系统。如作为品牌厂商的企业提出的生态体共赢战略就是整个生态共同体的动力源，驱动整个产业链条构成的生态共同体有条不紊地运转，最大限度地提升共同体的效率，并创造出最大的利润。如图10-2所示。

这样的共同体创造需求，特别是创新需求。如早期的手机只是通信工具，而今天的手机已成为智能终端，甚至成为生活与工作的平台。在这个过程中，生态体的作用更大。今天的企业与企业生态体的战略核心，不仅是满足用户需求，而且是创造新需求，给用户带来更大的价值。

当一个生态体能够创造新需求以满足用户价值的时候，生态体的能力就达到最高级了，因为在创造新需求的时候，就没有竞争对手了，有的，只是共同服务于用户的合作者。这就是创造需求以共生的逻辑，依靠这种共生，生态体就有永远存在的价值，就会有广阔的发展空间。

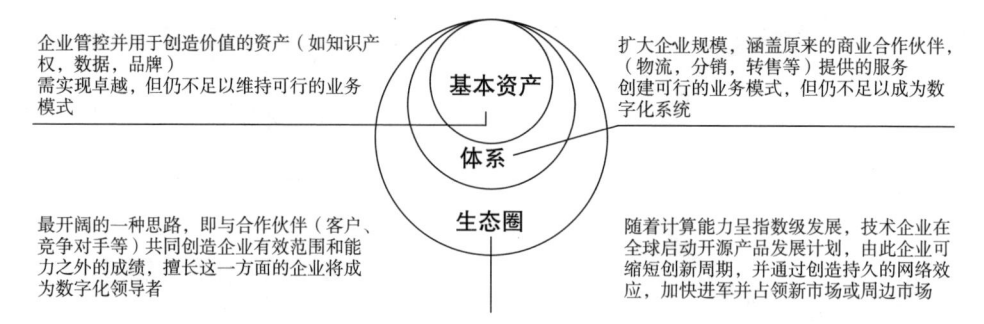

企业管控并用于创造价值的资产（如知识产权，数据，品牌）
需实现卓越，但仍不足以维持可行的业务模式

基本资产

扩大企业规模，涵盖原来的商业合作伙伴，（物流，分销，转售等）提供的服务
创建可行的业务模式，但仍不足以成为数字化系统

体系

生态圈

最开阔的一种思路，即与合作伙伴（客户、竞争对手等）共同创造企业有效范围和能力之外的成绩，擅长这一方面的企业将成为数字化领导者

随着计算能力呈指数级发展，技术企业在全球启动开源产品发展计划，由此企业可缩短创新周期，并通过创造持久的网络效应，加快进军并占领新市场或周边市场

图10-2　合作共赢生态圈示意

生态体的构建过程中，连接比拥有更重要

数字服务生态共同体的建设重在连接。之所说连接比拥有更重要，除了收益的原因外，更重要的是今天的世界正处于一种不断迭代、不断优化、不断改变的持续动态过程中。对这种情况，任何一种单体性决策的机构和个人都很难应对，需要更多的人贡献智慧、共同决策、共同应对、共同分享。

在这样的持续动态过程中，生态共同体内部主要通过连接来实现。通过连接不仅形成生态系统，更可以创造新的价值。在连接过程中，共享不断改变人类生活的同时，相关的企业也会脱颖而出。无论是爱彼迎、滴滴还是其他共享平台，都是基于连接来实现的。成功与否的关键，在于企业有没有能力构建这种开放式的协同平台，并在此基础上形成自己的核心能力。海尔的家电开放式创新平台、孚润的智能家庭生态系统等，在这方面做出了很多有价值的探索。

生态体的连接过程中，可信与开放协同是关键

数字服务生态共同体的建设重在连接，连接的数量、质量与安全就成了

重要前提。如果不能提供开放性、可控性、安全性都较高的连接，那么生态体就很难得到真正的连接。加之企业有可能和非常多的生态伙伴建立数字化共同体以扩大自身的发展空间，可信度和开放协同由此成为生态体建设的关键。

"小爱IOT开放平台"是小米打造的协同和共同成长的平台，在这个平台上，仅2019年就连接了1000多家企业开发者，7000多个个人开发者，在全球连接超过1亿台智能设备。

成为一个连接者并不容易，需要在多方面做出自己的开拓。如图10-3所示。建立网络化、数字化的开放创新生态，构建数字服务生态体，需要建立可信度，树立开放协同的口碑。

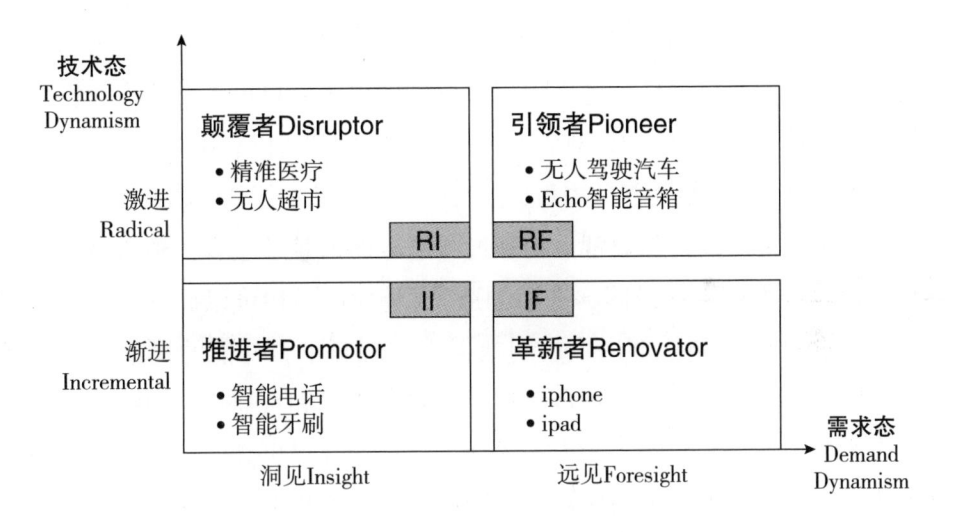

图10-3 如何成为连接者

总体来说，构建数字服务生态体有一些基本的原则，主要是共生的思维方式和共赢的存在理念。一定不要竞争，一定不要比较。把输赢放下，将与供应商、同行等的关系变成真正合作共生的关系，生态体就可以很快建立起来。

在数字化时代，确定生态共同体的协同战略，并不一受限于企业的资源和能力，因为完全可以通过连接获得更多的资源和能力；也不太受领域的限制，因为可以跨界构建无界服务。基于生态体的理念，对单体企业来讲，发展机会不是受挤压，掌握好趋势，事实上机会就变多了，因为完全可以重新定义企业的发展空间，不断连接，跨界连接。

构建数字服务生态体，确立合作思维，重点在连接上。用数字化平台技术，构造新型的数字服务生态体，将是未来企业发展的核心战略。

第四节　构建面向数字服务生态共同体的企业架构

生态体化的数字企业

正确的数字化创新应包含一系列不间断的变化，应该是涵盖不同业务模式、流程、技术和人员的所有变化的总和。完成创新的企业可以实现非常有效的信息共享，而且可以广泛地做出信息驱动的决策。再也不是几位数据科学家就会影响企业未来的发展。现在，整个员工队伍都可以利用人工智能（AI）来获取洞察力，做出更明智的决策，同时从耗时的基本任务中解放出来。

数字化平台可以消除通常由物理边界造成的信息壁垒，实现信息的自由流动，使系统可以自由访问，进而创造商业价值。API可以提供集成更宽松的架构，允许内部和外部用户访问数据，实现新平台功能的快速开发和部署。完成创新的企业可以实现自动化、机器人技术和直通式处理的优势，避免工作流程中的人为影响（和人为错误），进而获得更高的精确性、速度和可靠性。企业可依赖成熟的业务逻辑和策略来决定如何使用数据。

面向生态体的企业架构框架

在面向生态共同体要求的全面数字化情景下，企业需要聚焦新的业务模式，高效实现人的行为、物的行为、时间和空间等多维度的数字化互联互通。因此，相对而言，需要在原有的企业架构框架下增加业务流程、物联、服务集成等三个领域的内容，并丰富数据、应用、时间、人、动机等领域。人们提出了由九个域组成的满足全连接和数字化的扩展型EA（7W2H）框架，命名为智慧企业架构框架（Smart EA Framework，SEAF）[1]。如表10-1所示。

表10-1　智慧企业架构框架

业务经理 业务模式	业务功能	客户 产品 服务 目标	关联模型	技术策略 技术方向 业务位置	核心业 务事件 核心业 务结果	暂幅化政 策 暂幅化方 针 物性 人性	角色／员工 客户 供应商 组织 空间	原景、使 命 主要目标 价格主张 共建成功 因素
业务价目创通 业务流程项目 架构 定义主干业务 业务经营 业务价值实况	应用功能 应用产品 活动图	数据模型 数据资产目录 业务对象定义 数据质量	流程与应用 流程与教案 应用与教案 应用与应用 数据与数据	技术架构框 架 技术标准 技术规范	过程事 件 过程结 果	IOT概念 模型 知化模式 感知模式 可视模式 通用模式	组织模型 管控模型 社会行为 企业行为 网络行为 隐私行为	业务目标 企业战略 战略手册 产品战略 市场战略 MPIT战略
聚焦业务 价值实现 E2实理 定义业务范围 流程效率目标 关键控制点 角色定义 定义业务规则 定义流程属性	应用产品定义 应用平台架构 应用功能清单 应用构成图 应用图 应用职务/API	数据／数字模型 文档／内容管 理 关键资产 关键分析模型 实体／属性定 义 数据标准规范 数据质量 地图	流程构成模型 数据构成模 型 应用构成模型 人的行为关 键模型 构成行为关 系模型	技术参考模 型 资金技术架 构 云计算架构 企业网架构 移动互联网 架构 技术服务／ 触口	时间要 求定义 时效服 务定义 事件模 型 过程模 型 过程结 果模型	IOT架构 智能化模 型 知化模型 自动化模 型	企业组织结 构 BPIT组织 决策／授权 层次 岗位定义 岗位与解决 匹配 组件／行为 模型 用时图	业务能力 人的能力 速度能力 构成能力 智能能力 BPIT治理 能力
业务操作流程 业务活动 输入输出 工作任务 流程服务	应用功能 应用其他架构 应用产品构成 应用平台 限制图／模型 做服务	数据模型 数字化模型 智能分析模型 元数据／字具 数据安全／完 整性 数据服务	应用引擎 服务总线 消息总线 数据构 成服务	系统部署 云部署 企业网格 互联网络 移动互联网 安全部署	时序图 协作图 状态图 状态迁 移图 发生时 间	智能部署 模型 CPD部署 控制系统 的进行 状态 物的行为	组织结构 资速配置 技能标准 门户／体验 行为状态	文化 形象 品牌
流程文件 操作手册 知识	面向对象的代 码 做职务代码	数据与模式 知识	构成服务代 码	做代码 操作手册 知识	7*2小 时 原子时 钟	标准和规 范 操作手册 知识	法律法规制 度 行为规范 知识	教育 培训 宣传
业务流程域	业务应用域	数据域	集成域	技术域	时间域	物域	人域	组织动机域

架构在层次上分四层，即上下文关联模型、概念模型、逻辑模型、物理模型，每个域的架构层次组件在不同层次用不同模型来表示。对九个域的架构分别概括如下。

1. 业务流程域

业务流程是数字化的核心对象，且必须以用户为中心、基于角色、聚焦业务价值、架构化，聚焦流程的组织和业务行为。在这里需要指出的是，在

---

[1] 王涛. 数字化企业的智慧企业架构框架——使能企业全面向数字化转型［EB/OL］. http://www.ciotimes.com/ea/152112.html.

流程创新中的分层分级的结构化思路，即建立企业完整的业务流程架构和端到端集成的主干流程，基于流程架构建立流程责任机制。在流程建构时，将业务行为融于业务流程，使业务的质量、内控、授权、行权、监控、时间、地点、服务等行为融于流程，并使流程支撑组织／人的行为的可追溯性和可视性。

2. 业务应用域

业务应用是业务流程／业务能力的IT实现，本质是将业务流程的能力／活动抽象成最小应用功能，再基于端到端业务、业务边界、数据关联性、安全性等要素，将应用功能抽象成应用功能组。

3. 数据域

数据模型的构建是基于业务流程输入输出的业务项（Business Item），聚焦主数据、业务交易数据、业务规则、参考数据等结构化数据和其之间的关系，以及基于经营指标、管理指标、业务流程绩效指标等管理决策数据构建的维度模型。

在数字化或智能化阶段，以对象及其行为为中心，需要基于业务行为、人的行为、物的行为构建行为模型，聚焦非结构数据（重复型和非重复型）和结构化数据建立人、事、物之间的关联关系，建立基于场景和行为的趋势分析等大数据分析模型。

4. 集成域

数字化创新的集成除了流程、应用、数据和服务外，还需基于业务链、产业链、智能制造等垂直集成、水平集成和端到端集成，实现数据共享，以及以人、事、物为中心的数据聚集的业务模型和数据模型集成。

5. 时间域

在数字化创新阶段，需要进行大数据分析，挖掘数据的时间和趋势价值。以前管理的时间点远远不能满足精细化管理和分析要求。基于人、事、物发生的行为和时间建模，对行为数据进行采集，以及基于时间序列的分析建模，对行为趋势进行分析，对行为发生的后果进行预防和预警，从而获得先见之明，创新商业模式，提供更加精细化的服务。

6. 物（物体）域

在数字化时代，需要对物（物体）进行内外行为建模，即对物体的智化设计，包括内部感知、外部感知、连接性、自调节、自学习、自愈性、类人性等，只有智化设计的产品和植入了各种传感器的物，才能实现物物互联，人物互联，走向细化的管理和控制。

7. 人（角色）域

在企业数字化平台中，需要基于业务价值创造过程和管控要求来精细化角色定义，并在效率和管控上取得平衡，因此，需要基于角色设计流程。这样的建模需要把人的行为纳入IT应用系统设计和开发，组织才能掌握在企业空间的行为，并构建行为分析模型，基于行为、规则、知识、经验来改进业务流程、内控模式、遵从模式和IT应用系统，让企业管理层聚焦异常行为的处理和规则的建立，从而改变工作方式和不断提升人的效率。

8. 组织动机域

数字化是管理变革、流程变革、企业创新的使能器，数字化的技术已经成为企业或组织的生产要素，并为业务赋能。因此，数字化战略必须与业务战略制订紧密结合，推动和影响业务战略制订，构建企业级的数字化创新战略和企业架构。

9. 技术域

数字技术的共享性、通用性、连接性、体验性、平台性，以及规模性等特性，要求规划和制订企业级技术框架，包括策略、技术架构、技术标准、技术规划、参考模型等内容，并基于云计算平台、存储平台、数据平台、统一接入平台等构建共享技术平台，同时通过平台化技术支撑业务一体化战略和快速响应策略的实现。

面向生态体的企业还必须是有利于封闭式创新走向开放式创新的架构。企业架构方法是获得数字化能力的关键，而且企业架构方法有助于技术精准地赋能业务。如图10-4所示。

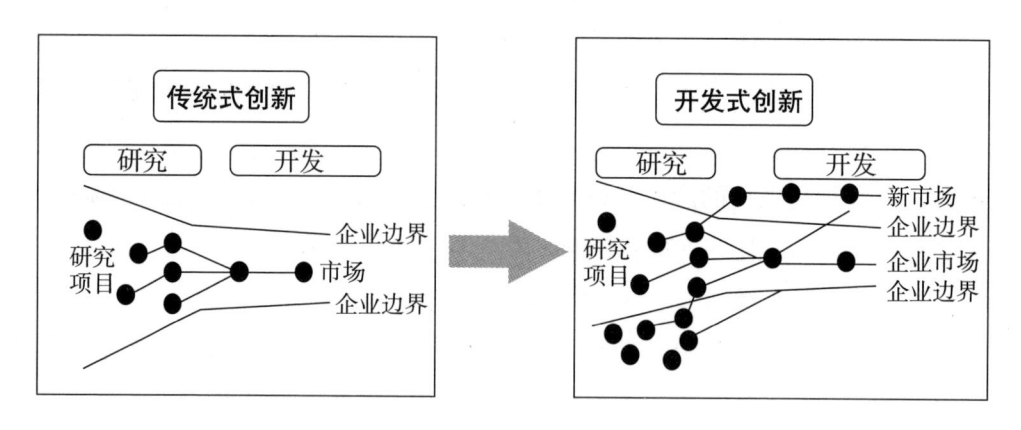

图10-4 开放创新示意图

通过平台战略，我们可以为创新提供坚实的平台，整合内外部资源强化当前的市场竞争能力，同时获得进入新市场的机会。

数字化时代更关注数字化领导力，将同事视为合作伙伴，让外部客户参与。生产关系适应生产力，时代不同，需要不同的组织管理机制适应数字化时代。如图10-5所示。[1]

	IT工匠时代	IT工业化时代	数字化时代
关注点	技术	流程	业务模式
能力	编程、系统管理	IT管理、服务管理	数字化领导力
参与程度	孤立的、内外部都较少参与	同时被视为客户，较少让外部客户参与	同时被视为合作伙伴，让外部客户参与
产出	少量的自动化和创新，问题较多	服务和解决方案、有效率	数字化创新，新的价值
	计财科	IT	DT

图10-5 需要不同的组织管理机制适应数字化时代

数字化创新，使得人、物和服务等能够实现高效和互动性连接，推动生

---

[1] 张贝贝. CIO如何拥抱数字化转型［J］. 软件和集成电路，2019（2）.

态系统模式空前发展。相对于传统的链状价值创造系统，团簇状的生态共同体的模式更加开放，协同与价值分享更加充分，协同价值创造与开放创新进入新的发展阶段。

数字化生态系统模式下，价值创造各方与最终用户直接互动，可洞悉用户的需求，把握创新方向。相关各方的协同与数据等资源的共享，将加速创新的进程，降低失败风险。以移动互联网新兴的开发者经济为例，无论是苹果的iOS还是谷歌的安卓，作为移动互联生态系统的主导者，都建立了基于移动开发与分发平台为核心的开发者生态系统。

在数字化企业架构中，基于数字化生态共同体的架构突出了共享协同域，并对各域的分级组件和要素进行了重新定义，但如何构建好的数字化平台，指导数字化创新的战略举措和方案落地，需要借助一整套的方法论。基于数字化企业架构的数字化平台的诞生与繁荣，将推动企业运营模式和商业模式创新，重塑企业边界。生态体的运营模式，也随之在企业运营流程各个环节推广，帮助企业转换思维，实现从强调资源所有权到关注使用权，拓宽资源与能力的获取渠道，形成更加精简、敏捷和聚焦的企业形态，重新定义与优化企业的边界。

由此更进一步，数字技术的推广与数字经济的繁荣，数字生态共同体的发展，将重塑市场结构与市场边界。以规模生产的效率为核心的工业经济时代，以行业定义市场结构，行业间的差异源自不同产品的不同生产制造流程。进入数字经济时代，经历了由需求特征定义的市场结构之后，基于场景的市场结构不断发展。

第十一章

生态中台与物块链——数字服务创新引擎3.0

数字中台包括技术中台、业务中台与数据中台，被认为是实现数字化创新的重要的技术与机制的创新。它的实质是将企业或其他机构的共性数字化服务需求进行抽象，并打造成组件化的封装的服务能力，以接口、组件等形式共享给数字平台中的各业务单元使用。借助数字中台，企业或机构就可以针对特定问题快速灵活地用数字资源来构建解决方案，为业务的创新和迭代发展赋能。这种技术模式和机制的应用实际上不只面向企业级数字平台，还可以面向企业联盟所构建的生态共同体。当面向共同体提供共性服务能力时，就需要演变出一种新的"数字服务生态中台"，简称"生态中台"。

生态中台所依赖的基础数字技术与企业中台是有较大差别的。这种差别更多是数字化不同阶段的差别。在数字化初期，中台面向的是企业，企业数字化生存的最主要状态是流量。不管是BAT还是新一代的"拼多多"等互联网公司，它们的基本服务运行模式都是一样的，那就是搜集海量数据，对用户精准画像，然后进行精准匹配，提供相应的服务。在这种流程中，业务中台要完成的功能和服务有高度的同质性。当数字化平台走向生态体化的大平台时，驱动数字化进展的基础因素发生了一些变化。支撑这种生态体大平台的更多的是物联网，而物联网事实上是一个纯粹的数据流动的端到端的网络。单纯地应用云计算、SaaS的中台模式支持下的集中式业务中台，不能很好地协同生态体的组织与利益分配，从而为用户提供更直接高效的服务。

随着区块链技术的爆发式发展，一切都在发生重大的变化。区块链技术所构建的是一个去中心化的信任网络。在区块链技术体系中，特别强调把数据进行资产化，并在此基础上，基于博弈论的经济学机制，构建一套点对点的、去中介的、分布式的、智能化的业务运行模式。在区块链技术体系下，数字平台的构建和信息互联网阶段在基层模式上就有非常大的不同。基于区块链技术与物联网技术相结合的物块链技术，更为构建全新的面向生态体的去中心化的生态中台提供了全新的解决方案。

第一节　数字服务生态中台

正如一位业内专家所说，"平台模式的精髓，在于打造一个完善的、成长潜能强大的生态圈。它拥有独树一帜的精密规则和机制系统，能有效激励多方群体之间互动，达成平台企业的愿景。平台生态圈里的一方群体，一旦因为需求增加而壮大，另一方群体的需求也会随之增长。如此一来，一个良性循环机制便建立了。"[1]

生态中台与一般的企业级数字平台的中台最大的不同在于：除了技术中台、数据中台和业务中台，生态中台，或者称为生态服务中台还特别增加了新的内容，那就是生态组织中台。这种生态中台与企业中台的业务中台所依赖的企业组织有极大的不同，它更多地受开放创新的影响，具备不同于企业中台的共享协同域，这种共享协同域经常表现为构建开发者社区、行业WIKI等具体形式。

也就是说，生态中台的重点是使数字平台能够具备创新生态共同体的构建能力。其目的在于通过优势互补、强强联合、跨界合作，打通企业间的技术和专业壁垒，共享数据资源，形成新型的产业创新生态。[2]具体而言，应以生态性大平台的建设为主导，通过建立一套实现资源共享、动态协作的增值分配机制，广泛汇聚数字化基础设施提供商、微服务组件提供商、边缘解决方案提供商、行业资源拥有方、数据资源拥有方、应用开发者以及应用程序用户等，形成需求与供给高效对接、精准匹配、应用与服务持续迭代、多方共生共赢的良性发展生态。如图11-1所示。

---

[1] 陈威如，余卓轩.平台战略：正在席卷全球的商业模式革命［M］.北京：中信出版社，2013，1.
[2] 李君，邱君降，窦克勤.工业互联网平台参考架构、核心功能与应用价值研究［J］.制造业自动化，2018（6）.

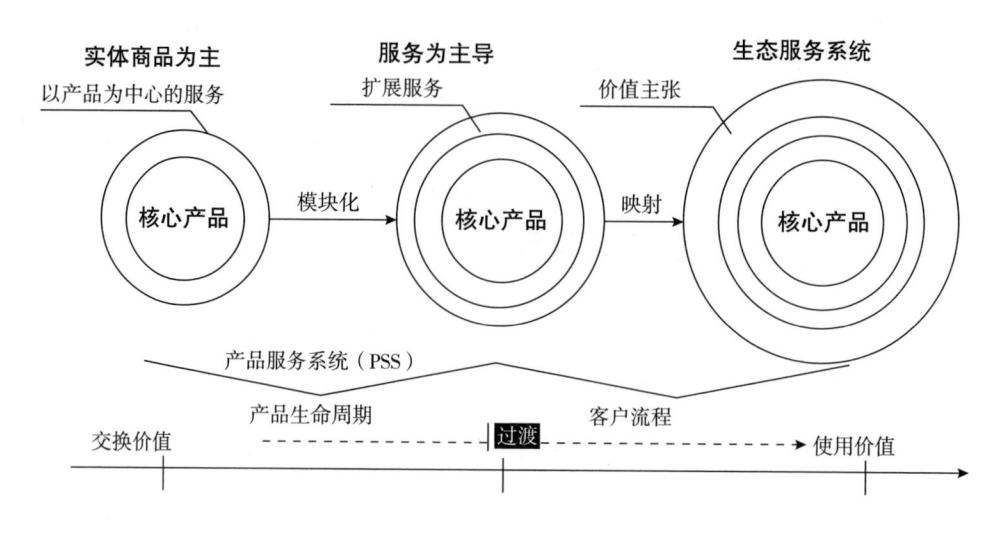

图11-1 产业创新生态

现有的生态体服务平台一般都是架构在物联网基础之上的，其解决方案一般主要包括基于软件的服务中台、模块化和服务生态系统。其中，模块化和服务生态系统建立在用于连接设备的已部署标准（例如数据表示、语义技术以及网络和通信协议）的基础上。该服务中台提供对各种数据资源管理服务和相关资源（操作数和被操作数）的访问。服务中台的最底层对应平台的基础 IoT 架构的传感层。在上层，需要应用程序和全渠道功能来与各种渠道（物理和数字）上的参与者进行交互。

生态服务中台必须反映管理互动和服务交换的规则和政策。协议具有规范性，并为行为者/客户提供利用可用资源和价值产品的指南。如图11-2所示。

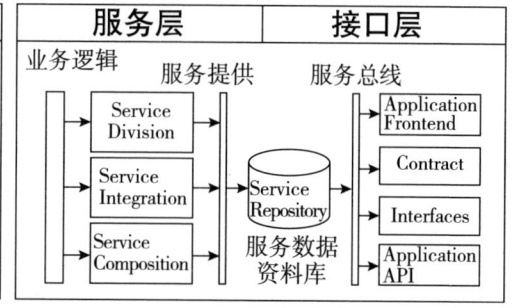

图11-2 面向生态的生态服务中台

面向生态的服务中台必须建立利用复杂性的机制和逻辑，它们通过服务中台来验证参与者与资源之间的结构化和非结构化交互。服务中台的逻辑包括联系参与者、共享资源和集成系统。服务中台的各类行为者可以寻求更好的体验和改进的价值创造方法时，就会出现创新。

面向生态的服务中台包含的技术通常结合以下部分。一是连接组件，通过利用网络协议将产品与云连接。二是产品云（细分为组件产品数据数据库，应用程序）平台、规则/分析引擎和智能产品应用程序。三是产品软件（操作系统和应用程序）和硬件（传感器、处理器、天线/连接端口），实现 IoT 连接。产品提出的其他系统元素，如身份和安全性组件（系统访问和身份验证），用于连接和收集来自外部源的信息/数据的网关以及将智能对象的数据与后端和旧式系统（记录系统）集成，例如 ERP、CRM、PLM，等等。

在这一类生态服务中台架构中，传感器增加了与资源的连接性，并使它们在服务系统内和服务系统间可用和访问。结果，必须有效地管理和分析从各种连接的网络实体收集的数据流。更重要的是，数据分析已成为一种重要功能，可通过在连接的智能对象上构成的智能服务系统来支持能源管理。

进一步的研究需要具体化战略制订，并探索基于物联网的服务创新与物联网基础设施之间的相互依赖性。在数字经济中，生态系统与核心技术同等重要。与其他国家相比，中国市场的生态特征较为明显，互联网企业占有具有绝对优势的市场份额，其数字化平台上的海量用户，以及资金、人才、内容等方面的优势为数字生态注入了重要活力。政府和企业都应充分借助这种力量，通过形成战略共识、制订应急计划、进行项目试点等方式与互联网企业进行合作，并积极探索新的用例和业务模型，进一步深化应用区块链等新技术，构建更符合自身行业需求的成熟生态系统，重点推动生态体的开放与共享协同，赋能更多的行业伙伴。

第二节　区块链——数字服务生态体建设的新路线

建设面向供应链和用户全面参与的数字服务生态体，某种程度上就是一种

数字服务创新

生产关系的再调整。要构建数字服务生态体，需要解决许多与之相关的开放与协同共享问题，而这些问题的解决大多数需要依靠数字信用体系的构建。

从实践来看，数字化创新过程中围绕着数据的安全、保护与使用，存在四大难点。一是缺乏权威的数据标准。制造业企业每天产生和利用大量数据，包括经营管理数据、设备运行数据、外部市场数据等。二是数据安全有待保障。面向产业生态的数字化平台，产业数据的安全要求要远高于一般互联网中的消费数据。产业数据涵盖设备、产品、运营、用户等多个方面，在采集、存储和应用过程中一旦泄露，会给企业和用户带来严重的安全隐患。数据如果被篡改，可能导致生产过程发生混乱，甚至会威胁城市安全、人身安全、关键基础设施安全乃至国家安全。[1] 三是数据开放与共享水平要求较高而实际能力不足。随着数字经济发展，企业对外部数据的需求呈现不断上升的趋势，包括产业链上下游企业信息、政府监管信息、公民基础信息等，将这些数据资源进行有效整合才能产生应用价值。从当前实际来看，政府、事业单位等大多数公共部门的基础数据仍处于内部整合阶段，面向社会进行整合，提供共享服务尚需时日。四是相关数据的采集法规尚在完善之中。在社会数据方面，对哪些数据可以采集并独享、哪些数据能采集但必须共享、哪些数据不能采集还缺乏详细规定。数字标准、数据安全、数据可信、数据共享是限制数字服务生态体发展的重要因素。

作为解决信任问题的区块链技术，被看作是第三次互联网革命。区域块链技术为数字经济时代带来了新的变化。习近平在中央政治局第十八次集体学习时强调把区块链作为核心技术自主创新重要突破口。

区块链的核心价值在于两个方面。一是可以构建一个更加可靠的联网系统，从根本上解决价值交换与转移中存在的欺诈和寻租现象。二是可以"降低交易成本"。应用区块链能简化流程，降低一些不必要的技术性和制度性的交易成本，这种能力应用于许多社会领域中，对于发展当前的数字化创新和数字服务经济更有现实意义。

事实上，数字服务经济的发展在于服务产品、企业和产业的重构。产生

---

[1] 沈恒超. 制造业数字化转型的难点与对策［N］. 经济日报，2019-6-5.

于产品竞争时代的传统企业竞争理论，其基础假设是市场中的主体是相互竞争的关系，特别是企业与企业之间往往是零和竞争。在数字服务经济时代，需要不同企业的数字服务组合在一起，共同满足消费者和客户的需求，因此企业与企业之间转而成为相互依存、共同做大市场的热带雨林式模式。这些场景，都是区块链技术的有效应用领域。

创新生态系统的创新摩擦与区块链的解决路线

在每个运转的创新生态系统的内部和外部都会存在不同程度和不同类型的创新摩擦（用"摩擦"要比常用的"矛盾"更准确一些）。这种摩擦既是该创新生态系统前行所需要的反向助推力，也是阻碍该创新生态系统运动的阻力。如何利用它，关键在于每个创新生态系统自身对创新摩擦的解决方法和方案。人类进步的历史就是一部不断消除摩擦的历史。从引入货币取代易货交易，到以数字签名代替火漆印章，人类在解决摩擦的过程中不断超越，推动社会不断进步。

我们也许会问，摩擦在哪里？摩擦可能来自制度的惰性、限制性法规和无形的威胁。[1] 首先，制度惰性。成功有时会使企业骄傲自满，止步不前，逐步形成"僵化"的业务模式；各种旧的制度和官僚主义的流程会降低企业的反应能力和变革能力。这样的"僵化"会严重影响企业的创新和适应能力，使其在数字化颠覆面前不堪一击。其次，限制性法规。受到严格监管的行业由于各种审查而无法迅速采取行动；跨境业务被各国冲突的法规严重制约。有些摩擦是有人故意为之。虽然自动化有助于降低成本并且加快监管流程，但是它无法完全消除监管治理。再次，无形的威胁。新技术带来了具有竞争力的新业务模式，但这对那些无法有效进行规划的企业来说是一种威胁。这种不断上升的不确定性可能会让许多企业持续的业务成功戛然而止。小型企业和专业大型企业都会尝试新方法，虽然失败率不低，可一旦成功，

---

[1] Fast forward: Rethinking enterprises, ecosystems and economies with blockchains [EB/OL]. https://www-935.ibm.com/services/us/gbs/thoughtleadership/blockchain/.

就有可能彻底改写整个行业的格局。

另外，摩擦还来源于信息/数据的使用。信息不对称，也就是交易各方无法获得相同的信息是一个重要因素。在大数据时代，信息不对称有可能逐渐降低整个生态系统的价值。信息还会经常出现不正确或者不一致的情况，这可能导致决策失误，或者因需要重新调整而使决策延迟。还会存信息无法获取的情况。存储、处理、共享和分析信息等方面的技术挑战会极大限制丰富数据和信息的潜在价值。其结果是有大量信息处于无法收集或无法访问的状态。再者就是存在信息风险。黑客攻击、网络犯罪、隐私问题，以及身份盗窃等技术风险呈上升趋势。

在所有的互动中，也存在摩擦。交易成本、业务经营的成本与其复杂性密切相关，会随着规模扩大、需要管理的资源（包括中介机构）的增加而上升。几乎在所有情况下，复杂性都会侵蚀收益。随着世界越来越扁平化，数字平台将完全不同的各方联系在一起，距离大大缩短，但是由于业务流程不透明，所以仍然存在延迟。有些业务交易耗时数天，而且通过中介机构进行管理的费用也很高，这些交易是灵活的竞争对手首要的瓦解目标。很多地方企业无法以高效或可靠的方式接触市场，无法充分利用其资产。即使是大型企业，也面临着诸多障碍，有很多资产处于闲置状态，无法为促进收入增长或创造新财富做出贡献。

这些摩擦会在不同程度上影响各行各业的发展效率。摩擦的存在，可以验证和淘汰许多不适于生存的企业和市场主体。摩擦已成为竞争的基础，因为初创企业会在摩擦消失之际乘虚而入。与此同时，其他类型摩擦已经逐渐成形。

我们可以得出摩擦主要呈现的三种形态，即：信息摩擦、互动摩擦和创新摩擦。每个世纪都会出现新的技术，用于消除摩擦的根源，也就是解决阻碍发展的低效率问题。19世纪，电话的发明让我们可以实时进行沟通联系，有效地减少了信息摩擦；丝绸之路让东西方文明相会，减少了互动摩擦；14世纪出现的第一份信用证为信托建立了新的基础，减少了创新摩擦。互联网的出现，就像是为消除摩擦的缓慢旅程加装了超级助推器。它可以同时解决以上所有类型的摩擦，有助于消除信息不对称，促进世界范围内的广泛的零时空交流互动，汇聚各种资源为创新所用。正因为此，一些技术专家、经济学家纷纷开始期待无摩擦时代的到来。从理论上说，摩擦能够"以数字化的方式消除"。经过20年的发展，互联网从应用场景探索、基础设施搭建、用户习惯培养，到网络应用不断丰富。我们的生活被不断互联网化，我们得以高效地进行跨时空信息交流。

互联网虽然抚平了一些摩擦，比如信息不对称状况有所改善，交易成本降低等，但问题并没有完全得到解决。仍然存在的摩擦会带来严重的后果，甚至互联网本身也会在另外的层面加剧所有类型的摩擦。摩擦呈现出此消彼长的格局。例如，信息不对称造成的摩擦促使业务合作伙伴和消费者等群体要求提高透明度，同时，网络犯罪等新型摩擦甚至对最成功的企业也造成了威胁。要预防网络攻击等新型威胁代价高昂，从攻击中恢复正常更是耗资巨大。

可见，互联网在带给我们社交、娱乐、媒体等巨大便利和良好用户体验的同时，也迎来了自身发展的巨大障碍。因为互联网并没有解决隐私安全、造假和信任问题。甚至因为网络的隐匿性的特点，一些不法分子利用网络侵犯他人的隐私和盗取信息，反而扩大了信任危机。以金融行业为主，凡是有中心机构、中心平台或有人控制和运营维护的平台或信息都存在最基本的诚信和风险控制问题，互联网难以直接实现价值传递。尤其是在组织所有可参与的人员和资源完成云创新任务的时候，同样因为信任和知识产权的问题，还没有完全实现人力和资源的最佳集聚效应。

在传统模式下，为了保证信用安全，通常成本高昂。首先，互联网的隐私安全问题体现在用户数据的集中存储和弱加密方面，一旦企业或集中式服务的保障措施被攻破，经济损失和社会损失不容小觑。其次，现行的互联网网络仅提供了信息流动的功能，并没有在信息确认、存证防篡改等方面有所限制，无法阻止造假和网络欺诈行为。再次，人们之所以选择和接受互联网服务机构提供中介服务，是因为人们信任和依赖机构本身的主体信用，也即实际上人们并没有选择和信任交易的另一方，而是将信用转移至平台。当我们利用支付宝、银联网络、微信、邮箱的时候，实际上是因为我们相信这些服务的提供者阿里巴巴、银行、腾讯、网易等企业不会恶意篡改、非法截取和使用我们传递的交易和信息。因此，这套信任机制的建立和维护成本是非常高的，同时，依靠"强中心"的信用转换来提供的信任和安全环境往往是很脆弱的，它很容易受到攻击、发生故障和拒绝服务等。此外，在公平性、客观独立性上也存在巨大隐患。互联网提倡"自由""平等"的精神，却并未给我们带来平等的世界，反而加剧了权力中心的形成。去权力中心将是未来互联网发展的方向。

总而言之，互联网乃至数字化的基础技术发展在云计算的高峰时期，同时已经到了十字路口，亟待新技术、新架构或新方案对其进行改进和升级。

区块链的摩擦解决方案

几个世纪以来，全球贸易一直是人类历史上最强大的"财富创造者"，但市场摩擦也是财富的最大障碍。多年来，企业已经消除了许多造成摩擦的根源。信托机构和信托工具应运而生，帮助降低商业交易中存在的风险。技术创新解决了低效率问题。特别是互联网技术的发展，为摩擦的消除做出了不少贡献。但是，现实的商业交易中仍然存在效率低下、成本高昂和易受攻击等问题，还都需要技术的发展来解决。

从21世纪20年的发展来看，互联网发展主要分为两个阶段。第一阶段是消费互联网阶段。互联网由独自创造价值向消费领域扩散，互联网改变了消费者的行为，基于应用需求的创新模式层出不穷。消费互联网从提供资讯为主的门户网站发端，随着移动终端的多样化、智能终端的普及，已经可以满足人们绝大多数的消费需求，电子商务、社交网络、在线旅行等行业获得极大发展。第二个阶段是产业互联网阶段。互联网在产业领域的拓展尚处于初步发展阶段。以2012年美国通用电气公司率先提出工业互联网概念为标志，互联网创新从消费领域向生产领域全面进军。[1]

产业互联网不仅是用户及其使用方式的变革，更重要的是网络资源的组织模式也在变革。之前的消费互联网时期，很大程度上靠的是互联网用户的

---

[1] 吴蓉晖. 互联网下半场，产业互联网更具潜力［EB/OL］. https://news.pedaily.cn/201612/20161227407269.shtml.

"人口红利"。早期互联网网民迅速增加，近些年移动互联网用户激增，都是以相对粗糙的方式"野蛮成长"。由于用户的绝对数量快速增长，整个行业都会跟着水涨船高。接下来的产业互联网，更强调的是价值增值。要看的是能不能提供更好的服务，能不能为用户创造出更多的价值。这就需要网络与行业进行深度整合，需要精耕细作快速反馈等来服务好用户，通过为用户创造价值来实现自己的价值。[1]

及至当前，创新型企业的关注点可能从以组织为中心转变为以生态系统为中心。更多的情况下，生态系统可视为由独立企业及其创造并分配业务价值的关系组成的复杂网络，在这个生态系统中，摩擦广泛存在。

直到区块链技术产生，在数据的"去中心化""可追溯"与"不可逆"的建构下，上述问题最终有了解决方案。按通常的说法，区块链技术是一种可以创建永久、透明的交易记录的技术集成，更是一种去权力中心的技术解决方案。区块链技术有助于建立非权力中心、非人格化的信任，为演变出新型的数字经济和网络秩序提供了一种可能。无论是何种经济水平，区块链消除摩擦的效果都很惊人。区块链技术可以创建永久、透明的交易记录，在帮助消除各行各业交易中的"老大难"障碍方面，该技术潜力巨大。

随着摩擦的消退，短期内可以实现的效益包括缩短时间、降低成本和风险。各行各业都将越来越多地应用区块链网络，并随着区块链的应用，整个行业的业务模式，甚至总体经济都能实现结构性转变。区块链改变了信息拥有模式，从单一所有者拥有信息转变为资产或交易的整个记录生命周期可以共享。新的模式是基于状态而不是基于消息传递的通信。过去模糊的信息现在清晰可见。

从点对点的下载、分布式存储和计算到点对点的网络借贷和资本众筹，再到如今的区块链、比特币和ICO（首次发行代币融资）融资……分布式、点对点、大众参与始终是"互联网+去中心化"的应用核心。由此可见，区块链是互联网精神的延续，是"去中心化"在互联网技术领域的深化，是技术和社会演进过程中的必然阶段，同时也是推进自组织社会形成的技术手段。

---

[1] 王兴.互联网下半场需要什么能力［M］.人民日报，2016-8-8.

数字服务创新

区块链技术在这些领域的应用结果表明，交易成本和企业摩擦都会显著减少，企业的创新方式也会越来越多。生态系统能够在更牢固的信任关系下运行。区块链网络通过推动资本流动和价值交换，改变了市场运行模式，扩大了经济商机。从实际情况来看，创新生态系统可以是地理空间（如硅谷创新生态系统），也可以是一种基于特定企业的产业链和价值链的虚拟网络（如苹果公司的创新生态系统），但它们都必须是"块化"的、差异补充和有机协同的。

总体而言，区块链技术最有价值的着力点在于以下场景。

第一，业务开展需要跨主体的协作。当需要为开展跨主体的业务建设数字化系统时，传统的解决方案通常是两种思路，即要么建立和运营一个中心化的系统来处理各个参与方的业务需求，要么采用SOA架构，由各个参与方发布服务接口，并相互调用，数据仍然维护在各个参与方手中。但这两者都不是最佳的解决方案，从数据的角度来看，无论是中心化的方案还是SOA，都难以实现数据防篡改。在业务参与方之间相对独立平等的跨主体业务协作的场景下，利用区块链的共有数据、防篡改、分布式和数字化合约的特点，能够把一些以往需要在业务层面协调解决的问题，放到技术层面来解决，使问题的解决过程更高效、灵活以及更具客观性。

第二，业务开展需要参与方之间建立低成本信任。大多数业务开展都需要建立一定的信任基础，尤其是跨主体的场景下。对信任建立困难、信任维护成本高的应用场景，区块链可以提供非常有效的帮助。

通过对区块链技术及其最有价值的应用场景分析，我们可以开始体会到这一技术将在数字生态共同体开展的服务创新中的重大促进应用。作为一种开放式创新，数字服务创新的实施过程中、生态共同体的组建过程中，以及数字平台建设中，都可以应用区块链这种新的有特色的技术，通过在技术层面、服务层面和机制层面的不同应用，解决数字服务创新过程中的摩擦，推进数字生态共同体的发展和服务创新的持续开展。

第三节　物块链——统一协议实现数字化两大关键使能

数字化创新最重要的基础是人与物的可信数据连接

通常的观念认为，物联网和社交网络是数字化的基本使能手段。物联网通过传感器和采集器赋予物体可数字化，所以有了"物联网"；使用手机和网络媒体，人们所思所想得以数字化，所以有了"社交网"。数字化的本质就是组织的所有人员、物理对象和事件都以数字数据的形式存在，关联、互动都以数据智能连接。因此，数字中台的主要功能就是管理物、人的连接以及人物交互的数据。物联网和社交网络也因此就成了数字化的基本实现手段。正是这二者的发展，使数据成为资源，通过这种资源的挖掘，可以改善服务的结果和效益。

云计算是推动数字服务创新发展的重要启动引擎，云计算模式的集中平台系统是当前数字平台的主流方式，但这种计算模式在物联网的超大规模和超大分布的需求面前却有严重的、不可弥补的法律风险和缺陷。加之对他人之物实施数字化控制管理，与当今的物权法律及理念严重冲突，人们很难接受自己家里的摄像头将数据传到摄像头生产商的云平台上的高风险。因此，面对物联网时代的深度数字化，数字平台的架构仍然需要不断发展。

当前的数字平台架构存在严重的风险

当前，基于云计算模式的物联网的发展本身面临严重挑战，攻击技术会大肆破坏传统的物联网设备；普通物联网节点会出现故障，并来回连接网络。这将产生网络冲击，消耗大量网络带宽，甚至可能导致"网络分区"。另外，这种集中式云计算架构的物联网具有高成本高风险等问题，大多数现有物联网解决方案需要巨额投资。

社交网络在极大推动人们交往交流的同时，也给社会管理、隐私管理提出了新的要求。当前的社交网络软件，在为用户创造便利的同时，也会造成数据及市场的非法获取与垄断，一旦数据泄露，将引起轩然大波。在市场经济中，在传统的云计算网络架构体系下，单纯依靠公司道德或法律监管，根本不可能将个人或企业信息泄露风险降为最低，科技发展中带来的信息安全问题还是需要技术的新进步来加以解决。

物块链技术是区块链与物联网的最佳融合

物联网的概念与区块链技术体系几乎在同一时期出现，但遗憾的是，直到最近几年才出现二者结合的成果。这一方面是因为区块链带来的全新思维方式逐渐被主流商业群体接受；另一方面是由于物联网进入几何级扩张后，各种原有的问题暴露得更加明显，亟待寻找解决方案。

区块链的去中心化架构直接颠覆了物联网旧有的集中云中心架构，不但大大减轻了中心计算的压力，而且释放了物联网组织结构的更多可能，为创新提供了更多空间，更重要的是其创造信任的机制创新，为物联网的落地发展创造了社会文化的适宜背景。

物块链技术体系正是在这样的背景下产生的。作为物联网与区块链交融发展的产物，其不仅为物联网的发展带来新的空间，也为区块链技术走出数字货币的单一领域，面向现实各个行业领域发展开辟了新的道路。

物块链技术体系是基于区块链和物联网融合应用的一个创新成果，其基本技术体系框架分为由下至上三层。[1]通信及基础设施、区块链服务、物联网应用。其中，通信及基础设施是为区块链和物联网提供基础的硬件环境及通信相关设备设施。在这一架构中，区块链服务层可以作为中间层来利用通信及基础设施的硬件资源，并为物联网应用层提供分布管理、信任、共识等机制或服务的支持。物联网应用层则利用区块链层提供的服务，加强其分布式计算、安全管理、隐私保护等方面的能力。

如图11-3所示，区块链服务层的组件可以为物联网应用层中的各个域提供服务支持。区块链组件提供的服务支持包括分布管理、分布计算、安全管理、共识机制、防篡改功能服务等。同时，区块链服务层的跨层功能也可以

---

[1] 中国区块链与物联网融合创新应用蓝皮书［EB/OL］. https://www.sohu.com/a/193777226_353595.

为物联网相关系统和通信及基础设施提供通信管理方面的服务。

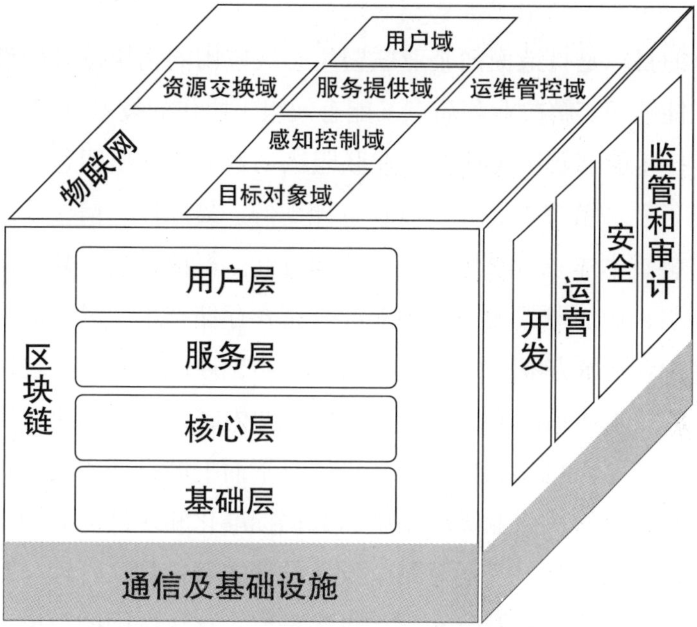

图11-3 区块链和物联网应用框架

从物联网应用层的视角来看，可以将区块链服务与基础设施服务进行封装，从而将区块链视为物联网相关底层网络的增强服务组件。物联网应用用户层提供业务用户界面、事务提交、数据交换、用户管理、监控管理等功能。区块链应用服务层提供符合区块链机制的接入服务、节点事务处理和基于区块链的账本记录等功能。核心层提供多节点相互之间的共识和确认、分布式存储协同机制、分布式协同计算机制、安全机制、摘要算法、签名算法、时序机制等相关功能。基础层提供分布式网络协议、数据本地存储服务和计算能力支持。

物块链技术体系是区块链技术在物联网体系中的最新结合。该技术的实现使得区块链从技术理念实现为落地场景，物联网反过来也完成了自己需求的场景，即在不强行去中心化的同时，端至端地分散化物联网终端设备，以去中心化的方式实现了高可信的连接。

数字服务创新

物块链技术的核心构成

物块链的目标是打造面向企业联盟生态级应用的物块链基础设施，为企业联盟提供能够切实解决业务痛点又能有效组织协作的技术方案。

物块链技术能够解决一些在企业联盟级场景下的突出问题，包括系统性能、功能完备性、系统扩展性、监管审计支持、易用性、信任确认、共识构建等。物块链技术体系所采用的分层架构设计、标准化账本数据协议、优化共识算法、引入微服务架构与可伸缩的分布式存储技术、灵活的多级授权策略等一系列创新技术方案都为其实现上述目标提供了强有力的支持。

物块链的技术体系的成果包括四个层级的内容，即：物块链协议、物块链芯片、物块链结点机、服务平台。采用自下而上的设计方法，首先聚焦物块链协议的设计，解决企业级应用中的数据标准化和多链互通的问题；其次关注物块链芯片的设计，实现对每个设备设施的有效物联管理与共享使用，达成方便的智能合约下的服务实现；再次是整合物块链网的组成结点，实现数据存储与物块的核心组织，是物块内的计算中心；最后，基于标准化的物块链协议和组件模型，提供物块链网络应用和社交网络应用，具体的物块链服务平台可提供相关的工具和开发包，为快速实现企业联盟级块链应用提供平台和工具。

具体内容包括以下几部分。

（1）由高可信的物块链结点组成低成本去中心化网络。中心化的管理架构存在无法自证清白的问题，也就是说不管你是否窃取了参与方的隐私，都容易被怀疑，没有理性的方式可以证明你的清白，完全靠自觉与信任。

（2）智能合约与PoW实现人与人、人与物、物与物的规范自动交易。物联网的参与者通常不完全被发起方掌控（例如普通私人用户、企业用户），如何让合作方更好参与，面临极为复杂的协同成本，在隐私泄露、设备被攻击的阴影下，这种协同成本变得更高。

（3）分布式账本与共识机制记录网络行为，防止网络攻击，促进网络更安全。物块链网络需要一个物联账本（Ledger of Things），该账本需要记录所有发生在物联网内的事情，包括交谈内容，谁欠谁钱等，并协调所有发生的事情。

物块链项目是要建立一种适用于广泛应用场景、满足企业应用需求、开放和易用的物块链技术体系和系统服务平台。区块链技术在物联网行业里的运用，主要是在平台层和应用层层面，结合物联网发展自身面临的问题，物块链的主要特点表现在数据安全隐私保护和新商业模式探索（数据交易结算）两方面。

物块链中的区块链技术形成数据保护

当前，物联网大都采用中心化的结构，所有数据汇总到云资源中心进行统一控制管理。基于这种模式的物联网平台或系统一旦出现安全漏洞或遇到外部攻击，便有数据泄漏的风险。另一方面，这样的平台运营商也很有可能出于商业利益的考虑，将用户的数据出售给广告公司进行大数据分析，以实现针对用户行为和喜好的个性化推荐等。

采用区块链技术，数据发送前进行加密，数据传输和授权的过程中，加入身份验证环节，涉及个人数据的任何操作，都需要经过身份认证进行解密和确权，并将操作记录等信息记录到链上并同步到区块网络上。区块链的这种方式，可以在一定程度上保护用户数据的安全。

从区块链服务层的视角来看，将物联网应用层视为区块链不同类型的用户端，扩展了区块链的应用生态。在这一视角下的物联网用户域中的相关方对于信息消费、数字资产流转、隐私保护以及网络信用体系等具有大量需求。目标对象域中的实体对象则主要通过"物联"的方式映射成在虚拟空间的数字资产，丰富了虚拟网络空间的价值体系。物联感知控制域中的大量设备成为区块链体系中的特殊应用端，不断提供对应数字资产的客观信用数据描述。这样的处理，有效地协调了各方的利益，保护了用户数据安全与隐私。

从区块链服务的视角，还可以将应用服务提供域中的各类服务平台作为一种新的区块链应用端，可基于区块链提供全新的应用服务，尤其是通过数据挖掘产生高附加值的数据资源服务。另外的运维管控域中各类管理平台基于区块链将更有效地实现对物联网系统的运行维护管理、权限管理、诊断分析、安全隐私管理、法规符合性管理等，确保物联网安全、有效、合法地运行，还降低了整体的成本。资源交换域重点实现数字资产在不同主体间的交易和流转，依托区块链实现价值的互联网络，即实现了区块链网络的"价值网络"理念。

在物块链体系中，用户的数据属于他们自己。任何想做大数据分析或广告推荐算法模型培训的公司都需要向物块链入口提交链码。可以利用概率模型算法，为链码数据分析提供必要的接口api。通过这些接口的限制和分配，提交给链代码的契约不能窃取用户的初始数据，但可以获取用于智能业务决策的聚合数据。执行链码后，企业需要向用户支付ITC令牌，用户根据数据值提供数据。通过这种方式，ITC为用户和公司提供一个大的数据分析生态系统。

物块链技术的分层架构和区块链技术与物联网的创新组合，使物块链获得了一个安全可信的大数据分析生态系统，同时还可以满足物联网的高并发性的使用场景，提供智能数据分析应用服务，在安全及分散化的前提下，实现用户和客户的双赢。

物块链的链计算架构提供了新的计算模型

物块链的最终目的是将不同结点机连接在一起形成物块云。即基于物联网与区块链融合形成的物块链技术，"所在或所有"空间（车间、养殖点）都有一台自己的物链服务器（结点机），存储和管理自己的物联网数据。人们通过这种服务器，利用区块链技术，进行可信可管理的连接与交流。这样的结点机，名为路由，实为链由，是整合物块链网的组成结点。正是这些物块链结点机，成为某物块内的核心组织与数据存储者，实现新型的边缘计算机，是物块内的计算中心。如图11-4所示。

在当前的商业现实中，海量的数据存储在云中心，存储成本高昂，因此，微信等各种APP都需要限制数据存储规模。移动物联网的今天，每天产生的数据量都很巨大，将数据存放在中心需要更多的服务器。服务器的购买、运行、维护费用都很高昂。并且，中心式系统处理效率较低。所有数据都上传至中心统一处理，中心负载较大。物块链技术的分布式存储在降低成本的同时提高效率。通过物块链技术，可以把结点机作为服务器使用，实现网络自治，降低对中心化的云端数据存储能力的需求，拿回数据主动权。

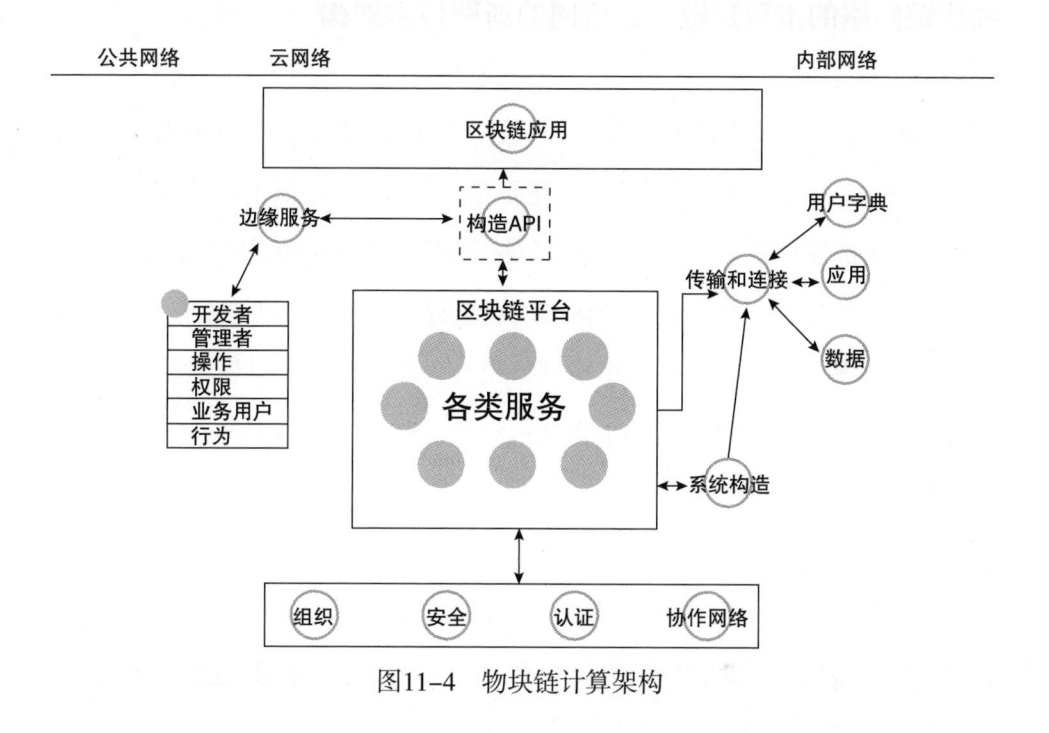

图11-4　物块链计算架构

总之，物块链网络是一种通过统一化协议支持物联网、区块链和社交网络协同发展的独创技术体系，具备三大特点。一是通过物块链协议，建立可信的分布式计算架构；二是建立在基于XMPP统一协议之上的物联与人联信息交流机制；三是链云协同的计算新框架，通过物块链将边缘计算与云计算结合起来，协同发挥各自的优势，提供可信安全足够的计算服务。这样的一种技术体系，将为数字服务创新的开拓发展提供新的发展空间。这种拓展，在产业互联网的建设中表现得尤其突出，成为新的技术风口与前沿。

第四节　产业物链网——基于生态的数字平台架构新趋势

当人们理解了物块链是一种物联网与区块链技术的有效组合之后，如何发挥其所长，应用到最需要的业务场景，解决最痛的痛点，就成为关键所在了。

物块链网络的本质是链—云协同的新型技术架构

无论如何，企业或者企业联盟，其数字化创新的关键还是数字化系统（不管是中台、大平台，还是原有系统，还是其他什么），提供企业和企业联盟的数字化系统的设计方案是实现企业和企业联盟数字化创新的最基本工作。

从架构上比较，传统的信息化架构以流程线性自动化为核心，数字化企业是以数据和业务能力服务化形成网络聚合为核心的。如果说，传统IT云计算架构是数字化创新1.0主流的平台架构的话，那么5G+云+AI的架构就是数字化创新2.0主流的平台架构。

许多研究认为5G+云+AI已经快成为推动数字经济发展的最重要的引擎了。这些研究认为，5G是可靠网络、云计算是海量算力、AI是应用智能，三者可算是当今数字化最佳协同组合。5G+云+AI的融合创新也正在打开千百行业的新发展空间，为政企创新和产业升级注入新的动力。

但是，5G+云+AI的解决方案有其关键弱点。当物联网的集中式云计算模式出现过度集中的风险时，人们又提出了新的链云协同模式，即5G+云+AI+区块链。在这里，区块链技术的本质是一种新型的组网技术，不同于传统互联网的中心化架构，区块链网络中各个节点间的关系是高度自治和平等，去中心化是其关键特征。这一网络技术模式高度符合以客户为中心向E2E（Everyone-to-Everyone，人人对人人）经济模式创新。这一模式在移动互联网基础上把用户群、设备群和服务供应商群都自动化连接起来，从而满足用户和设备的网络连接的需求，再通过共享平台完成自动化的交易。这种平台关注的不再是具体的某个用户个体的体验，而是关注某一类业务场景下的用户群和设备群共同的运作效果，以及整个虚拟社区的全体各类业务场景下的共同的体验。

5G+云+AI+区块链的链云协同新模式堪称数字服务创新3.0的主流框架。该框架在前述技术的优势条件下，加入了区块链支持的价值传递机制，发挥区块链技术作为价值网络的基础构建技术优势；并利用区块链，转变了信息／数据的拥有模式，从单一所有者拥有信息转变为资产或交易的整个记录生命周期可以共享。最终，分别从基础层、应用层和价值层等三个层面形成完整的架构技术变革。

链云协同架构充分利用区块链技术在技术中台和业务中台两大部分进行创新。随着越来越多的知识产权上链、证据上链、物权上链，链云协同将变成未来的一个趋势。其中，云是构建产业互联网、打造数字生态的基石，区块链是跨产业数字生态联动的连接器，只有链云协同才能打造可信的数字服务生态共同体，在具体落地中，应达到"云—边—端协同"，从多个方面助力产业合作，推动整体业务共赢。

关于链云协同的架构，有些研究还提出了"云链用量"的概念，当用云量和上链量成为数字经济的具体指标后，还有望成为衡量数字经济、推动数字经济下一步发展的重要衡量标准。

链云协同的产业物链网应用

对于产业互联网的业务概念大家已基本取得了共识。人们已经从最初的"产业互联网＝产业+互联网""产业互联网＝产业+互联+网"，发展到"产业互联网＝生态化组织的企业群+新型的互联基础设施+价值传递的网络化组织机制"。当前，产业互联网已经在连接的基本要求之上，更强调服务创造价值，通过整合资源、共享资源和服务，从而实现生产方式（智能制造）、服务方式（共享服务）、价值创造（合作共赢）等多方面的创新发展。

但是，对于最能满足产业互联网的技术架构以及提供产业互联网所强调的数字服务要求的基础设施还在研究之中。在物块链技术体系支持下，我们结合运用新的数字服务创新理念，提出了产业物链网新架构。产业物链网，就是充分利用物块链的技术，建设产业数字服务创新共同体的新型基础设施，组织新型虚拟社区，并利用社区通证来梳理体系内的利益关系，构造新型的利益共同体。产业物链网是利用区块链技术在三个层面的优势构建的基于数字服务创新生态体的产业互联网新架构。

发挥物块链技术体系的作用，组织新型基础设施

产业物链网是利用物块链技术体系，通过物块链结点机和核心机的协同形式搭建"新型基础设施"进行连接和赋能，把产业链上已经存在的单个组织通过新的区块链治理机制和利益分配机制整合起来，实现产业结构调整和产业模式升级。这一网络体系，之所以称为产业物链网，是因其目标就是要实现人与人、人与物、人与服务等的有效在线连接，实现"共享分益"，重构"产业生态共同体"。

当然，产业物链网的发展，除了物块链技术体系外，还离不开各项深度数字化新技术的基础支撑，包括移动通信、大数据、智能制造等。移动通信使用户与企业，用户与用户，企业与员工可以打破地域和时间限制，形成紧密的实时连接；智能制造连接起制造产业互联网中的各个节点，形成人与物，物与物连接的网络，通过物联网可实现丰富的生产数据采集，并传递节点之间的控制与反馈作用。

产业物链网组成的网络，不仅是产业生态共同体，同时还是创新生态共同体。在这个体系中，要完成大规模的、分布式的系统数据流聚合、智能设备管理和业务协同。产业物块链网络作为一种新型基础设施，是新的设备、

标准和系统的一种整合，是硬件、软件和脑件（大数据）的高度结合。

构建可信低成本的数字创新生态共同体

产业物链网是一种创造生态系统。这种创新生态系统可以是一种基于特定企业的产业链和价值链的虚拟网络，但都必须是"块化"的、差异补充和有机协同的。

区块链在产业物链网的业务层面是一种面向业务网络、基于区块链技术的分布式总账，是多方维护的分布式数据库，具有消除创新摩擦的潜力，企业、信任和价值交换将构成全新的经济模式。

产业物链网作为一种新型基础设施，其建设重点在于推动产业群的生态化聚合。即以生态体的构造理念来聚合特定产业内不同的企业与机构，并着重解决全产业链的构成分析、生态位分析、关键链结点分析，找出产业发展的数据、流程以及服务的痛点，分析平台的核心流程，掌控关节点。

产业物链网还需要高效开展管控与协作的设计。即研究设计连接整个体系的核心管控与协作机制。分析研究当前的产业生态体系整体如何？产业数据资源价值及体现在哪里？缺哪些？补哪些？怎么补？产业数据价值在哪里？如何体现？如何利用？……同时，需要更广泛的企业生态群形成的规模价值，更大协同规模因为生态体的竞合机制成为可能，也为企业形成更有效的成长空间，做好先进的价值传递机制设计，做好特殊的价值传递体系、数据资源传递与价值相结合的机制设计等。

产业物链网的建设还要做好"共享分益"机制的商业模式设计。设计体系运营收益机制，构造新型商业模式；设计关键交易结点—支撑点；把握关键的交易结点、物块链技术支撑点、设计智能合约、智能合约的关键点有什么。还要注意精准管理与精准需求的成本节约，降低整个生态的成本，则核心企业的收益将是最大的；从信息链到价值链开拓金融服务收益空间等。

产业互联网的建设，需要包括从交易到生产、流通、金融等衍生生产服务环节的各个综合服务升级，最终形成产业物联层级的集成服务体系。并通过树标准、控数据、管设备，使核心企业拥有更多产业数智服务价值。产业物链网的架构运用区块链的技术、方法和思想，用机器信用产生共识机制，通过5G+云+AI+区块链的链云协同新模式，解决数字服务生态系统发展中由摩擦而生的高成本，构建去自组织、去中心化的新型共同体。这一架构若深入各行各业之中，创造出新的业务体验、新的行业应用以及新的产业布局，将大大促进从数字政务到智慧城市，从工业自动控制到农业智慧管理，一系列数字服务的变革，从而提升个人、企业及至区域的协同能力，进而促进生产力的解放，促进社会经济的快速发展！

第四篇
数字服务创新政策篇

  联合国贸易和发展会议（UNCTAD）发布的《2019年数字经济报告》指出：全球使用互联网的人数在过去20多年里迅速增加，数字技术的快速发展与传播正在改变经济和社会活动，并创造了巨大的财富。《报告》还称，全球数字经济活动及其创造的财富增长迅速，但也存在严重分化的情况，即高度集中在美国和中国。美国和中国目前占有超过75%的区块链技术相关专利，50%的全球物联网支出，75%以上的云计算市场，90%的全球70家最大数字平台公司市值。由此，可以认为发展数字经济已经成为世界共识，而我国已具备良好发展基础。正是在2019年，我国为推动数字经济快速发展，出台了数字经济实验区和数字乡村等战略性措施。要实现这些战略性目标，还需要在许多方面深化改革，以数字化创新为切入点，推动经济全面数字化，加速迈进第四次工业革命。

第十二章
区域数字服务经济促进的着力点

当前，数字经济已成为经济发展最活跃且最重要的新动能，已成为各地方政府会议和报告中的热词。从宏观上，数字经济的发展已进入区域竞合加速阶段。许多地方纷纷出台数字经济发展的规划或战略，将数字经济作为本区域经济社会发展的重点方向给予政策和资金支持。虽然数字经济的规模与地区经济发展水平具有较强的相关性，但无论是经济发达地区还是落后地区，发展数字经济都已成为各地区推动经济和社会发展的重要选择。

随着数字经济的发展，区域之间的不平衡情况有可能加剧，但也有可能出现新的赶超者。各地区经济结构的差异，有可能形成各地区数字经济发力着力点和进步路径的不同，也由此而可能形成各具特色的区域数字经济发展新格局。[1]另外，各地抢抓机遇布局数字经济，对于当地的社会发展和改善民生，同样具有重要意义。为此，需要在发展过程中，加强对数字化创新，特别是数字服务创新的研究，提高对数字经济，特别是数字服务经济发展规律的认识，用新思维培育新动能，用新技术培育新业态。落实到具体，就是需要在数字城市治理体系建设、数字园区发展、产业数字化公共服务平台建设，以及数据创新服务新业态等重点领域有效发力，以引领新的发展格局。

---

[1] 赛迪智库数字经济产业形势分析课题组. 数字经济：进入与实体经济融合的务实阶段 [N] . 中国电子报，2019-3-7.

第一节 数字化城市治理体系建设——区域数字服务创新促进的先行者

城市发展是人类文明发展的重要载体，也是数字经济发展的焦点。数字城市已经是当下流行词汇，各种数字城市解决方案也已在一些城市试行。对于数字城市治理体系建设，学者们从社会治理和城市规划的不同角度进行了分析和研究，正在形成一些趋势性的共识。当然，这些共识还需要实践进行再检验，并以此为区域数字服务经济发展和促进数字服务创新的先行工作着力点。

就像以前每一次科技革命一样，数字化技术的发展，推动了城市形态的巨大变革。蒸汽机时代和电气化时代，铁路网和电力网为城市和区域的发展带来革命性的动力，汽车、高速公路和电梯等技术的普及，又为城市的横向扩张和纵向生长提供了新的方案，卫星城的设计理念因这些技术而诞生。如今，云计算、物联网、人工智能、大数据等新一代深度数字化技术相继成为城市生活中新场景[1]、新应用的焦点，使人们能够在实体城市和虚拟数字城市空间中进出交互，不断丰富城市带来的新生活体验。数字城市的建设过程，就是人们对未来城市形态和运行模式的思考、设计和定义的过程。

多年以来，数字城市的建设思路受相关企业以技术为主导、以产品为卖点的影响较大。近年来，许多以连接和服务为起点的互联网头部企业纷纷进入数字城市市场，带来一些新的内容，包括更好的服务体验等。通过近些年的发展，人们已经认识到数字城市的核心价值在于通过提供开放、多元融合、全程式的数字化服务，为居民提供高质量的生活，并保障城市数字化智能化水平与市民福祉的不断提升[2]。新的一些数字化理念，如去中心化、分布式智能和模组化中台等，也逐渐在许多地方得到发展。

然而，数字化城市的建设，更重要的应该是按照数字服务创新的模式

---

[1] 场景一词最初指戏剧、电影中的场面，而后逐步为社会学、传播学等学科应用，指某个特定时空发生的行为或者人物活动的场合与环境。其释义逐步由单纯的空间转为描述人与周围景物的关系的总和，其最为核心的要素是场所与景物等硬要素，以及与此相关联的空间与氛围等软要素。

[2] 王鹏，张鹤鸣. 数据驱动的未来城市八大趋势［EB/OL］. https://www.sohu.com/a/357105116_455313.

要求，将城市最主要的"用户"——居民纳入方案的设计来源，要考虑到不同主体的角度、利益和模式的差异性。正如《场景》（Scenescapes: How Qualities of Place Shape Social Life）一书，从消费角度来解释后工业城市发展的经济社会现象，提出新的城市场景通常包括五个要素，即：社区、城市基础设施、多样性人群、前三个元素以及活动的组合、场景中所孕育的价值。数字化城市的建设，首在需要多方协同参与，共同解决城市发展中的问题。同时，需要合理地运用大数据、人工智能等技术，采取规范统一的监管措施，在保障居民个人隐私、生活安全、发展公平及各项权利平等的前提下，实现数字城市在运营管理机制和应用场景等方面的创新，为整个城市的运营和发展赋能。

基于数字服务经济发展和创新，充分利用数字服务创新的理论和框架原则，结合数字城市建设实践，可以总结出数字城市发展的几个趋势，同时也可以说是规划设计数字城市的几个原则。

数字城市建设一定要以为居民服务为本

数字城市的建设，一定要以为居民服务为本，回归人本主义。也就是说，数字化创新，是以人为本，而不是以技术为本。数字技术服务于人，是为了创造更为理想的人居环境。数字化的城市不应是简单的生产空间，也不仅只是人们的生存区域，而应是人与人、人与自然和谐共生的人造新载体。数字城市应秉承数智创新的要求，更好地以居民生活和文脉传承为基础，在准确反应居民们的需求的前提下，不断提升城市的服务质量，并基于新的科技发明与发现，引导居民创新生活方式和生活美学，承载更加理想的人居生活。

虽然，社会已经普遍认识到居民应该作为城市发展的主体，居民幸福感的提高是城市发展的核心目标，但通常这种幸福感很难简单量化和观测。只有在数字城市建设中，从设计之初就切实通过数字化的技术和平台从居民的需求和感受出发，让所有市民真正参与到城市建设决策的制订和执行过程之中，落实数字服务创新最基本的全角色参与原则，才能规划建设出真正以人为本的数字化未来新城市。

新的5G通信设施建设是基础，万物互联是条件，开放共享数据资源是关键

在数字城市建设过程中，新一代的通信基础设施如5G和移动物联网等，是数字城市的基础设施。只有建设好这些基础设施，才能打通城市万物互联的"数字高速公路"，满足城市运行服务的各类场景下多元数据的传输需求。这里之所以有这样的一个说法，关键是传统的4G以及以前的通信基础设施由于带宽、反应速度等多方面的原因，难以承载真正的数字城市建设需求。5G技术的成熟，带来高传输速度、低时延能力和全空间连接能力，这些都为更多的深度数字技术应用带来机遇，同时也为城市数字化治理与服务场景实现提供基础支持。在无人驾驶、数字医疗等多个场景下，只有5G（当然还有未来的6G）才能为之深度赋能。

与此同时，以更多更丰富的传感器为基础的物联网所达到的数据采集能力，以及以人工智能（AI）为代表的数智技术在城市各类场景中得到广泛应用。如"5G+AIoT"实现"智能+万物互联"，为城市构建更高覆盖、更精细、更精准的"感知神经"。新型的AIoT为城市中各类部件及场景的智能化识别、定位、跟踪、监控和管理都提供了基础条件，使城市真正具备万物互联、实时在线、可感可控，而这些基于物联网的数据采集和汇聚，面向社会开放共享，进一步结合大数据分析等技术的应用，通过数据闭环实现数智创新驱动。

有了5G通信支撑和物联网数据采集条件的万物互联数字城市，最重要的是开展基于数据的服务创新。要面向社会开放数据资源，让更多的企业用好数据资源，提供更鲜活的新数据资源。[1]在做好城市治理数字体系的同时，为城市数字经济提供新的经济社会发展基础。近年来，共享经济的理念由流行到暂时遇冷，对人们的生活习惯已经产生了潜移默化的影响，也给城市的各项功能乃至空间使用模式带来了变革。

---

[1] 张鹤鸣. 智慧城市与共享经济将如何跨界组合影响未来城市空间［EB/OL］. https://www.sohu.com/a/241318080_650480.

物块链等技术的出现，以及云—边协同等新计算技术在物联网领域的普及应用，使城市级的分布管理、实时计算、自动控制等成本得以大幅降低。数字化城市的应用场景打造了集数字服务经济的集成资本、人才、技术、信息、文化、空间于一体的一站式产业生态平台，为不同行业领域和发展阶段的产业主体提供空间承载，引导地方产业集群物理空间有效重构，团结下游千级或万级以上的零售或经销终端，团结上游数百数千家优秀大中小型生产及研发企业，形成广泛的产业生态。

数字城市在深度数字技术的支持下，还会在各个尺度的城市空间中进行更新与优化，正在成为新技术产业生态的聚合器。譬如，共享单车解决了交通最后一公里问题的同时，又为城市交通的基础设施管理提出新的挑战；共享民宿的发展节约了资源并减少了成本，但对城市的治安管理提出了新的要求；无人驾驶的普及，需要解决的城市管理机制和法律法规问题就更多了。[1]因此，数字化城市的发展将从生活方式、经济社会治理、城市空间结构等各个方面给城市和数字技术的发展带来更加深远的影响。

用数字技术激活政务服务创新，让居民对数字化有更多的获得感

在数字服务经济时代，拥有全景化应用场景的城市变得越来越有价值，主动培育和供给数字化创新场景的能力成为数字城市发展新的竞争点。数字城市的建设，在基础设施具备、深度数字化的万物互联的同时，还在于推进政务服务创新，以机制创新更好地配合技术创新。如打造全国政务服务"一张网"，实现"一网通办"、异地可办，以及"让数据多跑路、让群众少跑腿"等。

前几年，"最多跑一次"改革取得了很好效果，现正在全国各地推广。这种"一窗受理、集成服务、一次办结"的政府服务创新模式，极大提升了企业和群众的办事效率，增强了政府公信力和群众获得感，体现了数字城市建设的初衷。

---

[1] 王鹏. 展望未来城市，万物皆可运营［EB/OL］. https://www.sohu.com/a/316848318_741733.

数字服务创新

其实，数字城市建设中，除了建设专门的"一网通办"政务服务平台，还有很多比较理想的切入点，比如社保、公积金、机动车违法查询、生活缴费等。这些数字城市建设中的落地业务，极大方便了城市居民的工作与生活，也体现了数字城市建设的成绩和方向。

数字城市建设中充分利用数字技术政务服务创新，有利于居民在城市高速发展过程中增强获得感，更有利于技术创新、城市管理模式创新及社会创新。随着"一网通办"等一系列数字技术的创新应用在数字城市中得到展现，以及与之相关的新业态不断涌现，城市的高质量发展和人民的生活水平必将得到有力促进，国家治理体系和治理能力也将大幅提升。

将数智智能引入政策制订，为城市提供持续数字化创新优化治理能力

城市治理随着地方建设的日益完善已成为决策者的主要日常工作。解决当前的城市治理仍然主要依靠人工发现、层级上报、组织处置的管理方式，数字城市的建设力求通过大规模的数字化创新解决日益多元化、复杂化的城市治理问题。

数字城市的治理首要是建立城市的全面感知体系，获得城市治理所需要的数据，并在这些数据的基础上充分发挥大数据和人工智能（AI）的分析和识别能力，逐步对事件发展环节实现非现场替代，从而提高治理业务效率，并让更多的管理资源释放到服务中来。

数字城市治理关注的将是大数据和人工智能（AI）这种数智智能的深度应用，通过多种"城市大脑"多维平台，赋能城市治理与社会服务体系的更广泛领域。特别是通过数智智能分析数字城市的运营数据，盘活各类公共数据资产，挖掘这些数据的深度价值，并对未来城市发展进行各种长短周期的模拟推演和策略制订，推动城市管理向智慧城市的治理转变。

在区域或城市领导的思维模型中，顺应数智时代的到来，改变传统意义上政策研究、制订和评价的形式和流程，借力数智智能，对大量的城市历史数据进行学习和抽象，辅助专家系统，重新构建城市管理问题、对策和政策的形成与实施逻辑。

数字化城市建设场景应用将催生更多不断迭代的新技术、新商业模式，不断构建人、社区、企业之间全新的组织、连接方式，将数智智能引入城市政策制订，以应对管理问题，有利于打破原有资源分配方式，对城市发展政策的形成与实施逻辑都具有革命性，是改变生产生活方式的新试验，将引发城市管理、治理体系的变革，进而推动生产方式和生活方式的深刻变革。

总体而言，推动数字服务经济的发展，以数字城市场景建设这一市场应用为核心，已开始成为各方面的共识。越来越多的地方，将数字城市场景建设上升为区域数字化发展战略，通过为数字技术企业提供应用场景，发展数字经济，培育新动能。以数字城市场景作为着力点，从技术视角看，该场景是推动创新应用的试验场；从企业视角看，该场景是成就高科技企业的重要推手；从产业视角看，该场景是新技术产业生态的聚合器；从城市角度来看，该场景是城市发展的新竞争点；从社会管理角度来看，该场景是推动治理体系变革的催化剂。

第二节　产业数字化公共服务平台——区域数字服务创新促进的升级范式

数字城市是数字化在城市治理与社会发展中的集中应用，数字化公共服务平台的建设与持续创新，是区域数字服务创新促进的重要切入点，是区域产业数字化平台的示范性共性平台。抓住这些示范性共性数字化平台的建设，是区域数字经济发展的重要工作内容和应用场景。

产业数字化公共服务平台

从本书前述数字服务创新的价值链分析中我们可以看到，当前，数字技术与产品技术的结合与交叉部分，是整个数字服务经济的大"蓝海"。做好这一领域的促进与发展，应该成为区域数字服务创新激励的最重要的工作部分。推动这样一个发展，需要区域经济与社会发展促进部门与机构将产业数字化公共服务平台的建设作为重点内容。

具体地讲，当前最有代表性的产业数字化公共服务促进平台就是媒体经常提及的"5G+工业互联网"。

产业数字化公共服务促进平台的建设仍在探索中。不同的产业需要不同的产业数字化公共服务平台。当前的产业数字化公共服务平台的建设仍然存在融合标准尚不完善、关键技术需要突破和配套产业应用不够成熟等突出问题。这就需要各个地方，按照本区域产业发展的实际需求，有针对性地建设一批公共服务平台。从不同的角度针对行业特点，提供产业数字化公共服务促进平台的不同解决方案，并参照"5G+工业互联网"的技术标准验证、核心设备测试、应用服务创新和咨询培训等提供数字化公共服务，探索更多的融合应用方案，为产业数字化提供测试环境、部署落地等基础支撑和样板指导。

产业共生是数字化产业促进服务平台发展的基础

数字化产业促进服务平台的本质是以数据为线索，通过大数据、物联网、人工智能等深度数字技术的推动，为各种传统产业的发展提供新的逻辑。这样的公共服务平台的建设，不是把原有的产业工作流程简单地转为线上，而是以更多互动、共享、弹性、精细的模式来重新定义产业的协同发展战略。在这一过程中，每个环节都会产生大量的数据，而这些数据本身又在数字平台的作用下，成为产业发展的新动力。从技术层面来讲，这种动力，还可以通过平台中的数据中台作用，实现上下游产业协同共进。

这种从产业共性着手，构建产业发展数字化服务平台，是一种常见又不普通的产业升级范式。其实施过程中的着力点，就是通过物联网、传感器等技术对传统的产业公共产品进行改造，使其具备低成本的共享运营能力，并在运营过程中获得持续收益。当然，这种运营驱动的逻辑并不简单，而是要求平台构建者具备产品和运营的双重能力，并可以在产品设计阶段就植入可运营的技术要素。

对于这种共性产业平台，在运营过程中，平台服务产品的整个生命周期都会产生大量的数据流，这本身就有助于平台转变成数据驱动创新的模式。

这样做，一方面可以优化产品运营本身，实现基于数据的高效服务创新，降低成本，改善用户体验；另一方面，平台中各种产品和系统运维的数据，汇聚到产业共性服务平台之数据中台，又可以帮助优化其他系统。所有系统的数据，则全面描述了产业服务平台本身的运行，使平台从传统的非营利服务模式，转变为产品运营收益和数据运营收益两种并行的商业化服务模式。

产业发展数字化服务平台的本质就是一种产业互联网，其服务面向的是产业，是企业联盟，存在着诸如多元主体复杂、价值观割裂等现实问题。数字化的产业促进服务平台建设所需的昂贵的硬件和软件投入，对平台运营商（经常是地方的事业单位）而言，产出应该是更高效低成本的产业协同服务，以及更多的产业发展价值。要使作为投资者的地方政府体会到这些平台及平台数据的价值，就需要建立以数据驱动运营的全新数字产业生态。贯穿平台的规划、建设、运营和管理全流程，需要全新的产业发展观念和技术逻辑。对此，人们经常需要的不是成熟的产品，而是一种开放的创新机制和技术架构，为数字化产业服务平台的未来提供迭代和进化的可能性。

文旅产业数字化——区域数字服务创新促进的爆发点

区域产业数字化共性公共服务平台正在成为各地推进数字经济发展的重点内容，文旅产业数字化更成为许多地方数字化创新的重中之重。实际上，这一方面是得益于文旅产业是许多中西部地区的重点发展产业，另一方面也是因为文旅产业具有特殊的传播价值与作用。文旅产业数字化可以成为许多地方数字经济发展的牵头产业，除了促进其自身快速发展外，还能带动本地其他产业的快速发展。

当前，文旅产业数字化发展的示范项目经常表现为利用一系列的数字高科技手段，将本地的文化内容通过"山""水""人"等进行数字化创新结合和演绎，打造更符合现代人观看和欣赏的梦幻山水实景，让观众在自然山水间，通过数字技术的体现力，实现一次次历史穿越，与中国传统文化进行一次次震撼心灵的对话……这些数字化创新的示范在大幅度提升文化旅游体验品质的同时，更实现了对整个文旅行业的颠覆式改变和升级。

人们认识到数字文旅时代已经到来。在数字技术的推动下，各产业边界在逐渐消失，文旅产业在最大范围内进行着商业模式的变革。文旅行业以全新思维应对数字化时代的行业趋势，推动产业链上下游顺势而为、把握机遇，运用数字技术手段，全方位提升文旅产品的运营、服务、管理、体验、营销等各个环节，促进了文旅产业的健康高效发展，推动行业的创新升级。

与此同时，通过数字化，丰富文旅业态内部创新发展。文旅行业从业者通过5G、人工智能、大数据、VR/AR 等高科技手段，不断创新演绎出如"云出游"、浸入式体验游等文旅产品新形式。在文化、旅游的大融合发展中，新技术和新手段的应用将毫无疑问成为非常重要的趋势。但是，数字文旅的创新者们也和其他数字企业一样面临着类似的挑战。譬如分散的数据、不专业的工具和不协调的资源组织体系，都导致单一的文旅企业无法及时实现业务目标，数字化创新需要政府及有关机构提供更开放的数据和更宽松的旅游资源市场等。

在可以预见的未来，数字技术与文旅融合的场景将越来越多元，产品也将越来越丰富。如运用数智技术进行用户画像分析，更精准地服务目标游客；运用VR、AR等新型深度数字技术，改变传统的旅游形式，为游客带来耳目一新的产品体验感；引入扫码、语音识别、自动导游等全新模式，在节省时间成本和人力成本的同时大幅提升运营效率等。《国务院办公厅关于进一步激发文化和旅游消费潜力的意见》中指出要发展基于 5G、超高清、增强现实、虚拟现实、人工智能等技术的新一代沉浸式体验型文化和旅游消费内容。

将数字科技融入文化旅游，已经强势崛起，万物互联的产业平台将为产业发展提供无限想象，十分值得期待。以数字文旅作为区域数字化创新的激励工作重点，无疑具有重要的价值与作用。

总体而言，数字化产业促进服务平台的建设，其本质是建设促进企业数字化发展的业态新场景，是期望将这些平台发展为成就高科技企业的重要推手。只有在新的深度数字技术和行业共性知识融合后，才能找到合适的业务应用场景，才能够迸发出巨大的动力，进而推动企业的共生发展和变革。这种从产业共性着手，构建产业发展数字化服务平台，是一种常见而又不普通的产业升级范式。通过这种共性产业数字化服务平台的建设，帮助区域企业依托新技术、新手段，推动企业探索出改变人类生产生活的新场景，打造出能够提升用户体验、提升生活、提升生产效率的产品和服务，从而实现爆发式增长。

第三节　数字孪生园区——各类园区的数字化发展之道

改革开放以来，各类园区（工业园、产业园、高新园、开发区等）成为我国产业发展，特别是高新技术产业发展的主要载体平台。这些载体平台对于引导产业集聚、促进体制改革、改善投资环境、发展开放型经济都发挥了重要作用。但当前各类园区都将面对新的工业革命来临所提出的新要求，要解决原有产业层级不高、高新技术产业数量少、层次低等问题。以园区的数字化创新带动园区各类产业平台的整合提升，是变革传统生产方式、组织方式的有效路径，也是园区走向高质量发展的有效举措。

当前，许多园区以工业互联网的建设为重点着力提升园区产业数字化水平。可把园区作为通过数字系统构建工业互联网网络、平台、安全三大功能体系的新型网络基础设施的重要载体，围绕园区主导工业产业的全要素、全产业链、全价值链连接需求，培育并打造一批行业工业互联网平台，探索创新园区数字化资源共享的模式与机制，探索园区产业创新升级新模式。

在这一过程中，面临的一个共性问题就是有形的产业园无法囊括产业生态体系各环节的厂家，需要通过数字技术对产业园区实现纵深的空间发展，构建"数字孪生园区"，才能实现产业级的数字化协同和网络连接。

通常"数字孪生"指以数字化的形式对某一物理实体的过去和目前的行为或流程进行动态的交互呈现，有助于提升实体的能力。"数字孪生园区"是建立在园区数字化基础设施之上的智能化园区管理和运营方式，借助大数据、云计算、物联网等深度数字化技术，通过数据监测、分析、整合以及数字实时响应的方式，将园区中分散的、独立的物理基础设施、数字基础设施、产业服务资源和商务服务资源有机地连接、整合起来，以提高服务的准确性、高效性和灵活性，进而帮助园区提升自身的竞争力，提高园区对产业和企业的综合服务能力。

当前的数字孪生园区除了呈现"基础设施数字化""产业集聚数字化"和"服务活动数字化"等特点外，还有更多场景已与数字化深入融合。埃因霍温高科技园区，将"开放式创新"和"创造交流的空间"融入园区场景建设：模仿社交网络，将园区不同大楼由连廊连接，由此将不同大楼的企业连接起来，公众场地也预留了更多停留空间，使园区内的科技人员、企业家可以形成随时交流的网络，激发创意。"交流街"作为园区的心脏，所有的公共服务设施都集中于此，最大限度集中人群，促进联系、交流、知识共享与合作。园区还实现了研发资源数字化共享，开放共享研发机构，为企业提供多功能实验室，中小型企业可共同使用一些昂贵设备等，让创新不局限于一个组织，促进企业之间合作创新。

数字孪生园区正是因其回应了园区的创新发展需求，对园区内部各业务体系进行线上线下相结合的数字化集成，提升了管理效能，同时连接园区、企业、用户、周边配套等，有效为园区构建完整的产业集聚生态圈。

数字孪生园区建设，具体可以从以下几个方面逐步展开。

1. 完善园区数字基础设施

一般而言，各类园区的信息化基础设施是相对较优的。但是，数字孪生园区建设对数字基础设施的要求要更高一些，一般都需要继续按数字化创新的要加以完善，真正提升到满足深度数字化要求的水平。通常而言，这些要求是：以"宽带、融合、泛在、安全"为导向，夯实园区宽带网络建设；提升用户普及率和网络接入覆盖率，促进5G网络深度覆盖和光纤宽带提速，适时部署5G应用。通过这些基础设施的优化改造，推进园区工业互联网标识解析应用，加快建设低时延、高可靠、广覆盖的园区工业互联网网络基础设施等。

2. 探索建立"园区大脑"／园区产业数字化共性服务平台

对应数字城市建设中经常提及的"城市大脑"，数字孪生园区的建设也有相应的"园区大脑"的概念。园区大脑实际上就是园区的大数据管理平台及业务运营中心，或者是园区的产业数字化共性服务平台。在数字孪生园区建设中，要求整合改造提升传统数据中心功能，将新理念中的园区大脑打造成深度连接和支撑园区数字化治理的综合基础设施。发挥园区大脑数据、信息和业务运营的枢纽作用，通过大数据分析提高园区内企业的市场预测和经营管理水平，推动园区内的企业生产设备和原材料、零部件的协同与共享，推动园区内部与外部协作体系的信息互联互通，快速响应市场和用户需求，把握发展机遇[1]。

3. 从生产过程数字化走向智能制造/智能生产

数字孪生园区的建设，要求园区企业发展智能制造，实现这一目标不能只是宏观的引导，而是要落实到园区企业生产过程中的内在动力，如产品品质把控、库存进出管理、设备设施运行检测等各个方面。其过程大多侧重从生产过程数字化建设起步，基于品控和工期需求，导向产品末端控制及全流程控制。最终，实现在推进规范化、标准化的基础上，走向智能制造/智能生产，实现企业的数字化创新升级。

4. 构建数字创新生态共同体

数字孪生园区的建设，最终的要求是能够依托核心企业的簇群化、生态化、体系化运作的优势，关注产业数字化创新研究，构建完整的数字创新生态系统，甚至是数字创新生态共同体，全力推进"园区智能化、数字化、生态化"的创新发展模式。当然，这里必须明确指出，这种核心企业的形成，不是指定的，也不是规模决定的，更不是资本决定的，而是社会贡献引导形成的，即各类企业和机构都平等地利用数字孪生及园区的数字化平台，促进园区数字经济和实体经济融合发展，加快新旧发展动能接续转换，助力打造新产业、新业态。最终由生态体系中的价值和贡献，自然形成不同的核心，构成自然的生态。

总体而言，数字孪生园区建设本质上就是数字化虚拟园区与实体园区的协同建设，就是以园区数字化改造带动各类产业平台整合提升，是园区小区域创新生态共同体的新型构建形式，是园区变革传统生产方式、组织方式的基本路径，是新型工业化、信息化、城市化、生态化融合发展的重要载体。

---

[1] 陈畴镛. 在产业数字化上实现新突破［N］. 浙江日报，2019-1-7.

第四节　建设区域开放数据创新服务新业态

通过开放公共数据，加强社会数据资源利用能力，从而实现可持续发展，是区域数字服务经济发展的主要着力点之一。开放公共数据从根本上说能够更有效地利用公共资源，提升政府面向市民的服务质量和水平。开放数据，或者开放公共数据，有利于改善获取公共信息的渠道，对区域可持续发展的影响是深远的。可以使在数字经济发展初期处于不利地位的"非原生数字企业"，获得在新的起点上公平竞争的机会，从而积极影响企业技术创新、公众参与治理和经济发展。这在反垄断的社会潮流面前，具有时代特性。

事实上，由于开放数据仍然是新生事物，因此有许多不同的定义和理解。一般而言，我们可以将开放数据定义为由公共资金产生、并不受其使用和分配的任何限制而提供的非隐私和非机密的数据。国家科技基础条件平台面向科研和社会提供的各种科研基础数据就是典型的开放数据。

开放数据的生产、分发和使用可以分为六个步骤，即：数据创建、数据发布、查找数据、数据分析、数据处理和开放数据使用的反馈和讨论。通常情况下，开放数据的提供者管理数据创建和数据发布，数据用户管理查找数据、数据分析和数据处理，第六步则是各方的联合活动。开放数据是为了进行数字化创新，开放数据的提供者依赖于数据用户，希望在专业领域的交汇中获得优势。

数字化创新通常是双重分布的，即对技术资源的控制分布在多个实体之间，知识分散在不同学科和社区之间。这些参与者的松散耦合的网络通常被称为数字服务创新生态共同体。在开放数据生态系统中，关键利益相关者是开放数据提供者、开放数据用户或服务开发人员，以及开放数据服务最终用户。

此外，开放数据顾问、开放数据经纪人和开放数据市场等中介角色可以通过影响开放数据过程中的所有步骤，在生态系统中发挥重要作用。开放数据顾问为利益相关者提供选择和可能性的建议，开放数据经纪人则在开放数据提供者和用户之间安排连接。顾问和经纪人都可以通过为特定且结构合理的问题提供服务来简化交互，因此其主要的价值在于促进开放创新。相反，开放数据市场提供了时间上更持续的载体，并通过生成更多更好的交易数据选项来刺激这项持久的探索性创新工作。

开放数据市场的作用

人们越来越认识到，基于开放数据的服务创新不仅需要提供数据，而且需要各种便利数据使用的新措施。开放式数据市场是最近引起人们关注的一种组织交易的中介形式。中介平台通过为开放数据提供者与用户之间的数据、知识和经验交易提供必要的基础架构、规则和服务，从而构成了新的开放数据市场。这种开放数据市场的作用是促进开放合作环境中交易和共享开放数据服务，包括各种有价值的建议和帮助。

开放数据采用障碍

公共的开放数据随着时代的发展越来越多，但人们对开放数据产生价值的高期望尚未实现。数据提供者和用户都面临着采用障碍，阻碍了可持续的数据应用生态系统的出现。产生这种障碍的原因包括体制方面、任务本身的复杂性、使用和参与本身的困难，立法、信息质量和技术细节等也都阻碍着任务的实现。具体如下。

（1）体制与机制的限制指组织不愿改变，通常与企业家活动相对应。制度障碍产生于数据提供者，可能因为不愿发布数据，或者是用于开发数据的资源缺乏对用户输入做出响应的能力。体制障碍会导致数据用户不足，数据资源结构不良或质量低下，从而严重影响数据用户的使用热情。

（2）任务复杂性障碍指与查找、分析和处理已发布数据有关的挑战。数据用户面临这些障碍，但它们也会通过限制服务创新的有效性来影响提供商。复杂性障碍源于有关如何捕获、存储和发布数据的设计决策，并且通常是由于缺乏标准和对潜在使用场景的理解所致。

（3）使用和参与障碍指加入开放数据生态系统并为之做出贡献的容易程度和吸引力。造成这一领域障碍的根本因素包括：缺乏激励机制、缺乏参与生态系统的能力或时间、参与成本以及与其他生态系统的竞争。数据用户可能出于金钱原因被动地参与特定的生态系统，但也受到诸如学习和研究之类的非金钱动机的影响。

（4）与数据信息质量有关的障碍是由于采集、维护和描述数据的质量较差，或者对数据用户的数据处理技能的要求过高。当数据不完整、过时或结构不良而无法达到足够的详细程度时，开放市场服务的努力将无济于事。

（5）数据开放服务的复杂与技术实现时，还会有缺乏中央门户网站、缺乏标准、应用程序分散或缺乏元标准等技术细节带来的挑战。

开放数据市场是一个不错的解决方案

开放数据市场对于实现开放数据是一个很有价值的解决方案。在开放数据市场内，包含一个数字平台，该平台具有连接数据提供者和用户的能力。市场还包含用于进行交易、业务模型和服务的策略，譬如数据转换和（或）支持功能。由于开放数据市场在连接提供商和用户方面是双向的，因此它们会受到网络影响。也就是说，系统的价值受到其他参与者的参与或不参与意愿的影响。基于对平台和双面市场的研究，预计在同侧和跨侧都将产生积极的网络效应。也即对于数据提供者和用户而言，市场的价值通常会在市场的两边增加参与者。

开放数据市场通过提供可以重复使用的数字技术平台和相应的一些规则及服务来降低交易成本，从而降低了交换数据、知识和经验的难度。这些成本主要是非货币性的，涉及时间、交往和学习。形成开放数据市场的基本前提是，通过打破交易过程中的壁垒，增加有效互动，生态系统也将变得更加可持续。

【案例】Trafiklab 开放数据交易平台

Trafiklab 是一个开放数据市场，用于分发开放的公共交通数据，将公共交通部门和开放数据用户联系在一起。该市场是 Samtrafiken 公司、斯德哥尔摩县议会和 Viktoria Sweden ICT 机构共同开发的。由 Samtrafiken 管理，包含来自三个瑞典公共交通部门的11个应用程序编程接口（API）。

截至2015年1月，Trafiklab已拥有近3000名注册会员。中位年龄为36岁，十分之九以上为男性。在Trafiklab的三年生命中，成员基于分布式API累计积累了超过2200个服务开发项目。

Trafiklab希望没有适当人力或技术资源的数据提供者可以发布其数据集。此外，Trafiklab还向关联的数据提供者提供有关 API 使用情况、正常运行时间统计信息以及开放数据用户的投诉和请求的反馈。

Trafiklab为开放数据用户提供可以通过网站访问的论坛。通过此支持论坛，数据用户可以提出问题或提出建议并讨论改进建议。Trafiklab收集问题和要求，并将其传达给数据提供者。开放数据用户对此表示赞赏，因为这样做可以获得更多开放数据和更高数据质量，降低风险。作为开放数据生态系统中的中间角色，Trafiklab可以在数据提供者更改其API时减轻负面影响。

数据交易市场平台对数字创新生态系统的可持续性价值

基于对 Trafiklab、数据堂（datatang.com）、数据仓之类的开放数据市场的实践分析，可以看到从产生的价值以及对障碍的影响来讲，开放数据市场对数据创新生态系统的可持续性产生了许多积极影响，且似乎都涉及变革性创新互动。知识共享活动和支持服务促进了知识的创造和传播。它通过创建用于交互和共享身份的数字平台，并提供影响数据提供者的手段来激发使用和参与。开放数据市场通过交流和交往，抑制交易的变化程度及其影响，建立数据提供者与用户之间的信任。这些服务的价值在很大程度上取决于开放数据市场理解数据提供商和用户的需求，并提供中介的能力。

在交易实现方面，开放数据市场的影响较为复杂。如数据堂仍然是数据载体传输的方式，而Trafiklab则通过提供一个中央访问点来简化数据交易和支持服务。对于开放数据用户而言，开放数据市场的主要价值在于，中央门户网站可以更好地访问开放数据和相关的支持服务。这样的价值由技术平台、网站和支持服务来实现。但是，开放数据市场还可以发展一些知识／数据的共享活动，将开放数据提供者和开放数据用户聚集在一起。这些活动可增加生态系统内的知识转移和交易实现。

数字服务创新

　　开放数据用户对此的使用体验是，可以获得更多的知识／数据，交易风险更低，影响数据提供的能力更高，以及开放数据及其影响的可见性更高。开放数据市场的出现，清除了一般情况下的开放数据采用障碍，其最显著的影响是较低的任务复杂性和使用开放数据并积极参与生态系统的吸引力增加，从而最大限度地推动了数据创新这种服务和业态的持续成长。

第十三章

优势与方向——中国数字服务经济发展的比较优势与突破点

自2019年以来，我国数字经济规模持续增长，占GDP比重近40%[1]，已经接近数字经济发达国家。数字化创新持续迭代，数字化新业态加速涌现，加之数字化人口红利突出，因此，可以认为已具备特殊的数字革命基础条件。为此，一定要牢牢抓住这新一轮科技变革的契机，找准方向，发挥优势，促进实体与数字高度融合的数字服务创新，使中国经济继续保持较高的增长速度和更高的发展质量，完成国家富强和民族复兴的伟业。要实现这一目标，有必要深入了解我国数字服务经济发展的优势领域与发展方向，把握时机，实现突破。

第一节　中国数字服务经济发展的比较优势

良好的通信基础设施：5G对于数字服务创新的特殊价值

通信是数字经济的基础。我国已在5G领域取得世界范围的优势，5G具有高速率、低时延、高可靠性等特点，对数字服务创新具有特殊的支撑作用。自2019年以来，中国不断加快5G部署。

对数字服务创新来讲，作为连接技术重大变革的5G，具有特殊的加速价值。技术优势将拓展至工业物联网等全新行业，推动万物互联。正是5G的快速发展，推动了互联网从消费级向产业级演进，物联网终端设备得以持续以

---

[1] 中国信通院. 中国数字经济发展白皮书（2020年）[N]. 经济日报，2020-7-3.

指数级增长，海量数据的产生更是提出了更高的存储处理需求。

只有依靠5G条件下的通信基础设施，才开始真正将"物联网"提升到和"人联网"使用体验相同的级别，甚至比"人联网"更高的级别。5G的发展，为世界相互连接、计算和沟通方式带来超越想象的变革，也为数据的采集和传输提供了强有力的支撑，使得基于数据的应用更为普遍。也正是如此，5G和AI共同为行业的应用实现了赋能。

当然，5G带来的变革和价值，还需要数字服务创新的深入开展来加以挖掘。如在未来新兴的模式下，汽车经销商的角色可能逐渐弱化，电信运营商、人工智能厂商、物联网厂商、大数据厂商等将与整车厂一起，共同研发无人/智能驾驶，并通过诸如共享汽车等新的服务模式，替代汽车销售和售后服务。甚至，汽车不再只是交通工具，而成为下一个手机一样的新的智能终端。这些变革，还将导致汽车产品的关键竞争要素变革。汽车的核心价值体现在辅助驾驶功能、车载娱乐休闲功能，以及个性化软件服务等方面，而不再是动力、热效率等。完全可以肯定，类似的数字服务创新，将纷至沓来。

异质化：数字服务创新必须坚持的方向

就现在的影响力而言，曾经广受世人关注的德国版"工业4.0"已经"过气"了。这一套方案之所以走向没落，主要还是因为其落后的单极化思维。

数字服务的本质是要求因为用户的不同需求而实现实时的"千人千面"，各种深度数字技术虽然努力去达成这一目标，但不可能将几百个工业产业高度集中在少数几个数字平台或几种模式之中。我国的海量用户基础驱动了消费互联的创新走向满足异质性需求的发展，面向产业互联网和企业深度数字化的创新也将以快速增加的异质性用户为对象。

我国不均衡的区域经济发展水平和差异化、多层次、梯度性的市场需求，都将进一步提高面向产业互联网及企业深度数字化的创新在不同时间、不同地域、不同行业的异质性程度。

海量规模的用户和完整工业体系本身的需求，也促进了不同类型的新产品和新服务得到规模化的产生和扩散，而这些，都是中国独特的优势。[1]

面对"服务化"、产业互联网和企业深度数字化创新带来的新机遇和新挑战，要推进中国式的数字化创新思维，需要我国产业实践者和创新管理学界拓宽视野，不断探索跨学科的数字创新的新方法。并基于我国数字服务创新的实践，从内涵、规律、模型和机制等各个方面，不断丰富数字服务创新理论。

同时，要充分认识到当前的深度数字化创新需要更多动态性、开放性和共享性的数字基础设施，需要政府、企业和科研机构共同协作，建立平台化、服务化的创新理念，面向海量用户的数据资源和异质性，加快深度数字技术与制造业、服务业等行业的深入融合与创新，通过加大研发投资、加强知识产权保护、加速标准开发和使用等多种手段，共同推动数字服务经济的创新发展。

最终将实际的异质化国情与数字创新的特性和规律相结合，加深对我国数字化创新的需求与背景的理解，为我国数字化创新的理论研究和产业实践提供有价值的参考，同时也就有可能形成有自己特色的新架构、新体系和新突破，不断提升我国在全球技术创新体系中的地位。

优势迁移：通过制造业的数字服务创新升级服务经济

制造品数字服务创新的总结性定义可以概括为这样一些内容：制造业企业除了提供有形产品，还在服务过程中通过数字技术和网络化、数据分析等新方式来改善和变革现有服务界面、流程、技术甚至是模式，从而提高产品的服务质量和服务效率，同时扩大服务的可及范围、更新服务的内在内容甚至增加新的服务项目，为用户提供更高体验、更个性化和更高质量的服务，为用户创造更多的价值。与制造业以前的单纯的产品技术创新相比，基于制造品的数字服务创新更贴近用户的本质需求，也能够让用户更满意，同时拥有比单纯的制造品销售更长的价值链。

当前我国制造业中的"服务"分量越来越重，其角色正由"质量弥补"

---

[1] 余江，胡文澈，孟庆时，等.数字创新：中国式创新的新机遇[J].清华管理评论，2017（1）增刊.

向"差异化竞争力来源"演变。将产品进行服务化创新的理念已经在中国制造企业中有了较大的普及，并且正日益受到重视。许多企业为之成立了专职服务部门，从销售后服务开始开展了多样的服务延伸探索，大量的服务创新活动也不断涌现。但与此同时，另外一个现象也是事实，那就是大部分的这种服务活动和创新都还没有新的利润中心，在服务模式、服务技术、商业模式等方面的创新还比较少见。

当前的制造业服务创新的价值定位，更多是从产品供给端出发，而非需求端的融合，并且这些创新探索过程中，对协同生态共同体构建以及其他相关者参与方面，大多没有充分重视。也就是说，制造企业的服务创新，包括一些制造品数字服务创新的探索，仍然以内源式创新为主，缺乏开放创新的思维。这些企业在开展服务创新的时候，对外部资源的协同作用，也就是本书所述的构建数字服务创新生态共同体工作严重认识不足，也就很难真正对用户和用户使用的数据资源进行真正的挖掘分析，从而相对有效地调整服务流程和方式，创造更多的价值。

因为不重视生态共同体的建设，就不可能组织有效的服务资源，数据挖掘也产生不了足够成本收益要求的服务改进。而且，这些服务创新的过程大多还只是企业的单向行为，用户没有作为一个重要的创新主体参与其中。用户对全面、专业和个性化服务的需求日益增强，却又不能参与到数字服务创新中去，企业不发挥生态共同体的力量共建共享，也难以满足用户的更高标准的需求。因此，这些制造业的服务创新，总体还是在向"差异化竞争力来源"演变，还没有达到"利润创造者"的阶段。

深入理解数字服务创新的本质和规律，对于中国制造企业提供更有效率的数字增值服务，具有相当的紧迫性。制造业服务化的趋势其实也是用户的一个必然要求。制造业服务化的基本动力还是市场需求，是用户需要从"产品"向"产品+服务"的方向转变。譬如，建筑工程企业当然希望其工程机械设备能够保持不间断的长期运行；城市基础设施的运行者必然总是希望施工企业能够提供交钥匙工程；买车的人们总是希望享受购买后"无缝"的汽车保养、维修和零部件替换服务；手机的用户总是希望买到功能更强大的服务。制造品的用户不再满足于实物产品提供的功能，还需要与产品相关的服务和体验。同时，制造品的技术含量越高、功能越复杂，又反过增加了用户对服务更多的需求。

在数字技术快速发展的背景下，制造业发展模式正在发生深刻的变革，制造业和服务业之间的传统界限正在快速消失，制造物理产品的数字化与产品的智能化发展方向是契合的，基于物理产品的数字化服务创新是未来的方向，正在成为新的技术创新和服务创新热点。所有的制造企业都有必要利用有效的数字新技术，整合合作伙伴及上下游企业资源将为制造企业的服务创新提供更广泛的支持[1]。

结合数字技术中的智能技术而推动的全球工业产品"智能化"的趋势，也为制造业数字服务创新创造了条件。许多产品具有了计算、通信、互联等功能，企业通过这些功能可以实时感知产品的内部状态和外在环境，实现对产品全生命周期的管理和服务，并开展各类增值服务。

数字服务创新有利于提高中国制造业的创新意识。中国过去令人瞩目的增长可以说是主要通过制造业的规模扩张来实现的，中国已经成为制造大国，但要成为制造强国则必须更加具有创新意识。充分发挥数字技术优势，融合金融、信息、设计等不同领域的制造业数字服务创新，打破了传统的产业界限，为制造企业开辟了新的思路。制造业服务化和制造品数字服务创新正是中国制造业转型升级的重要途径，也是工业化、信息化"两化融合"的关键内容。

数字服务创新对制造业的意义还体现在避免同质化竞争，地域经济环境风险（政策变更、经济下行、成本上升等），降低能源消耗，在这些方面获取竞争优势是制造企业服务创新的首要动力。当前中国制造企业的产品质量已达到一定水平，但由于企业普遍未掌握核心技术，在此基础上通过成本高昂的研发和生产设备改造、工艺流程改进等资本投入继续提升实体产品质量会造成成本的上涨。当单位实体产品质量提升的边际成本大于其边际收益时，企业便会转而寻求其他竞争手段，如服务创新，让用户在付出更多支出的同时，能够在体验上得到弥补。数字化技术是我国在全球范围内比较有

---

[1] 夏杰长. 服务型制造："双轮驱动"战略的立足点[J]. 小康，2017（9）.

优势的技术领域，充分发挥数字化技术优势和制造规模优势以及用户规模优势，开展基于数据驱动的数字服务创新，是降低竞争成本的有效方法。

总体而言，制造业服务化和制造品数字服务创新，都非常有利于制造业拓展价值链，并向价值链高端进行转移。无论是从学者研究还是从国际产业分工实际，我们都可以发现，高价值环节正从制造环节为主向服务环节为主转变（即微笑曲线）。有资料表明[1]：目前在国际分工较发达的制造业中，产品在生产过程中停留的时间不到全部循环过程的5%，而处在流通领域的时间要占95%以上；产品在制造过程中的增加值部分不到产品价格的40%，60%以上的增值发生在服务领域。商品价值实现的关键和利润增值空间日益向产业价值链两端的服务环节转移。因此，充分发挥数字化创新的优势，在制造产品的开发、营销、配送、维修等众多价值链，基于用户需求数据的分析，提供高价值的增值服务创新，有助于中国制造业摆脱长期处于价值链低端而导致的价格竞争，从而提高自身在国际产业分工中的地位。

发挥数字基础设施和数字技术优势，充分利用制造业规模大、体系全、用户多的优势，选准产品服务化的方向，鼓励异质化的数字服务创新，必将为我国制造业和数字经济的快速发展提供强有力的支持。

第二节　面向民生的深度数字服务创新重点领域

数字服务创新的基本状况

随着深度数字技术的不断创新发展，数字服务经济正深刻地改变着人类的生产和生活方式，作为经济增长的新动能作用日益凸显。为了准确把握数字服务经济发展的态势，我们有必要将有关数字服务创新的着力点做一个列示，并在此基础上，分析未来发展的重点领域。[2]

---

[1] 郭朝先.大力推进制造业和服务业融合发展［J］.中国国情国力，2019（7）.
[2] 数字经济 创新引领——2018中国企业数字化发展报告，https://sq.163yun.com/blog/article/180499581314621440等资料

1. 面向政府

公共数据资源管理、数字政务、应急管理、治安防控、事件预警、犯罪分析、数字化证据管理、边境/海关/移民数字化管理、关键基础设施管理、开放数据、全渠道政务门户、税务管理、环境治理、食药监管、环境质量管理、社会信用等。

2. 面向制造企业

数字化研发设计工具普及、网络协同制造、整体数字工厂、整体数字生产线、数字仓储、数字物流、预测维护、认知协作、实时调度、数字化车间改造、关键工序数控化、采购情报管理、需求信号处理、高级数字仿真、特性清单、系统工程验证、自动化故障分析等；离散型、流程型、大规模个性化定制型、服务型制造；远程运维服务模式、智能仓储、运输优化、电商行业深入融合等。

3. 面向教育医疗

提升全民数字素养、数字课程开发、课堂互动、教学资源管理、学习效果跟踪测评、班级管理、家校即时沟通、线上陪练、智慧学习环境、新型教学模式、教育数智分析、仿真交互引擎、虚拟教研室平台、在线资源管理、数字医院、数字药物研究、数字临床研究、智能患者服务等。

4. 面向文娱

互动直播等新型直播、点播、知识付费；增强文旅现实、虚拟演播厅、游戏社交、虚拟现实、超高清场景、短视频社交、音乐社交、网台联动、观众参与等。

5. 面向销售

全渠道数字商务系统、情感分析、动态商品优化、全渠道订单编排与实现、即时生产、实时库存管理、分类优化、增强客户支持、增强内容优化、产品追溯、无摩擦内容实现、增强产品检索等。

6. 面向金融

移动银行及分支机构、情境营销、知识图谱、普适智能、点对点支付、投资决策分析、风险监控方案、投后分析及相应的数据分析及挖掘服务、更快的跨境支付、分布式贸易金融网络、智能反欺诈、智能客户登录、智能投诉、自动化索赔、风险管理、动态定价等。

以上只是一些基本的列示，事实上，数字服务创新已在各个领域全面开展。对企业家来说，通过数字技术实现公司管理流程的优化，通过大数据分析用户需求实现按需定制，减少库存，提供更个性化的服务，促进企业的降本增效就是数字化服务创新；对管理者来说，通过拥抱数字化技术，改善业务流程，实现生产力的提升和产业效率高效就是数字化创新；对政府来说，发展数字服务经济和数字社会，提升本国的经济竞争力并通过数字技术让人们体验到更加高质量的生活就是数字化创新……

中国数字服务创新的重点方向

基于对数字服务创新的行为本质和发展要领的把握，结合经济社会发展的需求，可以提出今后相当一段时间内中国数字服务创新的重点方向及应注意的问题。

1. 数字医疗：数字技术支持下远程与分级医疗机制将构建强大医疗保障体系

在未来医疗领域的数字创新中，中国有望率先采用新的数字医疗模式。之所以做出这样的判断是因为：一是公共医疗服务的可管理性强，这主要得益于国家的体制优势；二是具备相当的数字化基础，中国医疗系统数字化／电子病历普及率已经赶上欧洲平均水平，每年70亿人次的门诊临床数据是宝贵的数据资源；三是需求的规模大、层次较高，人口基数和医保基数都在这里；四是城市化中后期的社会整体形势要求，我国正处于大规模高密度的城市化快速发展期，城市化的快速发展需要高质量的医疗服务。

其中最关键的是第四条。城市化的过程中，就医难的问题曾经是人们普遍关注的焦点，其中许多难题不是医疗资源的问题，而是就医过程中的挂号、求诊、取药等基本程序的问题。各种排队等候，形成了就医难的主要困境场景。在各种深度数字技术的支持下，远程医疗与分级医疗机制相结合，将构建最强大的医疗保障体系。数字医院方案已在许多医院得到实现。如今，去医院前可以网上预约挂号；就医时可以采用多种付费方式；问诊时电子病历方便医生了解情况，化验单等诊断数据可随时调用。这些数字技术的应用大大提高了医疗机构的工作效率，也使病人获得良好的就医体验。

未来，这样的数字技术支撑的医疗领域数字化创新将在更基层的医院及社区医院得到实现。居家的"家庭医生"体系正在做大量的前期探索。如何有效地在家庭医生、社区医院和大型公共医院之间形成分级医院体系，正在成为许多地方数字化城市建设场景的思考对象，相信很快就会有更多解决方案。

2. 数字化社区：不是简单的数字户口管理，而是全维度的数字化社区

数字技术正在全面革新社会治理。新冠肺炎疫情的影响下，数字技术在我国较大范围用于应对公共卫生安全事件，作用非常明显。"健康码"的设计和大规模使用，可以说是深度数字技术的一次全面大规模测试。在我们打开各种健康码APP时，深度数字几乎所有可用的点都可使用。对人们的行程，是通过各种传感器，当然主要是通信信号的"感知物联"进行采集，这些数据又保存在大规模的"云计算"中心，通过"大数据"的管理系统进行管理和分析，加之一些"人工智能"技术的应用，使得人们在点击疫情地图时可以获得比较准确的个人健康情况判断。

"数字政府""智慧城市"的建设将更加"去虚向实""由点带面"，深入社会治理和服务的方方面面。政府将更加自觉、更加主动地拥抱数字技术，数字技术将不仅被视为拉动经济发展的新动能，而且在应对重大自然灾害与重大公共安全事件方面将发挥更大的价值，更会作为推进社会治理的主要支撑来部署和建设。

3. 数字教育：全方位的新模式教学不等于直播式在线课堂

新冠肺炎疫情期间，许多学校采取了延迟开学和远程教学等措施，教育部为首的教育系统纷纷通过在线网络教学"空中课堂"等手段确保"停课不停学"。

为丰富网上优质学习资源，教育部还协调北京等多地教育部门和中小学将本地本校网络学习资源在延期开学期间免费向社会开放，供全国广大中小学生自主选择学习。人民教育出版社也将"人教点读"数字教学资源库免费

向社会开放。

虽然许多地方都免费提供具有本地本校特色的网上学习课堂，同时社会力量积极参与配合，提供更多样的公益性优质学习资源。但是，在这种特殊的条件下的大规模远程教育，使许多深层次问题被发现。最典型的问题是学生消极学习、学习效果差、学生不能吸收教师讲授的内容、教师也不能及时获得学生的反馈等。

数字化时代，教育究竟应该是什么样呢？远程教育怎样才能达到或者接近面对面教育的效果呢？直播式在线教育显然不能成为数字教育的主要形式，也显然不应是数字教育的初衷。上完网课，很多学生会使用"题XX"之类的APP来完成作业，作业重复率、抄袭率都比较高，如何用好数字化的学习工具也成了突出的问题。远程教育中的互动、全员学习态势实时掌控、多维体验数字课程内容、AI教学辅助管理等，都正在探索新技术、新模式。

以上这些问题的暴露使未来数字教育的发展方向得到了明确。改变直播方式，真正合理应用更多更有效的数字技术提升数字课堂质量甚至获得超过现场教学的效果，都提出了明确的新需求。

4. 数字乡村：伟大的社会数字化创新

数字乡村正在成为我国未来乡村振兴发展的重点。数字乡村建设，将不只是某个业务、某个产品、某个服务、某个行业、某个产业的变革，而是未来生活方式的变革，是未来"六次产业"的变革。

数字技术的力量给农业带来革命性变化：无人机应用；有关天气、家畜看护、市场和营养等实时信息的APP；数字化创新让青年重回农业岗位；数字化和技术创新的新型工作方式，让工作变得更加高效，为年轻乡村企业家带来新的机会；数字乡村将探索基于乡村环境的新生产、生活场景，引导最有创新力的数字青年们重回乡村、重回农业、重回田园。

综合上述几个部分，我们可以看到，尽管不同行业的发展程度、数字化创新的方式都不尽相同，但数字时代面临的变革动力都是相似的。无论是政府、企业还是个人都要有明确的数字思维、积极的数字化创新升级理念，才能把握数字化时代的机遇，获得更大的发展。卓越远见、敢于变革者，无疑将获得数字化创新的时代红利。迟疑观望者，很可能错失大好机会。作为企业数字化创新的决策者，需要从宏观上把握政策和方向，了解社会需求的变化，把握未来趋势，利用深度数字化技术去改变生产、业务和管理等各部门的思维方式，提升数字化创新的认知能力，最终优化业务流程，重构业务／管理模式，实现持续增长。

第三节　从数字服务创新激励看数字经济创新发展试验区建设

当前，数字化创新将进一步从战略落到实处，企业将不断改变视角，进行更为务实的选择。为此，国家推出了数字经济创新发展试验区的建设战略，并提出了《国家数字经济创新发展试验区实施方案》（以下简称《实施方案》）。提出试验区的目的是让各个试验区在各自的发展规划或工作方案的设计中，进一步边实践、边探索、边总结、边设计，为数字经济的发展闯出一条甚至是多条新路来。

以试验区／开发区的形式来发展重点产业，是我国改革开放以来最有成效的经济政策之一。在此，我们有必要对试验区的建设和实施，从数字服务创新激励的角度加以相关分析和建设建议。

数字经济创新发展试验区的"四个新"

《实施方案》就设立国家数字经济创新发展试验区提出了"四个新"：一是激活新要素，探索数据生产要素高效配置机制；二是培育新动能，着力壮大数字经济生产力，促进互联网、大数据、人工智能与实体经济深度融合；三是探索新治理，构建数字经济新型生产关系；四是建设新设施，不断强化数字经济发展基础。这四个目标中，"激活新要素"是基础；"培育新动能"是工作着手点；"推进新治理"是新的发展领域；"夯实新设施"是具体措施。

从数字服务创新激励看数字经济创新发展试验区建设措施

促进数字经济创新发展试验区建设，需要把握数字经济创新发展的规律，也就是要把握数字服务创新的规律。我们从数字服务创新的发展观、方法论以及基本技术架构变迁等来看，数字经济创新发展试验区建设可以从以下几个方面强化相关实施工作。

1. 强化区域数字基础设施建设，加强深度数字技术研发突破

数字基础设施建设是数字经济发展的基础，新型的数字经济需要新型的数字基础设施。这里的数字基础设施是全方位的基础设施，包括通信基础、数字基础、数据基础、人的数字素养、产业的数字基础、企业的数字基础等多个方面。

加强深度数字技术研发突破，掌握产业核心技术，是推动数字经济发展的首要任务。不同于云计算、大数据等通用数字技术，深度数字技术很多是与专业领域紧密结合的数字技术。如智能制造等领域要加强深度数字技术研发突破，就要加强软件定义和支撑制造业的基础性作用，形成一批工业大数据解决方案，构建以新型工业操作系统和工业APP架构为核心的智能制造服务生态，顺应制造品数字服务化的潮流。

2. 按照数字服务生态体的要求，结合工业互联网，推进数字产业园区建设

数字服务生态体的模式是符合市场经济与我国实际国情的一种新型数字服务组织。这种共同体组织，更符合灵活发展、适度竞争、协同共赢的现代经济发展特色。要用数字服务生态体的模式加快推动物联网、大数据、人工智能和制造业深度融合，走有中国特色的产业物链网新模式。

通过发展数字服务生态化的工业互联网来推进数字园区建设。不要简单化采用大一统的、企业推销过来的方案，要通过加强有特色的工业互联网平台和应用体系建设，促进先进制造业与互联网创新融合发展。通过园区的经济活动来推动新型数字孪生园区建设。只有园区的产业活动实现数字孪生，园区的数字孪生才有意义。

3. 按照数字服务创新价值网络参与者的价值理念，探索数字社区管理与公共卫生防控，推进数字城市治理体系能力提升

试验区的建设中必然有数字城市的内容，需要结合区域特色全面建设数字化城市。要以数字社区管理与公共卫生防控为切入点，全面引入居民的角色，真正围绕、挖掘和吸收居民的需求和思考，以"宜居"为核心打造新时代的新型数字城市，推进数字城市治理体系能力提升，探索数字生态经济发展模式。

4. 在试验区建设中探索数字文旅与数字乡村，注重新的数字文化与思想内容的引入，重点加强产业数字化公共服务平台建设

建设数字乡村，推动数字农业发展，特别是在一些具备工厂化生产的农（渔）业领域，大力发展数字农（渔）业公共平台，推动农村电子商务，重塑农村传统生产模式和经营模式。

提升数字经济基础设施能级，缩小数字鸿沟，特别是关注数字文化、数字素养与数字思想的差距。结合乡村文化的数字化，推动数字文旅；探索在乡村数字化旅游领域深化物联网技术的部署应用，通过压缩数字距离，振兴乡村产业。

5. 大力推广面向企业或产业生态体的新型数字化平台的示范发展，深化数据作为核心资源的应用效能

企业和企业联盟级的数字化创新平台，是边云协同、链云协同的混合云平台。在产业数字化中，尤其要注重对数据的深化应用挖掘，对内部产生洞察，对外部数据产生行动。在企业数字化创新平台建设中，强调把业务系统集成起来变成新的数字服务。同时，把平台服务API化，用于支持生态共同体的创新，这些都应成为试验区内企业数字化创新的重要内容。核心是通过平台的API化，扩大整个业务和整个生态体系，从而让企业业务创新有非常好的基础，为龙头数字企业的发展创造条件。

第十四章

终章与序幕——数字服务经济将为第四次工业革命奠定新基础

随着数字化新业态、新模式、新技术对传统产业冲击的不断加强，数字化创新已成为各行业发展的必然趋势，数字化服务化的创新已经成为全球政府和企业的共识。新的数字化技术不断进化，基于数字技术的产品与服务将大行其道，深度数字服务创新将是未来10年的主题。全球许多国家地区制订了数字经济相关战略，把数字经济、数字化创新作为国家发展的核心战略。这些努力，将直接衔接新一轮的工业革命并为之奠定坚实基础。

第一节 趋势是产品数字服务化而不是制造SaaS化

人们普遍认为，在5G技术的推动下，物联网、云计算和人工智能将能取代"工业4.0中使用的CPS技术"，并且因为5G生态会由通信运营商和互联网科技巨头推动，5G条件下建设工业物联网的成本相对于由制造业支持的CPS技术也将全面占优。5G生态下的工业物联网，目标是推动制造的C2M模式，即个人的消费体验将因为工厂的互通互联走向真正的个性化定制时代。这种C2M模式的本质就是数字服务创新的特色之一。为此，我们可以从工业4.0的兴衰来梳理一下这一趋势性判断的逻辑。

源自制造业的德国版工业4.0

德国版的工业4.0是在4G网络的条件下开始的，其目标是在工业3.0时代让机器人和计算机走入工厂的基础上，把所有东西组合成一个"自我学习，自我纠正"的系统。当时的欧洲,因刚经历2008年金融危机,欧盟不少成员国债务危机开始,德国经济则一片大好。为了持续保持自身的工业竞争力,德国便在欧洲率先提出了"4G网络时代的工业物联网"行动,并称之为"工业4.0"[1]。

按德国工业4.0的规划,升级为工业4.0的工厂,无论处于何地,生产何物,都可以通过核心的CPS系统组成智慧工厂联盟。所有的工厂设备数据都在CPS系统上汇聚,CPS系统可以给每台机器设备安排合适的工作任务,保证CPS体系下所有产品的最优质量和生产速度。最终的愿景是取代大部分人工工作,实现工厂的"机器自治"。

之所以有如此宏大的愿景,是因为CPS技术在奥迪和奔驰等超现代化工厂中,都有"企业级的CPS系统"。工业4.0版的CPS除了掌握所有工厂的机器情况外,还能自动分析和调配工厂机器的工作内容,使整个系统内的机器实现运作效率的最大化,最终无数机器互通互联形成自治的工业物联网,其复杂程度是原有嵌入式CPS系统的多级指数上涨,而这也是其失败的主要原因。事实上,早有学术研究认为,CPS系统在数据冲突和技术搭建上存在逻辑冲突。

产品数字服务化的"5G+C2M平台"提供了新选择

和德国相比,我国在提出"工业互联网"时,更多是通过"产业园工业互联网"模式来探索。与CPS将"连接、转换、网络、认知和配置"五大中枢全部集成在一个系统中的做法不同,5G生态的工业互联网将整个过程分别由不同的技术体系、行为主体来实施。即"5G"作为通信系统承载了链接功能,"云计算"发挥数据的转换和网络控制功能,"大数据"和"人工智能AI"承载认知和配置功能,且各个技术体系各自独立。

在这样的技术体系中,不仅通信基础硬件建设由电信运营商分担,就连

---

[1] 郑春荣. 德国发展报告(2018):默克尔4.0时期的德国何去何从[M]. 北京:社会科学文献出版社, 2018.

与之配套的云计算和大数据等服务也有互联网企业帮忙。制造企业只需将工业制造过程基础设施化，面向用户直接服务，同时为制造提供可能的商业发展空间。

这一创造是由我国掌握了5G的关键技术，整体通信产业发展和通信基础设施建设水平较高，制造业仍以中低端制造为主，不能大规模承载工业物联网等现实条件决定的。这种产业园式的工业互联网探索，客观上避免了德国工业4.0的高成本之"坑"。更重要的是，这种模式促进了制造企业的经营模式向C2M方式转移，即应用场景由生产环节向企业经营进行了适当的延伸[1]。这种延伸，使整个系统的复杂性得到了降低，更重要的是能够继续发挥制造企业自身的创新活力。

目前，许多地方都在推动电信企业和大型工业企业强强联合，加快5G的典型工业应用场景的布局。如上海、杭州等地实施的"XXX+场景"征集。特别是将生产与流通以及用户进行关联，以C2M为目标，将用户与企业实现同一平台的整合。这充分体现了数字服务创新所要求的用户作为创新参与者的理念，真正做到有价值的回报，是能降支增收的创新。

敢为人先的超前开创，终归还是要落实在时代技术的应用方式——企业技术创新模式的革新之上。毕竟，技术的投入、模式的变革都是以服务用户并获得收益为目标的。

第二节　M2M——数字服务创新的未来趋势

M2M与深度物联

深度数字技术的主要载体物联网（IoT）正在改变我们的生产和生活方式。从为房间自动调节温度，到为城市提高交通效率和安全自主运营智能物联设备的大量涌入，意味着更多的数据交换。管理这些数据和实现必要的安

---

[1] 韩鑫. 5G+工业互联网　释放乘数效应［N］. 人民日报，2019-12-19.

全协议，以便新的物联网技术能够充分发挥其功能，是一项具有挑战性的重要工作，这也是"深度物联"所要实现的任务。

基于5G的工业互联网正由生产外围、视频监控、巡检安防、物流配送等场景应用，向产品的设计仿真、生产控制、质量监测、安全生产等各个环节深层次延伸。除汽车、通信与电子制造、机械、轨道交通、航空、化工、家电、钢铁等产业外，采矿、港口、能源等领域也在成为利用5G技术改造工业互联网的重点。随着深度物联技术的不断发展，我们也必须看清未来的方向，把握未来的趋势，其中的M2M，无疑是一个非常值得关注的方向。

M2M即"机器（Machine）对机器（Machine）"，其实质就是一种通过移动通信技术对设备进行有效的远距离控制，从而将服务的时空边界进一步大幅度扩展，创造出比传统服务方式更高效率的服务和经营方式。

M2M最经典的一个应用场景就是，当其供应量降至某一点以下时，自动售货机会自动与配送公司联系。与此类似，M2M还可能被用于智能冰箱、健康服务等。

M2M的根本目的是实现服务的完全自动化，从而提高效率和降低成本。在技术实现上，M2M以设备通信控制为核心，通过可信的通信技术来实现人、机器和系统三者之间的智能化、交互式无缝连接。M2M设备是能够处理包含在一些设备中的数据的请求或能够自动传送包含在这些设备中的数据的设备，基本上可以描述为系统之间执行自主任务的信息交换。M2M的核心理念与物联网高度一致，可以看作物联网的继续深化。

物联网和区块链技术为深度物联奠定了基础

M2M实现的一个关键是"通过可信的通信技术来实现人、机器和系统三者之间的智能化、交互式无缝连接"[1]。这种可信的通信技术在以前就意味着更高的成本，而区块链技术作为一种创造信用的深度数字化技术，可以安

---

[1] 周亮. 区块链弥补了物联网缺乏与M2M相关的安全性［EB/OL］. https://www.21ic.com/article/779178.html.

全并低成本地帮助M2M得以实现。通过区块链，M2M可以安全并有效地进行交易。

区块链技术的新用途似乎每天都在被发现。M2M之所以能够通过区块链实现安全高效运行主要是因为区块链技术体系中的"智能合约"。智能合约其实就是一段程序，在满足必需的条件后，可以自动执行，而不需要对中心控制平台再进行确认。智能合约存储并运行在区块链上，安全且分散。这一技术正在用于银行、运输和保险行业，大多用于供应链管理、保险索赔和数字身份管理。

在物联网基础上加入区块链，通过智能合约来提供高效的M2M业务，是一个非常有价值的方向。可利用复杂的散列和加密算法来执行加密交易；通过去中心化的分类账本弥补一般物联网缺乏的安全性；通过在区块链上使用分布式节点，减轻由"数据竖井"引起的"单点风险"故障，等等。区块链在物联网中的应用，解决了前期物联网发展过程中遇到的安全问题。

需求在哪里，创意就在哪里，灵感、创新和动力也在哪里。安全性是M2M交易相关的最后几个步骤之一。区块链技术的应用，使冰箱、打印机、水龙头等都会像科幻电影里一样自动运行。

第三节　拉开第四次工业革命序幕——数字服务经济新趋势

工业革命与社会基础技术

通用技术或社会基础技术指长期以来实行的新方法，它产生足够重要的长期的总体影响。电力和信息技术（IT）大概是在20世纪最重要的社会基础技术。社会基础技术可以是一个产品、一个过程、一个技术或组织系统。整个时代的技术进步和增长，可以看作由几个"一般用途技术"（社会基础技术）推动的变化过程。社会基础技术的特点是通过普及到许多部门，使原有的潜在的技术得到改进，并创新扩散到很多应用领域，从而引起经济规模升级式发展。

定义一个具有革命性价值的社会基础技术，可以按如下四个标准进行。

（1）社会基础技术是单一的、可识别的通用技术。

（2）社会基础技术具有很大范围的改进作用，可以涉及整个经济。

（3）社会基础技术具有许多不同的用途，可以在许多领域解决问题或提供更高效率。

（4）社会基础技术产生了许多溢出效应，从而将其基础扩展到更多的应用领域。

通用技术具有的潜力，要足以重塑经济的世界，跨越所有部门和行业提升生产力。这样的转变远远超过简单的技术创新和新的发现。然而，这样的技术往往需要一个规模化再造的基础设施环境，以与其他技术相区分。这里的区分角度可以从三个维度来看，一是看普及化程度，二是可改进空间，三是创新孵化的领域。大多数技术都会在这三个维度之一显示一定程度的特性，因此需要全面地从三个维度来看一个技术是不是社会基础技术。

社会基础技术的价值是极其强大的，每每新的社会基础技术发生重大的变革，便会影响经济体制和社会结构。我们通常将这样的技术变革称为"工业革命"。这样的"革命"不是暴风骤雨的短时间变革，更多是持续很多年才能全面展开的深刻变革。这里的"革命"，更多是形容影响的深度和作用的强度。

蒸汽动力技术标志着第一次工业革命；电力和大规模生产装配技术，是第二次工业革命的标志；半导体和计算机的发展并进入工厂，引领了第三次工业革命。我们认为，深度数字化技术在工业领域的全面应用，将拉开第四次工业革命的序幕（德国的工业4.0可以算作第四次工业革命的一个制造业实施方案设计）。

第四次工业革命的序幕由数字化技术作为社会基础技术拉开

第四次工业革命是在物联网、云计算、大数据以及人工智能（AI）、区块链、3D打印等深度数字化技术的推动下，开始的生产与服务智能化、生活数字化及智能化的全新革命。第四次工业革命的核心技术是以物联网为基础组织的大数据支持下的人工智能（AI）和区块链技术。其第一个特点是在工业制造全流程全领域产生作用，使整个工业体系得到提升，实现总体效率和收益的提升，从而达到"革命"的效果。正是深度数字化技术，使整个工业体系的效率得以全体系提高。深度数字化技术构建的工业物联网络体系，将切入生产、经营、销售和服务的全过程。

第四次工业革命的另一个特点是工业不仅能够生产产品，还能够不断地生产新的数据，并在对数据的挖掘中产生新的知识。一辆汽车的信息不断被采集，人们就能够对车辆运行状况有了解，对用户的使用习惯也有了解，而且通过对长时间信息的分析，可以对车辆的组成部件（机械的、电子的）在不同环境、不同工作状况下的工作性能有更深的认识。对用户的使用进行了解，使我们可以在设计过程中获得更多的灵感。基于物联网形成的大数据，经过算法处理，就是人工智能（AI），也为未来的物物相连打下了基础。

第四次工业革命的第三个特点是人类在分工生产体系上的更好合作。工业革命向来不仅是技术的巨大进步及所带来的生产力的提高，它也会改变生产方式和生产关系。新的工业革命不仅面向企业，更多是面向生态共同体。人工智能新型生态共同体中产品生产和消费的紧密结合要求制造与服务融合，这需要区块链来消除其中的摩擦。并且，由区块链技术支持的机器信用、数据保真、精准需求激励等是未来社会经济治理的关键手段

不同于德国版工业4.0的CPS，我们认为数字服务创新体系视角下的工业互联网是一种产业物链网的体系。5C（连接、转换、网络、认知和配置）的所有功能都是分布在整个生态共同体之中的，未来的生产是定制化的个性服务。因此，这样的工业体系，其实是"制造业+服务业"的新型产业体系。第四次工业革命，是一次制造业与服务业融合后的产业革命。

可以想见，到那时，电商平台的产品页面，打出的标签不再是"当日达"，有可能是"当日即产即达"。除了快，因为物流、仓储和生产成本的降低，产品仍然品质良好且价格更低。需要说明的是，这样的革命不只发生在工业生产制造车间，还会发生在服务于工业的办公室和实验室，以及所有将生活服务工业化的新型服务业空间。

当然，第四次工业革命的结果将跟前几次工业革命一样，有可能会将上

一次工业革命的优胜者推倒甚至完全代替。

第四节　新冠肺炎疫情、数字服务创新与第四次工业革命

新冠肺炎疫情的流行推动了一系列社会运转模式的调整和人们行为模式的改变。在这一过程中，数字化与数字服务创新以前所未有的速度发展。第四次工业革命浪潮来临，人们感知到其给经济发展带来的机遇和变革。

灾难总是以极致方式创造强烈需求从而促进社会进步

综观人类历史，瘟疫对社会的影响是无比深刻的。面对这种挑战人们要想办法快速应对，人们自省、反思，由此不仅推动经济社会进步，甚至改变文明的走向。

欧洲中世纪爆发的"黑死病"在带来巨大灾难的同时，客观上也加速了欧洲文艺复兴进程。一个不太引人注意的结果是，当时的欧洲人认为香料和糖有利于预防黑死病，于是产生对香料和糖的需求，这种需求又引发了"大航海"。

新冠肺炎疫情对中国数字服务经济发展和数字服务创新的影响

新冠肺炎疫情对中国数字服务经济发展和数字服务创新的影响具体体现在以下几个方面。

1. 数字经济成为新冠肺炎疫情下中国经济发展的新亮点

新冠肺炎疫情催生了居家经济消费的新形式。老百姓的消费需求从线下转到线上，不少"宅经济"新形式出现。一个比较典型的例子是，数字内容，特别是数字娱乐内容的发展受到最强力的刺激。极致条件下，人们对数字内容的消费需求越来越刚性。

2. 疫情防控为大量新型数字服务平台提供了供应链建设机遇

从2020年开始,"社区电商"取得了长足发展,生鲜电商、社区便利店获得发展契机。在未来一段时间内,这些项目或将迎来商业模式变革的窗口期。

疫情无情人有情,人们在困难的时候愈发感受到个体的渺小与无力,因而对群体的需求更重,对情感连接的需求也愈发旺盛。此时,社交营销叠加电子商务,也有望"深度数字化"。

3. 疫情防控推动了"非数字化人口"数字化习惯的养成

新冠肺炎疫情打通了一些商业能力不可解决的社会性瓶颈。比如老年人这些原本的"非数字化人口"被迫宅在家中,除了用手机与子女交流,基于网络的购物、娱乐也成了必然。

更重要的是,疫情防控使人们产生了深刻的体验记忆,将数字服务创新的需求突显出来。包括数字疫情防控,数字社区管理,医疗机构的远程诊疗、远程会诊,生物医药研究机构的数据科研,以及人们的日常接触到的生鲜电商、远程办公、数字会议,等等。人们在这种情况下,直接体验了数字化生存情境。这对已经进入初期数字化生存的中国,是一种需求激励。在数字服务创新理论视野里,用户和消费者是整个创新共同体的重要角色。疫情防控使人们对数字化服务产生了更多的、更有效的思考。在这一期间,所有已运行的数字服务平台都遇到了大量发展中的困难。这些需求和困难不会在短时间内消失,而将是平台发展的新的方向。

数字服务创新迎来社会数字化发展意识变革

在数字化创新过程中,文化和组织的变革与技术应用变革必须同步进行。最难做到的也正是这一点。新冠肺炎疫情防控使人类的防疫能力又有了大幅提升。另一方面,每一次传染病的大规模肆虐,都会重新唤起人们对自然的敬畏和对"征服自然"观念的反思,但反思过后,能够产生持续作用的通常是最直接的生活与生存需求,就像糖和香料。所有的"变",只因人在变;所有大型事件,都会加速人的改变,加速思想和文化的转变,加速组织与机制的转变。

面对新冠肺炎疫情，我们在"惶恐"中重新审视生活、在"隔离"中重新连接情感；我们开始敬天悯人、相信人心；我们尝试重新平衡工作与生活、思考与自然和谐相处；涉入数字化生存，使整个社会的数字化意识得到空前的提升。毫无疑问，一个又一个的数字服务创新将在今后的日子不断涌现。

新冠肺炎疫情将加速中国全面进入第四次工业革命新轨道

第四次工业革命的序幕由深度数字化技术与数字服务创新融合发展拉开。数字经济在"战疫情、稳经济"中发挥了稳定器、推助器和加速器的作用。加速数字经济发展，有可能涌现新模式和新业态，比如网上协同办公、互联网医疗、网络教育、网络娱乐等服务型电商将迎来发展的黄金时期。

"数字治理"或将加速替代"传统治理"，数字城市建设加速，交通管理、物流供应链、应急灾备、信息溯源等体系加速建设，城市管理全面数据化，用数据说话、用数据决策、用数据管理，城市管理和社会治理从传统的"表格思维"进化为"大数据思维"。

人类遭遇每一次灾难，总会以社会进步为补偿。灾难是一种倒逼机制，迫使人类不得不当机立断推动变革。新冠肺炎疫情对经济的影响将是深远的，有人估计是2023年，有人分析要到2025年，具体什么时候很难预料，但是有一点可以肯定，那就是一切是不会回到从前的。

数字服务经济的高增长性和带动力，将使中国经济的发展迎来高质量发展的新浪潮。新冠肺炎疫情对经济发展的影响将是持续的，更多表现为需求激励。社会会出现更大规模的数字基础设施建设热情。这不仅是为了拉动内需增长，更是因为人们已经形成了新的数字生活体验。所有的服务都要进行数字化变革；各种各样的数字服务创新形态将纷纷呈现；远程医疗、数字生产、数字教育和数字化办公将成为今后数年最强有力的增长点，围绕这几个热点开展深入创新将诞生新的商业巨头。